東方直布羅陀爭霸戰：
日本如何完勝大英帝國

シンガポール─運命の転機

辻政信＿＿＿著

鄭天恩＿＿＿譯

紀念麻坡殉難者

何益謙校長

（？－ 1942）

辻政信在新加坡爭奪戰成功之後拍攝的紀念照。

駐守馬來亞的英軍雖然人數眾多，但大部分是來自印度的部隊，戰力與白人部隊有差距。

由紐澳皇家空軍派在馬來亞的水牛式戰鬥機，這些戰鬥機因為機動性較差，雖然有近 70 架，但還是無法守住馬來亞的天空。

澳洲陸軍的狙擊兵小組，兩人一人持狙擊槍，另一人持湯普生衝鋒槍作掩護。該小組在一處馬來亞常見的橡膠園內警戒。

英軍面對日軍來勢洶洶，趕緊在各個橋梁鑽洞埋下炸藥準備爆破。

日軍正在運輸艦與大機艇之間換乘，日軍的兩棲登陸作戰機會沒有日後的美軍那麼多，許多的裝備都是比較克難。

日本在宋卡上岸了，當時的登陸作業難與日後的盟軍規模比擬，但日本就是從這裡開始他們的新加坡爭奪戰。

12 月 8 日當天，第 5 師團主力登陸，其中包括了在馬來亞作戰中非常活耀的九五式輕戰車。車後還可以看到無數的物資還沒有卸下。

從今日越南出發的海軍航空隊的一式陸攻轟炸機，他們四處搜索英軍遠東艦隊。

英軍在哥打峇魯的海岸碉堡，雙方在這裡打了一場硬仗。

馬來亞的道路建設就如同照片這樣，道路兩旁都是山丘，過去不是叢林就是種植園。不管人員或車輛都不容易通行。

日軍利用在泰南登陸後沒有用的大小機艇，作為他們在西海岸的舟艇機動作戰，迂迴到許多關鍵陣地的後方，壓迫英軍的防線不得不後撤。

日軍在炸毀的鐵路橋旁架起簡易的木板走道，讓部隊可以過河。在對岸可以看見成堆的汽油桶，英軍都來不及破壞就被日軍接收了。

12 月 12 日，日軍避開英軍據守的主要道路，反而從叢林或種植園迂迴推進。

戴上防毒面具的日軍，在樟侖攻擊戰中，日軍一度以為英軍發射了毒氣彈。

日軍九七式中戰車，他們成為日軍直奔馬來亞聯邦首都吉隆坡的利器。

在南馬的柔佛州上演了峇吉里殲滅戰，日軍第 3 戰車團 14 聯隊的五反田中隊，付出了 10 輛九五式輕戰車代價，是被英軍的戰防砲給擊毀的。

日軍戰車部隊浩浩蕩蕩進入市區，背後是在星馬常見的 Bata 鞋店，以及販售柯達底片的照相館。

臥倒！起身快跑前進！
1 月 31 日，日軍第 5 師團搶先推進到新山市區，一旁可見已經被炸毀的店舖殘壁。

在偽裝網下射擊的日軍九〇式 75 公厘野砲陣地，在馬來亞酷熱的天氣，砲兵都打赤膊作戰。陣地設在柔佛某處。

在新加坡北岸（今日海軍部西路位置）遙望新山的州政府行政大樓，日本第 25 軍就是在指揮作戰。前方可以看到新柔長堤炸了一小段，是英軍不想「勝利」後還要花大錢修復的結果。

日軍銀輪部隊，這應該是形容那些騎著腳踏車輪框的部隊，但這些騎士都有完善的輪子。圖中可見身穿當地傳統服飾紗籠（Salong）的土著在搖曳著日本國旗歡迎日軍的到來。

日軍繼 2 月 8 日凌晨在西北邊登陸之後，主力的戰車團及其他的火砲也陸續登陸支援作戰。

澳洲軍人的戰防砲陣地以及他們充足的彈藥，英軍面對一海峽之隔的新山，準備迎擊已經侵入新山的日軍，可以看到新山市區黑煙四起，還有不少軍人站在海邊棧道關心動態。

銀輪部隊長驅直入，直接向新加坡市區推進中。

據守武吉知馬高地的英軍，紛紛高舉雙手投降。對投降英軍來說，戰爭將以另一種形式在戰俘營繼續。

在白思華將軍還沒有作出答覆之前，日軍持續對守軍戰線施壓。

英軍總司令白思華將軍簽署投降書之後，陷入沉思之中。他最後被日軍關押長達三年零八個月時間，他的戰俘歲月還包括在台灣的戰俘集中營。他有幸參與了 1945 年 8 月在東京灣密蘇里號的日本投降儀式。

在武吉知馬的福特汽車廠完成投降後，雙方代表留下這張照片。前排左二起為白思華、山下奉文以及鈴木宗作。

佔領了新加坡造船廠後，日軍大喊「萬歲！」

同樣是列隊卻是兩樣情。
上圖是投降的英軍。
下圖是在聯邦郵局前行進的日軍，
兩者的表情截然不同。

帶著戰友的骨灰進駐新加坡的日本軍人，四周的民眾已經恢復生活，而且還有人騎在日軍隊伍之間。背後可以見到新加坡舊市政大樓的塔頂。

山下奉文決定在軍司令部所在的萊佛士書院舉行慰靈祭，而非勝利大遊行。然而，日軍對當地民眾的殘害並沒有因此而改變。

目錄

第四章　衝向吉隆坡

第五章　長驅直入新山

第六章　新加坡爭奪戰

譯序——有個日本人叫做辻政信

盛文頤問道：「有個日本人叫做辻政信，你知道不知道？」金雄白[1]自然知道這個人；他是日本派遣軍總司令部的一名課長，官拜大佐；正是日本軍人在任何機構中權力最大的一個階級。他是個狂熱的軍國主義者，而以戰略家自命，好高鶩遠，標新立異，神經質得很厲害；於是日本的膚淺之輩稱之為「戰爭之神」，益發使得他目空一切，不知天高地厚。

——高陽，《粉墨春秋》

辻政信（一九〇二年至一九六一年）在近代中日歷史上，一直是個爭議重重的人物。在他身上似乎具備了好幾種截然不同的特質。討厭他的人說他是陰謀家、思慮淺薄、賭徒性格、狂熱軍國主義分子。但喜歡他的人卻是讚揚他，說他是個能與前線士兵同甘共苦，很有理想的人。一個人能同時讓人欣賞與討厭到極致，他到底是個怎樣的人呢？

辻政信於一九〇二年，出生在石川縣的一個貧寒之家。他因為嚮往軍人生涯，所以很早就進入名古

1 民國著名報人，在孫文逝世之際發表了一篇感情豐沛的報導，轟動全國。此時投靠汪政權，創設《平報》。

屋陸軍幼校就讀。此後，他因為學業表現優異，廣受軍中長官矚目。陸軍大學校畢業時名列前茅，成為獲賜軍刀的優等生（軍刀組）。之後，他到中國戰場，先後服役於上海、滿洲等地，期間受到石原莞爾的思想影響，開始傾向大亞洲主義。

一九三七年中日戰爭爆發，辻政信隨第五師團一起作戰，參與了忻口、太原等多場戰役，期間多次負傷；之後他追隨板垣征四郎將軍，在支那派遣軍司令部工作，但因為他積極提倡東亞聯盟，主張和蔣介石談和、反對汪精衛政權，因此引起很多人不滿，最後被逐出司令部，放逐到台北的「台灣軍研究部」。

在這裡他潛心研究南洋的地理、用兵方式與戰略戰術，寫出了一本名為《只要讀了就能戰勝》的行動指南，成為日軍南洋作戰的必讀手冊，廣受好評。太平洋戰爭爆發後，他奉派擔任攻擊馬來亞的第二十五軍作戰主任，身先士卒率領部隊進行突破，僅僅用了五十五天就攻破馬來半島、七十餘天就攻陷新加坡，一時之間被奉為「戰爭之神」。

但他在瓜島戰役指揮失當，之後在緬甸又面臨中國遠征軍與駐印軍的強力夾擊，節節敗退，從此便失去了「戰爭之神」的光彩。戰後，他因為戰時曾策劃屠殺新加坡華人反抗者，以及參與巴丹死亡行軍的規劃而遭到盟軍通緝。但他扮裝成僧侶，成功逃脫，並在蔣介石的庇護下，安然返抵日本（據說是因為他曾經祭拜過蔣介石的母親，但詳情如何不得而知）。

返回日本之後，辻政信成為國會議員，暗中跟日本右翼勢力私相聯結。同時，他仍然沒有忘記「解放亞洲」的理想，四處奔走於東南亞各地。一九六一年，他在寮國下落不明，據說是被當成間諜遭到處決，但是真相如何至今依然不得而知。直到官方在一九六八年宣告死亡，才結束辻政信充滿了爭議與傳奇的一生。

辻政信是一個面相多元的人物，他對敵人毫不留情，會用或明或暗的手段，除掉自己認為會構成障礙的對手。但是另一方面，他又能與將士同甘共苦。一般的參謀都是躲在後方享樂，但他卻時常站到第一線，與前線的尖兵一同奮戰（也因此常常受傷）。在馬來亞戰役中，他的座車被擊毀了三次之多。一般人印象中常認為他是「軍國主義分子」，但又有解放亞洲的大志，認為應當扶植亞洲各民族的獨立。歷史作家半藤一利認為他是「絕對之惡的存在」，但真相究竟如何？實在難以清楚辨明。

前言

馬來半島的歷史，就是弱肉強食的歷史。

原本居住在叢林中的馬來原住民矮黑人（Negrito），在蘇門答臘的室利佛逝（Srivijaya）入侵下遭到驅逐；接著當地又遭受滿者伯夷（Majapahit）的侵略，三度更換主人。

當葡萄牙在歐亞海上崛起後，他們控制了馬六甲海峽，成為新的第四任支配者，但過不久便被荷蘭取代。之後，英國在萊佛士爵士（Stamford Raffles）的帶領下，凌駕於荷蘭之上，成為馬來半島第六任的主人。之後，英國以新加坡為根據地，持續展開了長達一百二十年的遠東侵略，最後卻在日軍僅僅七十天的閃電戰中畫下了句點。然而這第七代主人（日本）相當遺憾地，只做了馬來半島三年半的短命主宰者，接著就把遺產還給了先前的主子。但理應閃耀著勝利光芒的聯合傑克旗（Union Jack）[1]，卻已無法恢復昔日的風采。

新加坡的陷落正如邱吉爾一語所道破般，是英國命運的轉捩點。這一戰讓英國喪失了一百二十年來的威嚴，眾人紛紛逐鹿問鼎。英國雖然贏得了戰爭，卻失去了印度，從緬甸撤退，在馬來半島也面臨到

1 譯註：即英國國旗。

民族革命的波濤衝擊。

敗者縱有苦難，但勝者亦有苦惱，這就是近代戰爭的新特性。這不正是上天示警，告訴我們「以力服人」終有其限度嗎？倘若美蘇兩國的領導者，對這種歷史哲學的變化毫無所覺，依舊信奉「以力服人」的原理，那麼就算第三次世界大戰的勝利歸於美蘇任何一方，結果也不會是輝煌與榮耀的王冠，而是曝屍廢墟的枯骨。

當整個世界都在核子戰爭的威脅下戰慄的時候，邱吉爾第三度復起，接下大英帝國首相的印璽。面臨民族興亡關頭的英國國民相信他，認為能託付自國命運的，除了邱翁之外再無他人。

邱翁一上任，便斷然指出第三次世界大戰乃是不可避免。因此，他要慎重地重新檢討在英國本土設置美軍核武基地的舉措。同時更表明決心要親自會見史達林，以求打破危局。

當日本七十一歲的首相在箱根、大磯靜養之際，邱翁奮七十九歲的老耄之軀，挺身奔走於華盛頓和莫斯科之間。這種態度，應該也足以打動史達林了吧！

我也是對邱翁抱持無限敬意的其中一人。綜觀他的生涯，他在年輕時候便投入軍職，以一介騎兵中隊長的身分投入波耳戰爭（Boer War）。當他對敵人發動騎兵襲擊的時候，因為太過深入敵境，結果失去了大部分的部下，只剩下自己身陷重圍之中。他雖然拚死要殺出重圍，卻還是戰敗被抓進戰俘營當中，但之後又趁機脫逃，越過好幾次生死難關，終於回到本國。之後他投入政界，在第一次世界大戰中被賦予海軍大臣的台閣重任。當他前往法國戰線，視察本國海軍陸戰旅的時候，正好德軍發動猛攻，整個部隊陷入苦境之中。這時，他從戰場直接發一封電報給首相說，「我要辭去海軍大臣的職務，以海軍陸戰隊旅長的身分作戰」，這都是有紀錄的啊！假如作為騎兵隊隊長的勇敢，還不值得那麼驚訝，那麼他以四十出頭的年紀，擔任一國大臣的榮耀職務，卻不惜將之全部捨棄，與第一線將士共同奮戰，這種熱情與鬥魂，正是出於他對民族的深愛而源源不絕湧現的啊！

第二次世界大戰中，英國幾度面臨危機，敗績連連，最後將國民導向勝利之路，全是憑藉邱翁一人之力。

不只如此，當勝利之後，邱翁將榮耀讓給了艾德禮（Clement Attlee），既不眷戀，也不帶有不滿地回到書齋揮舞健筆。那種為民族寫下永遠教訓的態度，頗有超越功名富貴的禪味之感。

完成前一場大戰回憶錄的稿件後，又不得不面對第三次世界大戰鋒頭的邱翁，到底將如何打破人類毀滅的危局呢？我相信這不只是英國國民，也是舉世注目期待的焦點。

當日文版《第二次世界大戰回憶錄》（*The Second World War*）經由每日新聞介紹到日本的時候，我幾乎是廢寢忘餐地加以拜讀。不管就史實的正確性、史論的卓越性，還是史觀的透徹度來說，這都堪稱是當代最優秀的戰爭紀錄。特別是一九五〇年秋天開始在報紙上連載的第四卷「命運的轉捩點」（*The Hinge of Fate*）章節，對馬來亞作戰的敘述極為細膩，頗能引起當今日本人的感懷。我在當時忝居大本營參謀的末席，負責擬定馬來亞作戰的構想，並在戰爭爆發前夕，擔任法屬印度支那南部的前線軍參謀，負責作戰準備。在戰爭爆發時，我則是位居山下奉文軍司令官之下，擔任第二十五軍作戰主任參謀，負責作戰指導的輔佐。因為這樣的緣故，我對邱翁所言抱持著無限的追憶，從中也獲得了難得的教訓。

只是在這當中，我發現了幾個相當可惜的誤謬之處，堪稱白璧有瑕，但無損於其整體的價值。

關於馬來亞作戰，最有資格回答邱翁評議者莫過於山下奉文軍司令官。然而時至今日，將軍已經在馬尼拉的刑場殞命，而輔佐將軍的鈴木宗作軍參謀長，也在菲律賓雷伊泰島成為故人，因此我只好不顧身分，斗膽代替山下將軍的英靈，針對邱翁的回憶錄，在一九五一年二月號的《每日情報》雜誌發表一篇回應[2]。然而因為篇幅的緣故，實在很難盡述箇中之曲折。

時值開戰十週年之際，我之所以回想往昔，以作戰主任的立場發表輔佐軍司令官的紀錄，主要還是期望提供祖國的青年資料，讓他們尋回自信、反省，並以此為基礎，探尋出新的歷史哲學。

不管在馬來亞驍勇善戰的青年，或是在敗戰的祖國中自暴自棄的青年，都是日本的青年。不管哪個時代，決定民族命運的都是民族自己，而作為其中堅，乃至於先驅的，在每個民族，都是單純的愛國青年。

在偉大的領導者邱翁之下，擁有總兵力遠遠勝過日軍的守備部隊，再加上據守難攻堅城的英軍，卻在短短七十天內便潰不成軍。主要是因為馬來亞的英軍，並沒有太多符合邱翁心中所期待的那種青年所致。而與之相反地，在馬來亞漂亮贏得勝利，但在戰爭中一敗塗地的日本，儘管擁有優秀的青年，卻沒有如邱翁般偉大的領導者所致。

當我們閱讀弱肉強食的馬來半島歷史之際，儘管以現實來看，支配世界的風向是站在我等一方，但若是不努力保護自己，只把本國的命運託付在他國的道義、乃至於國際的保障上，那是絕對不行的。

面臨危機的各位日本青年啊，但願各位能夠透過本書，回想自己的前輩們在馬來亞戰場上發揮的民族力量，從而展現出毫不遜色的勇猛之心，重建戰敗的祖國，並讓民族不再受到原子彈的悲慘洗禮。若能以和平取代戰爭，則不僅是日本、更是亞洲，乃至於對全體人類，皆為可喜可賀之事。

部分讀者以及友人，對筆者已經出版的數冊著作，或者予以強烈的非難，或者予以善意的忠告。他們說：「你寫的作品，說得好像只靠你一個人在贏得勝利一樣。」又說：「你根本沒有反省敗戰的罪過，只是在煽動好戰思想而已。」

對於這些批判和忠告，我雖然覺得難以自辯，但我無意、也不打算因害怕批評而多所曲筆。

我回溯自己曾經流血、曾經走過的道路，將深藏在腦海裡、恐怕將一直銘記到我瞑目為止的印象一一寫下。儘管在時間、地點、兵力、人名的細節上，我很難保證完全不會有記憶上的錯誤，但在整體大綱上，我確信這是一份無愧於良心的紀錄。我誠摯希望能以此為基礎，對於在戰鬥中勝利、卻在戰爭中失敗的原因多所反省，並進而發現從「以力服人」走向「道義和誠實的結合」的康莊大道。

辻政信

昭和二十六年十二月八日

※時值宋卡海岸登陸十周年，謹以此紀錄獻給如今已亡故的山下奉文將軍、鈴木宗作軍參謀長，以及在馬來亞戰場殞落的三千五百餘名英靈。

2 編註：篇名為〈就馬來亞作戰敬覆邱翁〉（マレー作戦に就てチャーチル氏に答う）。

第一章

毫無準備的戰爭

邱吉爾在「命運的轉捩點」（《第二次世界大戰回憶錄》第四卷）的開頭這樣寫道：「由於（日軍）針對突襲做了長時間的準備，因此攻勢乃是難以言喻的激烈，而英美的戰線——如果能夠這樣稱呼的話——也隨之失陷。」

然而，這樣的敘述是真實的嗎？自華盛頓會議以來，日本海軍受到限制，處於兵力數量的劣勢（五：五：三）。因此用質來補不足，並以英美海軍為假想敵，絞盡腦汁磨練戰技、研擬秘策，這都是必要的。

然而，陸軍方面就我所知，在參謀本部裡，幾乎看不到什麼對英美戰爭計畫的內容。自日俄戰爭後，防備俄國的復仇便成為根本方針。儘管在沙俄瓦解後的數年間，因為蘇聯尚不構成威脅，所以有一段短暫的空白時期。但自滿洲事變以來，因為蘇聯的兵力急速充實，讓我們在遠東深感威脅，因此全體陸軍的關注焦點，都指向了北方。雖然在附次要的層級下，也有針對攻略菲律賓、香港、新加坡等地的情況加以考慮，但內容都只是憑藉幾個師團與海軍攜手作戰這種粗糙的方案而已。

直到進駐法屬印度支那（今越南）南部成為導火線，美國對日本的態度才陡然強硬起來。除了凍結在美資金、廢止《日美通商航海條約》（US–Japan Treaty of Commerce and Navigation〔1911〕），還禁止輸出石油與廢鐵。從這一刻開始，認真準備要對美開戰的氛圍才開始湧現。正確來說是在一九四一年九月六日的御前會議上，做出了這樣的決議：「為保全日本之自存自衛，將下定決心，不惜對英美荷開戰。大約以十月下旬為目標，達成戰爭準備之完善」，才正式展開相關作戰準備。

以下將以事實為基礎，針對中央與前線如何準備對英美開戰作記述。

趕鴨子上架的部隊

一九四一年，台北的正月即使穿了夏裝，依舊讓人感到燥熱不已。在兵營區[1]的一隅，掛著一塊簇新的招牌，上面寫著：「台灣軍第八十二部隊」。

這是台灣軍研究部的別名。它是利用原本作為旅團司令部的狹小廳舍加蓋而成的營房。木頭的香味聞起來都是新的，從一大早到深夜，都可以聽見不絕於耳的鋸子和鎚子聲。在這座營房裡居住著從各地聚集而來的軍官、士官、勤務兵以及打字員，為數僅僅三十人而已，有種好不容易終於開張大吉的感覺。

原本在板垣征四郎總參謀長底下，在中國大陸展開東亞聯盟運動的我，因為獲得東京另眼相待，結果從南京總司令部被放逐出來。之後我便以台灣軍研究部部員的新血之姿，在正月時分匆匆忙忙鑽進了這個小小部隊的門縫裡。

在我過去任官的十八年間，在這麼小的部隊裡服勤還是第一次，也是最後一次。

面對國際情勢瞬息萬變的劇烈轉換，在南方進行作戰的必要性變得日益緊迫，因此中央也終於開始認真考慮這方面的事情。然而，他們對於暴風雨（squall）或是叢林（jungle）這些詞語的意義，完全沒有任何概念，因此不管用什麼形式，都必須蒐集有關熱帶作戰的基礎資料才行。其結果就是十萬火急地編成了一支臨時組成、趕鴨子上架的部隊，也就是「台灣軍研究部」了。

這個附設於台灣軍司令部下的小小研究部隊，名義上是由上村幹男軍參謀長擔任長官，實際上則是由林義秀大佐負責領導。這個小小的雜牌單位被賦予的任務，是要在大約半年內，為全軍蒐集熱帶地區兵團的編制、裝備、戰鬥方法、兵器的保養方法、衛生、補給、佔領地行政、軍事機要用地理資訊等相關資料，並向中央提出報告。不只如此，它所研究的範圍還橫跨了馬來半島、菲律賓、荷屬東印度（當時稱為蘭印）、緬甸，幾乎廣及整個太平洋戰爭的戰場。

然而，以研究費名目分配給這支部隊的預算，不到兩萬日圓，而且作為研究部員被選拔出來的軍官，也沒有任何一人有待過熱帶的經驗。還不只這樣，他們大多數都是被視為問題人物，被中央疏遠乃至輕視的傢伙。

更有甚者，作為母單位的台灣軍司令部，還像婆婆對媳婦一樣，在工作上對這個單位抱持著嚴重的嫉妒心理。在這方面，他們的態度簡直就跟傳說中的惡婆婆沒兩樣。然而，我們也不能因為這個理由，就輕忽自己被賦予的任務。

明明是元旦，在我們這裡卻感覺不到一絲一元復始的氣氛。畢竟，我們連規劃一年之計都沒辦法，必須在半年內火速完成計畫才行。

大約十名的研究員各自分擔起林林總總的研究項目，不分晝夜貫注心血。可是不管再怎麼焦慮，卻還是有種無從下手的感覺，因為完全沒有任何足以依循的基準可言。最後我們挖空心思，才歸納出以下

1 譯註：在今日台北東門一帶。

幾個重要著眼點：

一、從零下三十度的北滿與西伯利亞，到接近赤道的叢林戰場，軍隊的編制和裝備必須如何調整才能夠較好的適應？

二、針對蘇聯紅軍和英美軍的編制、裝備、戰法做比較。一直以來把蘇聯當成假想敵的戰法，在面對英美軍的時候，應該如何轉變？

三、面對熱帶地區的衛生、補給，特別是瘧疾等，該如何因應？

四、如何順應南方住民的特性與傳統，在佔領地實施得當的策略？

五、馬來半島、菲律賓、緬甸、蘭印的軍事機要用地理資料。

因應這些著眼點，我們這將近十名的研究員決定按照過去的經歷與才幹，各自擔負起研究的項目。我負責的部分是整體的編制、裝備和戰法，以及馬來半島的軍事機要用地理資料。

要在這麼貧弱的新單位下展開工作別無他法，只能像拓荒者依附豪門，或是和大地主締結良緣那樣。在這層意義上，我們首先放眼的目標就是台灣總督府。於是我們竭盡禮數、卑躬屈膝，盡可能利用那邊所有的資料與人才。

在總督府麾下，有從十幾年前開始便以相當豐富的預算持續對南方進行調查的「南方協會」理事——曾經在陸軍大學教授軍事機要地理的教官菊池門也中將，以及總督府官員出身的今川淵先生。

在南方協會的斡旋下，不只是全台灣，甚至是全日本各方面的熱帶研究權威，都對我們傾囊相授。我們從長年在南方海洋航行的老船長那裡學得海洋氣象、登陸地點，以及預計的海岸狀況；從石原礦業那裡獲得馬來半島的軍事機要地理資料，從台灣帝國大學的教授那裡學得熱帶衛生（對抗瘧疾的方法）；從台灣銀行的理事學得南方諸國的金融狀況。至於其他民間權威人士、貿易業者的相助更不在話下，就連遍遊南方之後的大谷光瑞[2]大師，也拖著老邁的身軀，毫不保留地向我們這些住在營房裡的新生代傳授廣博的專門知識。

然而，因為這些知識和資料並非純粹的軍事情報，而是關於熱帶的普遍基礎知識。因此從中選出具有軍事利用價值的部分，並且加以彙整，便成了身穿軍服的我們的工作。

大約有兩個月的時間，我們幾乎每天都在叨擾各方面的專家，並犧牲午睡時間來聽講。當這一切結束之後，我們都有種自己好像多少也變成了南方通的感覺。確實，在當時的陸軍當中，我們這個不起眼的組織，已經是有關南方研究方面的最高權威了。

軍司令部撥給我們的機密費，每個月只有兩千日圓左右。對於這些錢，我們把它全都花在了聘請外界的權威以及車資上。

然而，就在全台灣的知識階級不惜一切傾囊相助之際，台灣軍參謀部對我們的嫉妒卻日益加深。他們不只把中央方面正式分配給我們的僅有兩萬圓研究費予以剋扣，連一個月兩千圓的機密費也要

2 譯註：日本探險家、僧侶，以探索西域著稱。

削減。他們還說，南方協會的指導，必須在軍參謀部的管轄下進行。

從東京參謀本部派遣前往南方、肩負特殊使命進行視察的軍官，對我們也抱持善意。他們提供了貴重的所見所聞給我們。在這當中，谷川大佐與國武輝人少佐的談話，尤其給了我們重大的啟發。其要點綜合如下：

一、新加坡要塞雖然在對海的正面相當堅固，但在背面（柔佛州）卻幾乎沒有防備。

二、他們雖然有進行戰鬥機的防空作戰訓練，但在報章上發表的機數，比起實際兵力誇大了不少，算是一種刻意的宣傳。

三、在豐盛港（Mersing）[3]附近的海岸防禦相當嚴密，旅人的出入也受到嚴格限制。

四、吉打州[4]的兵力，最近有顯著增強的趨勢。

五、駐馬來半島英軍大概有五到六個旅，總兵力約八萬人人左右，然而在這當中，白人所佔的比例不到一半。

新加坡雖然號稱「東方的直布羅陀」，且以難攻自豪，但其實大半是虛張聲勢而已。它不只在背面防禦有著重大缺陷，同時防禦兵力也不充裕。為了屏除當地民心的不安，才將它的兵力予以誇大的宣傳。

我開始認真考慮如何攻向新加坡，也就是從這時候開始的。

拜這個研究部的工作所賜，我找到了一位襄助我的優秀人才，那就是朝枝繁春少佐。他在陸大是獲賜軍刀的優等生，並在山西擔任軍參謀時勇名遠播，從而被拔擢為陸軍省軍務局課員。但因為坐辦公桌並不適合他的性格，他於是捨棄了這個光榮的職務，隻身渡海來到台灣，脫下軍服擔任苦力，並強烈表示願為南洋方面的調查披肝瀝膽、奉獻生命。和他第一次見面時，他給我的印象是一個性格純正且視死如歸的大丈夫。讓這種好漢置身死地、擔任苦力，未免太可惜了。於是我便向菊池中將表明，希望讓他擔任南方協會的調查員，而他也廢寢忘食、竭盡心力投入工作。由於他擅自離開軍職，因此被判處停職三個月，當停職期滿之後，他便正式成為台灣軍研究部的部員，和我並肩工作。

按照他熱切的期望，我派他隱姓埋名潛入泰國，特別是泰國南部接鄰馬來亞的邊界，對地形和海岸狀況進行詳細的偵察，並提出寶貴的報告。

這年二月中旬，中央方面規劃了持續兩週左右的參謀演習，由參謀本部的第三部長鈴木宗作中將擔任統裁官，並由各個專門領域的幕僚擔任輔助官。他們從全國選出和登陸作戰有關的參謀軍官擔任演習人員，我也被選為其中一員。

這場演習的內容是，以台灣為我軍基地、並以九州為假想敵國，在鹿兒島的海岸登陸，從而對久留米發動攻勢。然而，這場演習並沒有脫離普遍原則的視野，更沒有針對南方作戰的特出之處多所留意或展現其特色。

3 編註：位於柔佛州面向南海的東海岸，距離新加坡大約是一五〇公里。
4 編註：與泰國西岸接壤的馬來亞州屬。

不過，這場演習集結了各方面的人才，連海軍幕僚也加入研究。因此在這兩週，我認識了很多人。這對後來在戰場上遂行聯合作戰可說是大大的助益。

從這層意義上來說，這場演習對太平洋戰爭，可以說是扮演了相當重要的角色。

下一次針對紙上資料進行實地試驗的部隊演習，是在南支那以極機密的方式進行。時間是一九四一年六月下旬。演習的計畫指導以台灣軍研究部為主體，在宇品的運輸部協助下，由駐紮廣東的第二十三軍司令官指揮持續進行約兩週時間。當林大佐以下全部出動參加演習的時候，這個軍正好在福州作戰，因此軍司令官[5]將指揮部設在澎湖。當我們走訪這個戰鬥司令部之際，司令官穿著細帶浴衣，心不在焉地聆聽全副武裝的我們進行報告。我不禁想起過去我在關東軍侍奉植田謙吉將軍的時候，即使是在深夜進行報告，腳不方便的將軍也會特地換上軍服並且慰勞部下。同樣是司令官，卻會隨著人品不同，而有這麼大的差異嗎？！

石原莞爾中將在京都遭到免除師團長的職位，也是在這個時候。唉，不論何時，世間總是遠忠諫，而親佞人的啊！

但，我還是必須壓抑憤慨，裝出一副順從的樣子，畢竟這都是為了重要的演習。

在高達攝氏四、五十度的海洋上，如何將人馬擠進船舶運送是研究的首要課題。一張榻榻米大小的空間，要塞進三個士兵，然後在大約一週間，必須極度節約飲水。我們是在能夠望見南十字星的海上，如此探尋人馬的忍耐限度。最後我們得出結論，在熱帶海域原不可能長途運輸軍馬，但如果不擇手段的話，或許可以成功。另外，我們也發現了在原本被視為危險區域的珊瑚礁海岸登陸的辦法。雖然這些都是戰爭的前置研究，但也都是流血流汗、腳踏實地在進行的。

當海上研究結束之後，我們在海南島登陸，實施長達一千公里行軍的高強度陸上演習。這場演習的內容是由步兵一個大隊[6]、砲兵一個中隊[7]再加上工兵一個中隊，利用汽車與自行車，一邊修理遭爆破的橋梁一邊急行軍。透過這次演習發現怎樣的編制裝備乃是必要、又該怎樣進行戰鬥、以及如何提供補給等有益的資料。

當我們將檢討和研究的成果，分成戰法、編制、裝備、軍事機要地理資料、後方勤務等類別，並在半年後向參謀本部提出報告時，東條英機陸相和杉山元總長也初次嶄露笑顏，心滿意足地慰勞我們說：「辛苦了，做得很好。」

在這當中特別大放異彩的，是一本名為《只要讀了就能戰勝》（附於本書附錄）的小冊子。這本小冊子是為了讓在又熱又擠的船中睡不著的士兵也能輕鬆閱讀，而將堆積如山、廣泛多歧的研究內容加以簡約，並以打破常規的平易口語，編纂而成的作品。這本小冊子獲得參謀本部的青睞，印刷了約四十萬冊。在開戰前夕、或是搭上船之後，這些小冊子便一本不漏地配發給往南方出動的全體將士。

在這段期間，我們也從在南方航海的船長那裡得到了他們提供的蘭印秘密海圖，更從居住在馬來半島的日本僑民那裡獲得了新加坡的空照測繪圖。這些都是相當難得的資料。

5 譯註：應該是指今村均中將。
6 編註：相當於一個營的兵力。
7 編註：相當於一個連的兵力。

就好像借花獻佛般，我們從無到有、從混迷中找到光明，並透過獨創的方法，在短時間之內完成了這項大工程。當然，菊池中將與今川先生的暗中協助，以及全體研究員的認真努力，都是功不可沒。但在我們背後，還有十幾名打字員不顧深夜蚊蟲叮咬，無怨無尤地默默敲打著打字機，這點也是不能不特別一提的。

一個人員不足三十名的新單位、歷經半年不到完成的趕鴨子上架研究，卻成為整個陸軍在執行作戰或是佔領地行政方面唯一最重要的指南。這種事情不免讓人覺得有點慚愧，卻是千真萬確的事實。

派遣到南方的各軍捨棄馬匹，改以自行車與汽車的混合編制，是在一九四一年下半年的事情。各部隊幾乎沒有進行過相應訓練的餘裕，只能在乘船的同時，拿著配發下來的急就章教令，在運輸艦中廢寢忘食地閱讀。

相較於對蘇聯作戰的準備是以全軍為規模，在十多年間持續不輟，幾乎已經到了「所謂戰法，就是針對蘇聯」的地步，南方作戰的情況簡直有著天壤之別。

東條英機陸相以及武藤章軍務局長，明明是當時新設台灣軍研究部，命令我們進行趕鴨子上架式研究的負責人，但在市之谷法庭上[8]卻一句也沒有提及此事。究其原因，恐怕是因為這個單位實在太貧弱，完全沒有留在他們記憶當中吧？然而，我必須說，戰爭之所以失敗的原因之一，就是這種毫無準備的做法所致。

南進乎？北伐乎？

我們聽聞德蘇開戰的消息，是在海南島的驗証性演習剛進行到一半，在楡林港的椰子林裡拿起筷子吃晚餐的時候。那時我們剛把椰子的果實剖開、以椰汁代替酒，打開包著玻璃紙袋炊煮的便當，一邊咬著梅干和鹹魚，一邊談論隔天的演習，結果無線電班就帶著異樣的緊張神情，衝進來告訴我們這條不得了的大新聞。

分割波蘭的德蘇兩軍，在好一陣子都持續著氣氛凝重的對峙。但當希特勒在西線擊滅了法軍，並在加萊、敦克爾克擊敗英軍之後，便在突如其來且毫無預警的情況下，將兵鋒指向了史達林的頭上。當關東軍在諾門罕與為數五倍的蘇聯軍惡戰苦鬥之際[9]，希特勒無視於與日本的防共協定，簽訂德蘇互不侵犯條約，從而導致了平沼內閣垮台。然而此刻，德國又再次在出其不意的情況下，撕毀了這份條約。

這一瞬間，我對無視國際道義的德國前途，直覺有種不祥的陰影。開戰的時間點太晚了。如果能在冬天到來之前攻下莫斯科與史達林格勒，並且朝烏拉山進擊的話，那或許能夠得勝。但是，十月底就降雪了，再怎麼想，都不可能在這麼短的時間之內收拾蘇聯才對。根據我在諾門罕的死鬥中所獲得的印象，

---

8 編註：指的是戰後，在今天東京都新宿區的原陸軍士官學校大講堂所舉行的遠東國際軍事法庭，或稱「東京審判」。東條英機及武藤章都是以戰犯受審。目前這個位置是日本防衛省現址。

9 編註：諾門罕戰役，一九三九年五月十一日至八月二十七日於滿洲與外蒙古的邊界諾門罕發生，日軍最後敗於蘇聯紅軍。

蘇聯軍的戰鬥意志與持久力都非比尋常。因此希特勒這樣貿貿然挑起戰爭，將會遭致失敗！

戰爭不論對內或對外，都要有讓人可以認同的道義性才行。故此在宣傳上，受到攻擊而奮起反擊的蘇聯，可說是百分之百有利。日耳曼民族同時與盎格魯撒克遜和斯拉夫兩大民族為敵，真能期待他們的勝利嗎？

就在德蘇開戰的兩天後，我接到一通電報命令：「任命你為參謀本部部員」。

可是已經展開的演習，也不能中途叫停。由汽車和自行車混合編制的實驗部隊共同進行的這場演習，目標是要突破從泰國南部到新加坡，距離相當於一千公里的長途路程，並且一邊排除敵人的橋梁爆破與縱深抵抗，一邊突破前進。在這當中，必須使用很多新的技巧與方法才行。

曾經被東條英機先生嚴厲斥責的我，為什麼會被召喚回東京呢？我想，恐怕是要針對南方或北方的任一戰場，進行作戰的準備吧！因為我在關東軍有好幾年對蘇聯作戰的研究準備，也曾在諾門罕親歷戰場，因此有可能會被起用在北方戰線。雖然僅僅半年，不過我在這段期間卻是專心熱衷於南方研究。因此當部隊往南進軍的時候，我也能夠作為引路人，派上很大的用場。

究竟是往北？還是往南？我實在很難判定。總之，我先將演習做個完整收尾後，便搭乘飛機回到台北，接下來便帶著對那些一直以來勞苦功高的雜工、勤務兵以及打字員無盡的繾綣不捨，在一九四一年七月十四日回到了東京。

一到那裡，（作戰課長）服部卓四郎先生便滿心歡喜地迎接我：「雖然只能安排你擔任後勤班長，不過還請你稍稍屈就一下。」

看樣子面臨有史以來的大變局，作戰課長也是煞費苦心呢！

說真的，搞後勤並不合我的興趣，但既然是任務，那也只能放空自己，全心全意投入其中——我打從心底如此發誓。

到了參謀本部，我坐在好友——航空班長久門有文中佐的旁邊，這讓我感到相當開心。只是在這裡，並沒有發生如我預期當中，有關「南進或北進」的討論。

「六週之內收拾蘇聯；對於希特勒所做的這種情勢判斷，我們是可以信賴的。因此最晚到秋天，我們就必須參戰。不早點投入的話，就趕不上車了。等到戰後，能分到的甜頭就少了。」

這是第二部[10]，特別是負責德國的相關參謀的決定性判斷。以此為前提，我軍以「關特演（關東軍特種演習）」的名目，開始對滿洲進行前所未有的增兵。不只約四十萬的關東軍一口氣增加到七十萬，還臨時撥出了十億軍費。在我就任的第二天，當課內人員共同進餐之際，我們針對德蘇戰事的前景，爆發了火花四射的爭論。對於他們的大言夸夸，我在驚訝之餘，不禁做出了這樣的反駁。

「你們曾經在諾門罕體驗過蘇聯軍隊的強悍嗎？蘇聯絕不可能那麼簡單被打敗的。希特勒就算再怎麼厲害，至少也要四、五年才能打贏他們。」

在諾門罕戰爭期間，德國背棄日本，和對方簽訂了德蘇互不侵犯條約，現在卻又突如其來地撕毀它，

10 編註：陸軍參謀本部第二部，負責情報、宣傳、謀略、情勢判斷等業務。作者和久門則是屬於第一部，負責包括作戰、編制、動員、戰爭指導等事項。

由此可見希特勒毫無任何國際道義可言。故此，日本實在沒有必要賭上國運，陪希特勒一起死在蘇聯的戰場上，不是嗎？

就算能夠勝利並取得貝加爾湖以東之地，那對亞洲、乃至於日本，也不過是錦上添花而已。

數世紀以來支配亞洲十億人民的是英國，而其關鍵點則是新加坡。將英國趕出當地，解放亞洲的被壓迫民眾，對於支那事變的解決也會帶來正面的影響。」

我激烈地反對北進案，並主張南進論。久門君露出擔心的表情，把我叫到別間，親切地提醒我說：

「唉。整個中央都正在熱衷於對蘇作戰哪！你今天才來，或許還不甚了解，但最好還是裝乖一點吧！不這樣做的話，搞不好又要被部長趕出去了哪！前幾天關東軍的小尾哲三參謀來東京，從滿洲國的立場陳述反對向蘇聯開戰的意見，結果就被田中新一第一部長跟富永恭次人事局長大聲怒斥呢！」

雖然對久門中佐很抱歉，不過我還是跟他說：

「謝謝你的忠告，但被放逐對我來說，其實也無所謂，畢竟我本來就不怎麼喜歡來參謀本部。松岡洋右外相不是才剛簽訂日蘇互不侵犯條約回來沒多久嗎？結果這些反覆無常的小人，卻在那裡喊著什麼『晚搭巴士就來不及了』，真是有夠下流的！只因為希特勒和里賓特洛甫[11]的恐嚇，我們日本就必須幫他們扛轎子嗎？」

簡單說，我一點都不信任蘇聯。說得更精確一點，自諾門罕以來，我對蘇聯的仇視就已深入骨髓。

然而，日本在決定進路之際，更應著眼於亞洲的視野，並且恪守國際道義才是。

自滿洲事變、支那事變以來，日美關係就已經進入廣義的戰爭狀態。只要日本不從大陸撤退，兩國的邦交就沒有可能恢復正常。即使日本只將目標限定在蘇聯身上，只要我們和希特勒同盟，就等於挑明了要和英美作戰。

我們與英美為敵的命運，自滿洲事變便已埋下種子。到了支那事變，其可能性已經接近一半，到日德同盟之際，更已經達到九成定局的程度。在《日美通商航海條約》廢止、又不能從南方獲得石油，且在美資金遭到凍結，已經踏入經濟戰爭階段的這個地步，如果不放棄滿洲，戰爭就不可避免——這是當時我的想法。

先前在一九四〇年底時，參謀本部曾經針對是否要在隔年對英美開戰，或是極力迴避戰爭，要求陸軍省就國力判斷進行檢討，當時整備局的意見是這樣的。

（一）鐵礦或鋁土等原料，只要船舶的損害不甚嚴重的話，就有很多辦法可以弄到手，但是非鐵金屬在開戰第三年，就會出現顯著的短缺危機。液態燃料也是一樣。假使船舶的損害相當嚴重的話，就連煤礦也會輸入不足，從而導致整體產業的萎縮。

（二）即使迴避戰爭，若是英美仍斷絕對日經濟關係的話，液態燃料的缺乏也會形成致命傷。

以一九四一年春天陸海軍的石油儲藏量來看，

航空汽油　約一百一十七萬公秉

11 編註：時任德國外交部長。

普通汽油　約八十三萬公秉

重　　油　約四百四十萬公秉

以此為基礎，參謀本部再次按照下列三種狀況，要求陸軍省針對國力判斷進行再檢討，其答案是：

（一）若是發動舉國之力，以五十個師團和航空兵力向蘇聯開戰，那麼大概一年就會燃料耗盡，無法繼續作戰下去。

（二）以現有規模來處理支那事變的話，大約可以作戰四年，但如果要用二十個師團進攻重慶，則大概三年資源就會見底。

（三）如果與英美開戰的話，在海軍全力出動、陸軍發動十五個師團，並以航空為主力作戰的情況下，南方資源將在一年後得以開發利用，而且只要能確保船舶運輸，那也有機會進行持久戰。只是，決定這一點的還是海軍的實力。

從這裡他們得出結論，那就是「只要海軍方面同意，南進就是最好的方案」。

（海軍）軍令部的主要負責人也針對這點做過好幾次檢討，但海軍內部存在著相當有力的反戰論調。因此要統合出一個結論，並不是那麼容易的事。

聯合艦隊司令長官山本五十六，便極力堅持一定要迴避戰爭。他的判斷是：

「倘若奉旨開戰的話，在最初的半年乃至一年間，確實可以繳出相當漂亮的成績單。但進入第二年以後，隨著美軍的實力急速增長，屆時就連互相抗衡也十分困難。」

然而當時的海軍中央，還是積極論佔了主流。因此他們最後決定「與其坐而餓死，不如起而奮戰」。「要開戰的話就趁現在。現在敵我之間還有一較長短的實力，再拖個兩三年，就完全沒有勝算了。」在這種認知下，他們和陸軍的南進論處於同調。但對於向蘇聯開戰、或是發動進攻重慶的作戰，則是堅決表示無法同意。在敗戰後的今日，海軍有一部分人士將一切的責任歸咎給陸軍，說自己是「在陸軍的強烈要求下，才勉強同意對美開戰」、又或是「儘管我們反對，但陸軍仍然一意孤行」。然而事實是，當時的海軍可絕不是那麼聽話，不是陸軍強迫他們就會乖乖應和的類型。

就這樣，在陸海軍中央，認為「除了對英美開戰以外，沒有其他方式可以保全國家自存自衛」的氛圍日益濃厚。從另一方面來看，在歐洲戰場上，蘇聯軍隊的抵抗也愈趨強烈，德軍的進擊速度則是日益遲緩，這也是無法忽視的事實。那些主張攻擊蘇聯的人們，依恃的並不是自身的實力，而是相信在希特勒的神威下，一定可以讓史達林發狂而死。

「美國國民都是商人，不可能永遠持續著無利可圖的戰爭。利用開戰之初偉大的戰果招攬重慶，透過東亞聯盟的脈絡與中國達成無條件的全面和平。接著將在支那的百萬大軍轉用於滿洲，只要蘇聯不盲動，那麼漢民族與斯拉夫民族都會脫離敵營。接下來我們只需以盎格魯撒克遜民族為對手，若是這樣的話，那或許可以打一場持久戰。」

這是我當時真真切切的想法。

站在北進與南進十字路口上的，還有一群旗幟不甚鮮明的優秀人才。這群人在馬來半島勝利、攻陷馬尼拉、奪取仰光的時候，講得好像主張南方作戰是自己的功勞一樣，但到了敗戰的今天，卻又自誇先覺，說「我在那時候就已經抱持反對意見了」。

確實，有不少有識之士是反對這場戰爭的，但可惜的是，這些人並沒有殺身成仁、盡全力阻止這場戰爭的勇氣。

當參謀本部舉行包括海軍幕僚也一同參加、有關對英美初期作戰構想的兵棋推演時，杉山元總長問我說：「對於作戰的進展狀況，你的看法如何？」

我回答說：「假使我們在明治節（十一月三日）發動的話，那在正月可以攻陷馬尼拉，在紀元節（二月十一日）[12]可以攻陷新加坡，陸軍紀念日（三月十日）可以佔領爪哇，天長節（四月二十九日）可以佔領仰光。」

後來的結果果然與我的預料相近。這時，同樣列席且一直默默聽著的東條英機陸相，用沉重的語氣開口問道：「那，你對和英美開戰的結局又有何看法？」

對於這個問題，沒有一個人有自信能夠回答。而我也只能答道：「我們只能透過政略和戰略上的一致，盡可能迅速將戰爭導向終局。」

事實上全體成員都已預期，戰爭將會變成大家都不樂見的長期戰。

今日思考敗戰的原因時，幾乎一面倒都認為是日本誤判了英美的國力。這樣的看法在某個層面上來說確實是正確的，但若要我率直陳述的話，我會做出以下的結論：與其說是誤判英美的國力，還不如說是「日本過度相信德國的實力」。

當我們綜覽自古以來無數的敗戰史之際，我們會發現探求其原因的人，總會對指導戰爭的方法論視而不見，同時因為敗辱的悲屈，只是一味否定開戰這件事情本身。對敗戰當事國來說，這是在所難免的情緒問題，從過去的歷史也可以清楚看出這一點。然而，敗戰至今已經六年半[13]，在現今的世界情勢下，我們難道不該早點進行檢討，並得出公正的結論嗎？

南方作戰在初期的武力交鋒中，毫無疑問是勝利的，但問題是之後發生的種種狀況。因應戰事的長期化，佔領地的施政變得更加重要。特別是數世紀以來遭受英美支配的東洋民族，我們更應當對其獨立扮演催生婆的重要角色才對。

和海軍的對立，也應該透過事前的協調加以解決。為此特地編纂、並經過反覆檢討審議的，就是「南方軍政要綱」。

經過陸海軍主要負責人的幾度折衝，最後決定佔領地的軍政監由參謀長兼任、在事務與軍政方面受到陸軍大臣的監督，也負責協調作戰與後方之間的摩擦。同時也決定，海軍的負責區域包括了婆羅洲東部的油田地帶以及海軍獨力佔領確保的各島嶼，其他則由陸軍負責。

---

12 編註：日本的建國紀念日，也是《日本書紀》中，神武天皇即位之日。

13 編註：指原文書成書的年份。

急就章的作戰教令

對南方作戰初期的海軍作戰而言，必須跨越的大山就是攻擊珍珠港。為了一擊摧毀美國太平洋艦隊的主力，海軍傾盡了所有的智慧。這項作戰的秘密代號稱為「Z作戰」。

與Z作戰比肩、成為聳立在陸軍眼前大山的，則是馬來亞作戰。新加坡軍港和直布羅陀以及蘇伊士一樣，是英國控制七海的鎮海石。英國為它投下了十年歲月和千萬英鎊的鉅資在一九三八年二月完成。能否成功攻下它，將決定整場戰爭的命運。

時序進入九月之後，因應南方作戰發動的相關人事選拔便秘密展開，而我也被內定為馬來亞方面的作戰主任參謀。

自從任職台灣軍研究部以來，便讓我魂縈夢牽的攻略新加坡構想，終於在我被選拔到這個地位的情況下得以親身實踐。這讓我不由得深感自己身負重任。

就像這樣，我們直到開戰這年的九月，才開始著手南方作戰的人事準備。相較於此，我們在對抗蘇聯的時候，不只是以詳細具體的年度作戰計畫為基礎，動員計畫也是從平時就開始準備，而且與之相應地，軍司令官以下的陣容也早就已經內定妥當。光從這點來看可以證明，太平洋戰爭的準備，完全是一副趕鴨子上架的模樣。

第二十五軍（馬來亞方面）司令官內定為山下奉文中將，軍參謀長為參謀本部第三部[14]長鈴木宗作中將，高級參謀則預定將由第三部船舶課的課長池谷半二郎大佐擔任。

情報主任是曾經留學美國的杉田一次中佐，作戰輔助是我在台灣認識的朝枝繁春少佐，大本營的南方作戰主任則選擇了國武輝人少佐。其他包括後勤、鐵道、通信、船舶等的幕僚，全是當時陸軍的一時之選。比起菲律賓、蘭印、緬甸方面作戰，馬來亞作戰更加優先。這種馬來亞優先主義下的人事決定，實在值得大書特書。

被內定為作戰主任的我，首先要做的事就是擬定作戰教令[15]。長年以北滿和西伯利亞為預設戰場、以蘇聯軍為假想敵進行訓練的兵團，如今方向必須進行一百八十度轉變，在南方的熱帶叢林與英軍作戰。為此，非得要有相當長期的準備不可。

然而，現實狀況卻是燃眉之急。故此，至少也得寫些東西，讓指揮官們了解南方作戰的特性才行。首先經過長途海上運輸後，在敵前執行登陸作戰，然後要克服一千公里以上的長距離、酷熱與密林，還要一邊修理被破壞的橋梁，一邊打破敵人頑強的抵抗，最後再攻陷難攻不落的要塞。要達成這樣的要求，就非得將對蘇作戰的戰法做出顛覆性修正才行。於是我將在台灣時代就已經考量過的構想做了一番整理，在僅僅一夜的時間中揮筆寫就了「第二十五軍作戰教令案」。我也就這項教令聽取了其他幕僚的意見，並在十一月中旬，獲得軍司令官的正式裁可。

在此同時，美國增強了太平洋艦隊，而英國遠東艦隊也補進了「威爾斯親王號」（HMS Prince of

14 編註：負責運輸、通信、鐵道、船舶等業務。
15 編註：列有陣中勤務與各兵種協同作戰的基本準據。

Wales）和「反擊號」（HMS Repulse）這兩艘新銳戰艦。負責守備馬來半島的英國陸軍也逐日增加，並不分晝夜演練防禦的對策。然而，我們卻才剛剛準備好教令，連要使用哪些兵團都還沒決定呢！

一直到開戰前夕，我們才決定好部隊，並且將兵團的編制及裝備，改制為適合南方作戰之用。這些都是以先前在海南島實施的小規模實驗演習結果為基礎，急就章採取的處置。

旋風南襲

我在開戰那年的九月二十五日，被正式任命為「法屬印度支那駐屯軍參謀」。

既然已經接獲任務，那我就非得盡早趕赴前線，進行萬全的準備不可。因為對此早有預期，所以我在第二天早上便提著一個準備好的小行李箱離開家門。那時是接獲命令的十六小時之後。妻兒不知道我的去向，還以為我只是去某個地方旅行罷了。當時在大門口送我離開、天真無邪的孩子容顏，始終縈繞在我的眼中，揮之不去。

也許再也無法重逢了吧……當我踏出大門時，妻兒仍然渾然不覺，而我則是頻頻回首，望著那間小小的出租房舍。我的年紀正當四十，在上海事變首次上陣，之後歷經諾門罕戰役、從北支那到中支那，經過無數血流成河的惡戰苦鬥，奇蹟似地一直存活下來；然而，這次恐怕真的就是永訣了。

我搭上從羽田機場起飛的客機，當晚住在台北，接著便飛往法屬印度支那。當我在河內著陸時，正是第二天的中午時分。當地的守備部隊，正在這個終年炎夏的和平國度一隅，憑著綠蔭遮蔽酣然午睡。

這天傍晚我抵達了西貢，然而當地軍隊的氛圍卻顯得更加悠閒散漫。司令部只剩下衛兵，幕僚全都早早跑回了宿舍——那是從法國人手中奪來的豪華別墅，他們在那裡穿著浴衣，在杯子裡盛滿冰涼的啤酒，然後便各自搭著一輛專用車，跑到夜晚的紅燈區裡尋歡作樂了。

唯一還算嚴謹的，就只有第二十五軍司令官飯田祥二郎中將而已；對於這種司令部的氛圍，我不由得搖頭嘆氣不已。

我從就任第二天起，便向這些人傳達緊迫的國際情勢，並把他們從分散居住的別墅裡挖出來，然後在司令部內的作戰事務室鋪上草蓆，就在那裡展開不分晝夜的工作。稍晚就任的林忠彥參謀與朝枝參謀，也按照自己的意願和我同睡這張草蓆。高級副官芳賀豐次郎中佐從滿洲時代就是我的知己，對於我這樣的作風，他徹頭徹尾表示贊成。於是我們便開始整頓所有官舍，讓軍官在司令部附近的公寓裡合宿，以生活環境的整飭，來當成作戰準備的第一步。

夏日綿延的歡樂國度裡，忽然捲起一陣旋風。官兵被全面禁止私用汽車，拿著機密費在夜晚花天酒地的行為也徹底絕跡。

一般到下午六點，有時甚至到晚上十點，整個司令部都還是呈現忙碌且生氣勃勃的景象。原本以必須和法國進行交涉事務為由，留著長髮、穿著開襟衣裳與五分褲、一派瀟灑裝扮的前任參謀們，不知何時也都剃成了和尚頭，還穿回了立領制服。

前線的作戰準備當中最重要的事務，就是盡速整飭法屬印度支那南部的軍用機場。

可是東京給的預算相當有限，因此在當地與法方的交涉頗為曠日費時。由於交涉遲遲沒有進展，因此我們只能緊急開闢出幾座機場。金邊和西貢有現成的機場，但是其他的機場如甘波（Kampot）、磅特拉（Kampong Trach）、磅清揚（Kampong Chuang）等，都是速成的臨時機場，特別是甘波機場，因為是位在溼地上，所以直到十一月底，都很難期望完工。還不只如此，整個工程全都必須依賴當地苦力的勞動，連一台動力機具都沒有。怠惰的中南半島苦力雖然成群結隊揮舞著鏟子，但在我看來，他們就算有一千人，還比不上一台推土機有用[16]。

我雖然陪著軍司令官不時巡視工程進度，但是對於這種慵懶的施工狀況，始終沒辦法感到滿意。航空主任西岡繁參謀，是位人品灑脫、被人暱稱為「老和尚」的人物，他一個人擔起這份重任，日夜揮灑汗水、四處奔波於現場監督進度。

除了會受到敵人海空軍的妨礙之外，當進行長途海上航行之後，船團還要一舉在泰國南部登陸。為此，在法屬印度支那南部，如果能修建出足供我軍飛行隊——特別是戰鬥機——活動的機場，那就再好不過了。為了能夠盡量多一分鐘在船團上空掩護，我們就必須盡可能拚命往西準備機場才行。

如果可以的話，我希望能在富國島修建機場。雖然這件事當然是由西岡參謀負全責，但因為是決定整場作戰勝負的關鍵，所以我身為作戰主任，自然也不能坐視不理。

面對我太過執拗的屢屢督促，老和尚終於也發火了：「談到飛機，我比你要懂得多了！」

他氣到怒髮衝冠。畢竟他已經拚了老命在工作，會有這種反應也是理所當然。我也明白這一點，所以最後只好在沒辦法的情況下，趁他前往東京出差的時候，偷偷地搭一架小飛機，前往富國島進行超低空偵察。當我在乾燥的草原上，發現一塊很適合作為機場的土地時，我整個人高興得好像要飛上天一樣。

於是，我在主任參謀不在的情況下，擅自火速調集了兩千名苦力前往富國島，並且不等法方回應，在瞞著東京硬是強行展開作業。畢竟等待外交交涉需要好幾個月，而如果向東京報告的話，他們一定也會基於預算問題而大表反對。但這是決定勝負的工作，所以我下定決心，即使被埋怨、被懲罰，我也要一個人擔起全部責任，強行推動這項工程。至於因此而引起的責難，我也甘願接受。

約一個月後，這座島上成功建起了兩座壯觀的臨時機場。後來我們能夠完美掩護船團出航，這兩座機場是很重要的因素。

當西岡參謀從東京回來的時候，我對他說：「在你外出的時候，我忍不住出來搞點事情，你可不要生氣啊……。」

說完之後，我們兩人相視而笑，並為意外的成功共同感到喜悅。對於他那毫無私心的善意，我銘感五內。

改頭換面潛入泰國南部進行偵察的朝枝參謀也回來了，根據他的報告：

（一）在宋卡（Songkhla）、北大年（Pattani，皆在泰國境內）等計畫登陸的海岸附近，十一月中旬左右會受到東北季風的強烈影響，海岸一帶會捲起大約三公尺高的海浪。小型漁船因為危險，所以不會出海捕魚。如果是要利用大機艇[17]，不做好會有犧牲的覺悟的話，是不可能登陸的。

---

16 編註：當中有不少在當地墾殖多年的海南籍人士被動員參與建造機場。

17 編註：陸軍的鋼鐵製之制式登陸舟艇，亦稱特型運貨船。長約十五公尺，淨重九．五噸，航速八節，續航力十五小時。可載運武裝兵力七十名，或八九式戰車一輛。

（二）泰國軍警的海岸警戒，基本上近乎不用擔心。他們只在幾個要點挖掘有散兵坑，既沒有看見鐵絲網，也沒有碉堡。

（三）宋卡和北大年的機場規模相當小，跟馬來亞吉打州（Kedah）以及哥打峇魯市（Kota Bharu）的敵方機場完全無法匹敵。換句話說，我軍登陸之後，就必須盡早佔領敵方的機場才行。

（四）從北大年經過勿洞（Betong）通往霹靂河（Sungai Perak）[18]上游河谷的道路，雖然路況並不好走，但汽車可以勉勉強強通行。因此，它很適合以步兵一個聯隊[19]為主力，配合各個兵種的聯合支隊[20]執行作戰。

這份報告是我們制訂作戰計畫最為有利的情報。

憑藉著周到卓越的眼力和出於天性的勇敢，朝枝參謀很早就看透了作戰成功的秘訣。和他同期的林忠彥參謀私淑於平泉澄博士[21]，是位擁有高潔人格和捨身鬥魂，氣質出眾的美男子。他和豪放大膽的朝枝參謀長短互補，展現出相當優秀的工作能力，是我們當中堪稱中堅的幕僚。

他們兩人一前一後變裝潛入泰國，偵察軍情然後返回。在作戰室的草蓆上，我們席地而坐，圍繞著一張地圖，日以繼夜地演練作戰計畫。

按照慣例，在深夜收到的電報，一向都是明早轉達，然而此際不管時間早晚，只要一收到就一定要傳到參謀手上。為此，我們一個晚上總是要爬起來兩、三回。

就在這樣激烈的服勤持續大約一個月後，我莫名地感到惡寒，食慾也每況愈下。我想自己大概是罹患了登革熱或是瘧疾，如果接受診斷的話，一定得入院治療。我雖然發燒到四十度左右，但還是一邊喘香蕉，一邊吃退燒藥，硬撐到底。儘管不習慣氣候——特別是暑氣和濕氣，再加上不眠不休的工作，讓我整個人筋疲力竭，但這場來歷不明的熱帶病，還是在一週後痊癒了。

當時進駐西貢周邊的部隊，是通稱為「宮部隊」的近衛師團。師團長是在五一五事件[22]時，擔任軍法會議審判長而聞名的西村琢磨中將，參謀長則是曾任陸大戰術教官的今井龜次郎大佐。

近衛師團的壯丁雖是全國精挑細選出來的士兵，單就個人素質而言是全國師團當中最為優秀者，然而遺憾的是，他們從日俄戰爭以來就全無實戰經驗。雖有悠久的傳統，但更多的是講究高貴氣質、注重禮儀端莊，因此不只有不適合野戰的條件，其高層也往往會有反抗軍司令官的傾向，這些地方都不容忽視。

雖然軍司令官已經把第二十五軍作戰教令交給了師團長，並且督促他們操練，但他們對演習的態度還是馬馬虎虎，感覺起來根本不堪重任。

然而，在個別部隊當中，依部隊長的性格，還是有一些部隊在戰力上是相當值得期待的。而其中首屈一指的，就是由竹內秀三郎少佐所領導的大隊。他是我在眾多同學當中，極少數的摯友。作為陸軍戶

18 編註：馬來半島第二長河，源於馬泰邊境，自北而南縱貫全霹靂州，流入馬六甲海峽。全長三五〇公里，流域面積一五，一五一平方公里。是日軍在內陸南下所面對的第一個大屏障，越過這裡就能突入馬來亞中部至吉隆坡之前的防線。
19 編註：相當於一個團的兵力。
20 編註：基於臨時作戰任務而暫時獨立行動與作戰的派遣隊。
21 譯註：日本皇國史觀的代表性人物。
22 譯註：激進軍官刺殺首相犬養毅的事件。

山學校的教官，他長年修習劍道，是位擁有劍道七段、刺槍術五段、柔道五段、短劍術四段，林林總總加起來超過二十幾段武術技能的猛將，被譽為「昭和的宮本武藏」。偶爾他會在晚上造訪司令部，在草蓆上盤腿而坐，和我暢談戰事直到深夜。這對忙碌不已的我來說，堪稱是最大的樂事之一。

我們用來作戰的地圖，只有比例尺極不正確的通用地圖而已。相較於我們在準備對蘇聯作戰時，手上為因應需要，都充分備置了比例尺高達十萬分之一正確地圖的做法，根本就是天差地遠。像這種不足的地方，除了靠努力補強之外別無他法。在戰爭開始之前，我們拚命默背地形，只要一有空，就盡量多瞄地圖一眼。從泰國南部越過邊境進入吉打州、渡過霹靂河、從首都吉隆坡（Kuala Lumpur）到新山（Johor Bharu）的地形、距離、主要地名、要地等……甚至已經到了即使沒有地圖，也可以直接起草軍事命令的程度。

這些努力最後並沒有白費。當我面對個別地點爆發的戰況時，便會自然湧現應當採取的作戰構想。在整個作戰期間，不管是怎樣的敵情，我都可以立刻因應，並且毫不猶豫地採取對策，在一瞬間就擬出方案。

我全不關心衣、食、住，至於享樂的心情，就更連一點都沒有了。

一想到決定國家命運的大戰勝敗就扛在自己這小小的肩上，不自覺就感到自豪。

不知有多少次我從睡夢中跳起，看著地圖重新演練計畫。而慘遭我這個瘋狂參謀捲入其中的最大受害者，就是參謀部的士官兵。他們的疲憊一眼望去，都可以看得清清楚楚，其中患夜盲症與神經衰弱的人也日益增加。雖然感覺有點可憐，但我仍然堅信，就算在事前準備中犧牲一兩人，只要能在事後的戰場上防止數百人的犧牲那也值得。

全司令部的將士之所以能夠同甘共苦度過準備的難關，而沒有爆發嚴重的不滿和不平，這都得歸功於飯田軍司令官以及接任的山下軍司令官可以身作則所致。

山下軍司令官

十一月六日，我軍發布了第二十五軍的戰鬥序列，同時正式任命山下奉文中將為軍司令官。一直到這時候為止，飯田中將都認為自己會負責馬來半島方面的作戰，也全心全意投入各項作戰準備。但就在即將開戰的前夕，他卻被轉任為第十五軍司令官，負責緬甸的作戰。雖然只是短短不到兩個月的時間，但他毫無任何私心，既不關心政治、也不求功名，只是謹遵命令，在酷熱的西貢一直盯著馬來半島的地圖，期盼登上舞台、大顯身手的日子到來。得知此項任命之際，他那沮喪的表情，讓人實在於心不忍。這位中將雖然在平時的升遷安排上，不如山下將軍受人重視，但他確實擁有不遜於山下將軍的優秀將才。

山下將軍儀表堂堂、體格魁偉，且擁有輝煌的過往經歷和背景，是內外公認的威武大丈夫。或許是因為長年在軍政中樞活躍的緣故，他對細微之處也能多所留意。大體來說，他是一位和豪傑風範的外表截然不同，頭腦清晰、屬於政治家類型的軍人。

鈴木宗作中將參謀長從幼年學校到陸大，都是成績頂尖的優秀人才。他有著親和開朗的個性，是位在事務處理上相當明快的中央軍部型人物。

對照戰鬥序列中發表的我軍兵力，和邱吉爾在回憶錄中所示的英軍兵力，可以發現敵軍比起最初的敵情判斷，明顯要多了許多。邱吉爾判斷，日軍進攻馬來半島的兵力是五個師團。確實，大本營最初考慮的兵力是五個師團沒錯，可是經過最終審議後，決定減為四個師團。而在作戰開始後，山下將軍眼見英軍的拙劣表現，更判斷只要三個師團就夠，於是將一個師團還給大本營。辭退已經提供的兵力，這樣的例子別說日本，就連在日本以外國家的戰史中也是極其罕見。

根據敵我的兵力比較，大體觀察下來，可以得出大致無誤的狀況：

	日軍	對	英軍
總兵力	一	對	二
火砲	一	對	二
戰車	一	對	二
飛機	二	對	一

按照用兵常識來說，若是要攻擊要塞，就必須擁有比守備部隊多三倍的兵力才行，這是基本原則。但在馬來亞作戰發動前夕，敵軍的兵力據判斷為陸軍六、七萬。以此為基準，我方的攻擊兵力在計畫中，大致與敵軍相等。之所以敢如此無視用兵常識，其理由在於就無形戰力（精神力）的比較上，我軍是敵軍的兩倍甚至三倍。但到最後狀況揭曉，我們才發現扣除飛機，敵方的兵力竟是戰前預測的兩倍以上。這可真的是「無知是福」了。

日英軍戰鬥序列表

部隊	日軍
陸軍	第二十五軍（總兵力 88,689、車輛 4,325、馬匹 10,442） 軍司令官　山下奉文中將 近衛師團（西村琢磨中將，兵力 12,649、車輛 914） 　　近衛步兵第 3、第 4、第 5 聯隊 第 5 師團（松井太久郎中將，兵力 15,342、車輛 1,008） 　　步兵第 11、第 21、第 41、第 42 聯隊 第 18 師團（牟田口廉也中將，兵力 22,206、馬匹 5,707） 　　第 56（佗美支隊）、第 55（木庭支隊）*、第 114 聯隊 #、步兵第 124（川口支隊） 第 56 師團（未投入戰鬥） 　　獨立速射砲（44 門） 　　第 3 戰車團（約 80 輛）、戰車第 1、第 2、第 6、第 14 聯隊 　　獨立山砲聯隊（24 門） 　　野戰重砲二個聯隊（150mm 榴彈砲 48 門、100mm 野戰重砲 16 門） 　　高射砲部隊（68 門） 　　獨立工兵 3 個聯隊 　　其他通信、輜重、衛生、工程等單位共有 36,719 人、車輛 2,995、馬匹 1,740
陸軍航空部隊	第 3 飛行機團（總兵力戰鬥機 173、重型轟炸機 124、輕型轟炸機 48、偵察機 87） 指揮官　菅原道大中將 第 3、第 7、第 10、第 12 飛行團 第 83 獨立飛行隊
海軍	南遣艦隊 馬來部隊　小澤治三郎中將 主隊／鳥海重巡洋艦、狹霧驅逐艦 護衛隊 　　本隊／第 7 戰隊 熊野、鈴谷、三隈、最上重巡 　　　　驅逐艦 × 3 　　第 1 護衛隊／第 3 水雷戰隊 川內輕巡 　　　　第 1 掃海隊 1、2、3、4、5、6 號掃海艇 　　　　第 11 驅逐隊 初雪、白雪、吹雪 　　第 2 護衛隊／香椎練習巡洋艦、占守海防艦 航空部隊（松永貞市少將，戰鬥機 37、偵察機 6、轟炸機 99） 　　第一航空部隊 　　　　第 22 航空戰隊／元山空、美幌空 　　　　山田隊 　　　　鹿屋空本隊 　　　　羽風驅逐艦 　　第二航空部隊 　　　　第 12 航空戰隊 潛水部隊／第 4 潛水戰隊、第 5 潛水戰隊
說明：三個師團還包含搜索、工兵、砲兵、輜重兵等聯隊，以及師團直屬的通信、兵器勤務、衛生等單位。 *12/28 到達哥打峇魯登陸 # 1/23 師團主力到達宋卡	

部隊	英軍
地面部隊	**馬來亞司令部（白思華中將）** **陸軍（戰鬥兵員約 120,000、各種火砲約 1,000 門、裝甲車約 250 輛）** 第 3 印度軍（希斯中將） 第 9 印度師 第 8 步兵旅（哥打峇魯）、第 22 步兵旅（關丹）、第 5 野戰砲兵團、第 88 野戰砲兵團、第 80 戰防砲團 第 11 印度師 第 6、第 15 步兵旅（日得拉）、第 28 步兵旅（軍級預備隊）、第 3 騎兵團、第 137 野戰砲兵團、第 155 野戰砲兵團、第 80 戰防砲團（分遣） 檳城要塞 第 11 岸防砲團、一個步兵營、機場防衛隊、四個馬來義勇軍步兵營 澳洲第八步兵師（班奈特少將） 第 22 步兵旅（豐盛港）、第 27 步兵旅（居鑾）、第 2/10 野戰砲兵團、第 2/15 野戰砲兵團、第 2/4 戰防砲團 新加坡要塞 第 1 馬來步兵旅、第 2 馬來步兵旅、第 7 岸防砲團、第 9 岸防砲團、第 16 防禦砲團、第 1 重防空砲團（香港 - 新加坡皇家砲兵）、第 2 重防空砲團（香港 - 新加坡皇家砲兵）、第 3 重防空砲團（皇家砲兵）、第 1 重防空砲團（印度陸軍）、第 3 輕防空砲團（香港 - 新加坡皇家砲兵）、海峽殖民地義勇軍（3 個營）、第 12 印度旅 主要增援兵力 第 45 印度旅 第 44 印度旅 第 18 步兵師（英軍） 第 53 步兵旅、第 54 步兵旅、第 55 步兵旅、第 118 野戰砲兵團、第 135 野戰砲兵團、第 148 野戰砲兵團、第 125 戰防砲團 澳洲第 2/4 機槍營
空軍	**空軍（波佛特空軍少將，戰鬥機 66、轟炸機 91、偵察巡邏機 5）** 哥打峇魯：澳洲第 1 中隊（10 偵察 / 轟炸機） 關丹：澳洲第 8 中隊（12 偵察 / 轟炸機）、第 60 中隊（8 轟炸機） 貢格達：第 36 中隊（17 魚雷轟炸機） 亞羅士打：第 62 中隊（18 轟炸機） 雙溪大年：澳洲第 21 中隊（12 戰鬥機）、第 27 中隊（2 輕型轟炸機） 實里達：第 100 中隊（20 魚雷轟炸機）、第 205 中隊（5 巡邏機） 加冷：紐西蘭第 243 中隊（17 戰鬥機）、紐西蘭第 488 中隊（17 戰鬥機） 三巴旺：澳洲第 453 中隊（18 戰鬥機） 登加：第 24 中隊（17 轟炸機）
海軍	**遠東艦隊（菲力普海軍上將）** 威爾斯親王號戰鬥艦、反擊號戰鬥巡洋艦 達娜厄號、龍號、德班號輕巡洋艦 伊萊特拉號、快速號、特納多斯號、吸血鬼號（澳洲）珊奈特號（香港）、哨兵號（香港）驅逐艦 曼諾拉號（澳洲）、卡尼貝拉號（紐西蘭）武裝貨船

雖然數字比較如同上述，但不可忽略的另一個重點，是我軍的團結一致。

第二十五軍這個戰鬥序列是首次編制，軍司令部的高層也是從內地、滿洲、中國等地匯集而來。儘管軍司令官與幕僚大致相識，但其他人全都是臨時拼湊的。一直要到開戰前夕，司令部的全體軍官才集結完畢。至於轄下的各師團各部隊也是一樣，除了已經進駐法屬印度支那南部的近衛師團以外，其他各部隊都是從廣東、上海、台灣、滿洲、內地等各地徵集而來，當中甚至也有直到戰役結束，都沒能趕上的部隊。相反地，敵軍大部分都是平時便常駐當地，且在單獨一位軍司令官率領下，在預想的戰場上進行操練的部隊。

相形之下，對蘇作戰則是在滿洲常設有軍司令部，骨幹兵團也是大部分都常駐於滿蘇邊境。為了克服這種種不利，除了拚老命促進前線的作戰準備外，就別無他法了。

我在草蓆上向神起誓，自己將不分晝夜，不菸不酒。雖然我是個有本能也有煩惱的人，但現在已經不顧生死，更遑論色慾或口慾了。我只是一心祈禱，在心裡默念著：「要贏。一定要贏。」

秘密偵察

我們在這半年間，盡全力蒐集了一切人力所能獲得的資料。在知己知彼的情況下，終於要為作戰計畫添上最後一筆了。作為計畫的基礎，我們對敵人的企圖做出以下的判斷。

（一）敵人在新加坡要塞的對海正面有著絕對堅固的防禦，但在對陸正面（即要塞背面）仍然防備

圖一　日軍對1941年秋英軍駐馬來亞兵力配置判斷

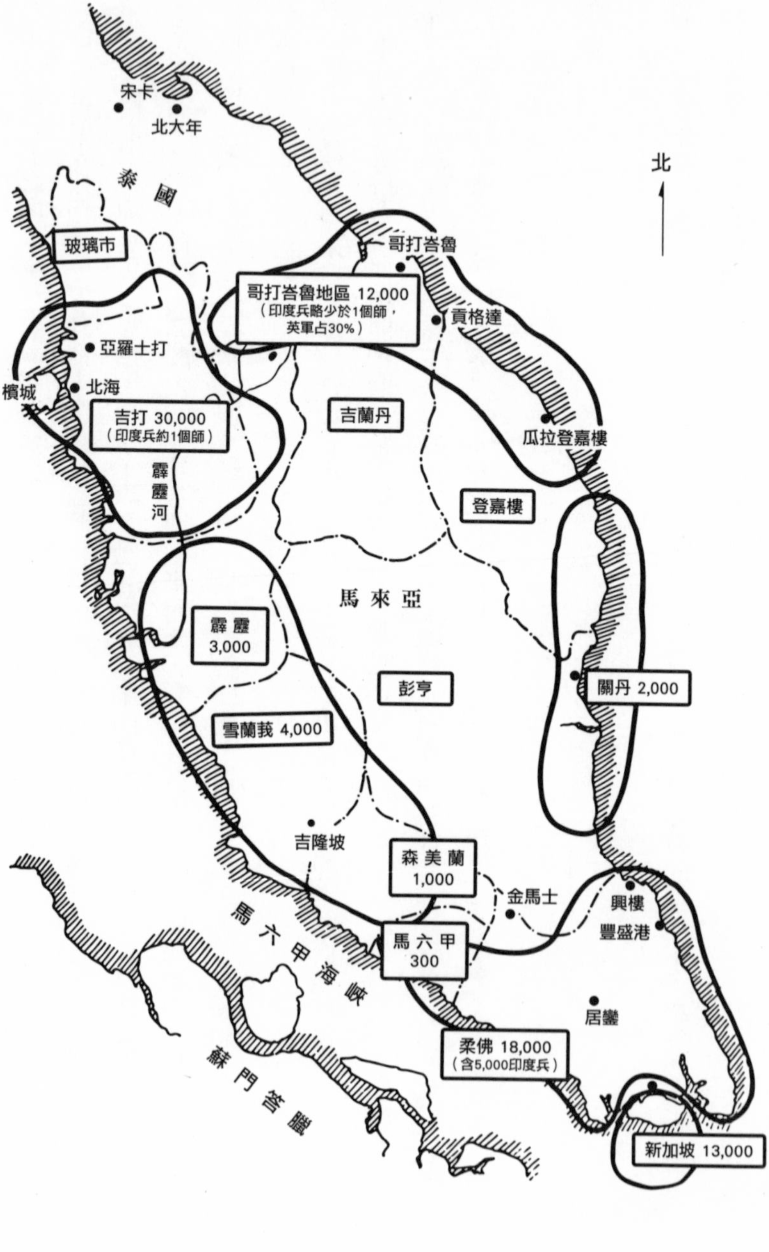

薄弱，弱點明顯。因此，敵人恐怕是要利用馬來半島縱深一千一百公里的空間來爭取時間。企圖在這段期間獲得本國的增援，並強化軍備。

（二）敵方野戰軍的大約半數，都配置在馬來半島北部，特別是吉打州與哥打峇魯市附近。這裡接近邊境，不只可以阻止我軍，還可以視情況應對我們登陸之後的攻勢，並做好反擊的準備。

（三）敵軍的航空兵力仍然是弱點。之所以如此，大概是因為他們預測十一月到隔年三月是東北風時節，日軍不可能進攻的緣故。

針對敵軍這樣的企圖，我軍不管是參謀本部，或是集結眾智的海軍之間，都就應當採取的作戰構想反覆進行討論，然而卻沒有那麼容易達成共識。主要的爭論點是：

（一）在泰國南部的宋卡、北大年海岸，秘密派遣部分先遣隊奇襲登陸，同時將戰鬥飛行隊推進到當地。在其掩護下，斷然將軍主力派遣登陸（正規戰略）。

（二）不出動任何掩護部隊，在開戰伊始便出其不意，以迅雷不及掩耳之勢，派大部隊（至少一個師團）在宋卡和北大年附近登陸，然後再讓軍部主力緊接著登陸（奇襲戰略）。

（三）首先奪取宋卡和北大年，接著在其掩護之下，從哥打峇魯登陸（正規戰略）。

（四）在宋卡與北大年登陸，同時也在哥打峇魯強行登陸（奇襲戰略）。

（五）登陸後確保邊境附近灘頭堡，等後方部隊（特別是彈藥、糧食、燃料）做好登陸準備後，再開始向馬來半島北部進擊（正規戰略）。

（六）第一線師團登陸的同時，不等後方部隊集結，一舉突破邊境，出其不意深入吉打州（奇襲戰略）。

大致如此。認為初戰的作戰指導應當慎重的傳統用兵思想，與主張一開戰就應當以最大膽果敢的方式獲取奇襲之利、在一開始就徹底摧毀敵方戰鬥意志的新觀念，兩者相互對立。不只如此，隨著各人的性格不同，彼此之間也意見相左。

海軍方面因為護衛兵力有限，且必須集中主力於Z作戰（珍珠港攻擊）之故，強烈主張馬來亞方面的作戰應當極力慎重，且哥打峇魯應該放在第二波攻勢。對此，他們堅決不肯退讓。至於參謀本部，一方面不能無視海軍的意見，另一方面在責任上當然也會傾向慎重，因此會倒向穩健的正規方案也是無可厚非的。

這場作戰再怎麼想，都是相當困難。法屬印度支那南部的空軍基地距離相當之遠，那要怎麼在敵軍空軍基地的眼皮下，讓船團順利登陸？故此，正規戰法說到底是無法獲勝的。然而，用奇襲戰法、以迅雷不及掩耳之勢一舉將大部隊送上岸，這樣的做法只要一步差錯，就有可能導致全軍覆沒的危險。

要解決這場論爭的方式只有一個，那就是挺身而出、不惜性命，直接偵察戰場。

地圖上的研究已經無法更多，能做的都做完了。接下來不管怎樣，都必須找尋機會執行空中偵察才行。然而，第二十五軍配屬的大室大尉歷經一個月以上的秘密偵察，已經筋疲力竭了。

就在我埋頭苦思的時候，十月十九日的傍晚，突然有一位身穿飛行服的年輕大尉，出現在參謀部裡：

「我是池田大尉[23]！由我指揮從關東軍轉派而來的百式司偵中隊，已經到達本地！」

他用充滿活力的聲音，幹勁十足地說著。

「是嗎，來了啊，你們辛苦了……那麼，我明天想往泰國南部和馬來亞北部飛一趟，你們可以幫忙嗎？」

大尉想了一下後，露出自信滿滿、意志堅決的表情說：「是的，我能飛！參謀閣下想去的話，就由我來駕駛吧！」

「那就拜託你了，請盡快準備吧。我們明天早上五點出發；為了小心起見，請把飛機上的日之丸塗掉……」

池田大尉是陸軍士官學校四十九期生。光從他那沉著的態度來看，我就覺得「如果是他的話，應該沒問題才對」。儘管如此，他才剛從滿洲千里迢迢渡過大海，歷經長途艱難的飛行而來，現在又連一天的休息時間都不給他，就要他深入敵境，這實在是……

「雖然很無情，但是為了勝利必須忍耐。」

百式司偵是雙引擎的最新式精銳偵察機。它的速度比當時的英軍戰鬥機還快，續航力大約可以持續五個小時。而從西貢出發往吉打上空，來回也正好是五個小時。

若是遭遇敵機的話，它除了利用高速逃跑以外別無他法；因為它除了快速這項武器以外，就連一挺機關槍也沒有。南方特有的積雨雲，對飛機也相當致命，要是不小心駛入其中，可能會有空中分解的危險。萬一故障的話，就必須一頭撞進敵境的叢林裡，讓人和機體一起燒盡，或是直接沉入暹羅灣中，讓

23 譯註：研判應為池田智仁（化名池步先），四十九期只有一位姓池田的少佐。戰後他來到台灣，成為白團的一員。

證據徹底消滅才行。畢竟，在開戰前做這樣的偵察，明顯違反了國際法。但以當時的緊迫情勢來看，不管在滿蘇邊境或是其他地方，從空中隱密越境，都是彼此心照不宣的公開秘密。

「這樣冒險的代價實在不划算，就算要做的話，也只會做這一次而已。」

這天直到深夜，我都一直盯著地圖，像是要把整張地圖看穿般，拚命研究應該偵察的要點。二十日破曉，我脫下軍服、換上飛行服，小心確定不會因為意外而留下任何證據，然後就只帶著麵包和水壺，搭上汽車前行。天色未明的機場上，只有一架飛機的引擎聲嗡嗡作響。劃破靜寂的運轉聲，顯示狀況相當良好。

剛從滿洲抵達的中隊長，就這樣在來不及休整長途疲勞的情況下，朝著未知的戰場、載著未知的乘客，迎接他在此地的第一戰。中隊自軍官以下全員站在飛機旁邊排列成行，無言地露出緊張的神情，目送中隊長離去。

相當不可思議地，我並沒有湧現幾年前，在學生秋山少尉駕駛下前往蘇聯上空越境偵察時的那種緊張感，只是輕鬆愉快，覺得這是理所當然、為大戰打前鋒的任務。就算萬一墜落，只要能透過這次飛行，為計畫提供任何參考資料，那我榮幸之至。我一點也不後悔，但帶著這位沒有經驗的年輕中隊長一起上路，卻又覺得於心不忍。

不過，根據以往的經驗，從他這麼冷靜的起飛來判斷，照理說應該不會發生什麼事故才對。

清晨六點，我們背對著升起的紅色太陽，飛離了西貢基地。揮著手送別的地上將士們，身影漸漸縮小，最後完全從視線當中消失。

飛過金甌岬（越南最南端）後，我們在暹羅灣直線往西橫切，以哥打峇魯為目標，飛行大約兩個小時。高度計顯示六千公尺，身體感到彷彿要凍結般的冰寒。因為空氣稀薄，所以必須戴著氧氣面罩。我在一片蔚藍的暹羅灣上，一邊留意著四周的景象一邊飛行。天候漸漸開始惡化，不過我似乎已經看見了馬來亞的陸地。照理說應該很接近哥打峇魯了，但前面一堵厚厚的雲牆，擋住了我們的去向。

「飛低一點！」

在靠近敵地之處降低高度，我已經有了行跡暴露的決心。

飛機突破雲層，猛烈地往下衝。我們衝進宛若棉花般的雲朵中，不論左右前後，全都看不見東西。

兩千……一千……五百……三百，高度計不斷降低。隨著這個比例，原本刺骨的寒意也漸漸緩和下來，反而開始流汗。當我們的飛機急速俯衝、突破厚厚的雲層，抵達高度三百公尺的時候，終於在觸手可及之處看見了海面。照理說，我們應該已經抵達目標哥打峇魯的海岸，但是眼前只看到不斷打上白色沙灘的波浪，以及悠遊其間的幾隻水鳥。至於陸地一帶，則是被深深的濃霧所包圍。

我們在敵人空軍基地的眼前，以三百公尺的超低空幾度迴旋，試圖發現雲層的縫隙並飛進去，但密雲的簾幕就像是好幾重的棉花一樣，完全不允許我們衝入。從出發到現在，已經超過兩個半小時了。

「回程的油料快不夠了！」

池田大尉緊張的聲音，透過傳聲管傳了過來。雖然只差一步，但也沒辦法了；實在遺憾至極。

「好吧，我們下次再來！」

飛機急速迴旋向東，再次爬升飛上雲端，刺骨的寒意也再度襲來。

當我們回到西貢的時候，大概是上午十一點左右。好一段五小時的艱辛航程；我們的油料幾乎全部用盡了。我非常遺憾地拍拍池田大尉的肩膀說：「辛苦你了……明天好好休息一下，後天再拜託你了。」

面對翹首等待佳音的軍司令官與幕僚，要向他們報告我兩手空空回來的事情，實在讓我有點難為情。

天氣預報指出，二十二日將會是個大晴天。那天一大早，我再次趕往機場，池田大尉的眉宇間，清楚展現出「就是今天」的神情。

急急忙忙惡補了一下空中攝影的方法後，我們在清晨六點起飛。這次的目標首先選定宋卡。上午八點剛過不久，在萬里無雲的晴空下，宋卡和北大年美麗的海岸，如詩如畫地呈現在我的眼前。

在遙遠的南方，可以看見哥打峇魯的海岸。流過那裡的吉蘭丹河口（Sungai Kelantan），分成幾條支流注入大海，在太陽照射下，發出宛若銀線般的光芒。

哥打峇魯（英國屬地），就像是一把抵住宋卡（泰國屬地）腹部的匕首。在那裡，配備了魚雷的英軍航空隊，正虎視眈眈地蓄勢以待。

「如果要在宋卡讓主力登陸的話，那就無論如何，一定要同時攻打哥打峇魯才行。在敵空軍能夠有效利用這個根據地，且緊盯著宋卡的情況下，要登陸根本不可能。只有這點，無論如何都得拜託海軍才行。」

這樣的印象，深刻烙印在我的腦海當中。

我們的座機不久後飛過宋卡上空。眼下所見泰國的機場，實在是相當簡陋。彷彿跟緊迫的風雲全不相干般，它在我們這架偽裝潛入的奇怪飛機面前，完全展現出一副和平的面貌。

我們極力俯瞰，在廣闊的樹海中間有一條柏油路和一條鐵路，兩者平行向南北伸展。從樹木的模樣判斷，夾著道路大約一公里的正面都是橡膠林。軍隊能夠行軍的地方，就只有這一個正面而已。

「不管擁有多大的兵力優勢，可供戰鬥的正面也只有以道路為中心的左右一公里而已，因此就算英軍擁有數量優勢，也完全無須顧慮。部隊登陸後，可以不待兵力集結，便一口氣向前突進。只要一支精銳的大隊，就可以打開全軍的進路。而接下來梯次上岸、從後面趕上的部隊，要替換疲憊的先鋒大隊也很容易。不只如此，在橡膠林和叢林中，白刃戰具有決定性的威力，因此對我們來說，簡直是天造地設的地形。」我做出了這樣的判斷。

我將這樣的印象留在攝影用的底片上，慌慌張張地拍下照片。機體下方的窗口一打開，刺骨的寒風便從攝影口侵入，讓我的呼吸整個凍結，連眉毛和沒刮乾淨的鬍渣，全都黏上了冰柱，怎麼擦也擦不掉。真是不只手忙腳亂，還冷到不行。但是，當下的每一分每一秒都彌足珍貴啊！我忘了對敵機的警戒，只是一心凝望著戰爭的舞台。

飛機越過了馬來亞境內的中央山脈。馬來半島的西部雨雲深鎖，豪雨遮天蓋地。

東岸晴朗無雲，同時西岸卻下著豪大雨——這正是馬來半島氣象變化的一大特色。我們的飛機潛入雨雲之後，必須將高度降到兩千公尺左右。突然映入眼簾的，是座柏油鋪設完善的大機場。

「是亞羅士打（Alor Star）[24]的英軍機場！」

24 譯註：馬來亞北部，與泰國邊境接壤的吉打州首府。

我不由得大叫起來。幸好因為下雨的緣故，敵軍的防空戰鬥隊似乎也在休息。越過它的上空往南前進後，又看見另一座大機場。

「是雙溪大年（Sungai Petani）[25]基地！」

在更南方的太平（Taiping）[26]，也有兩座不遜於前者的大機場。雖然已經透過情報得知它們的所在地，但從紙上看的感覺與從上空直接觀看的印象，果然還是有很大差別。在這些機場群中，恐怕聚集了敵空軍在馬來亞的全部力量吧！

「和宋卡的機場比，簡直是大人和小孩的差距。如果登陸一個月內還留在宋卡附近等待後續部隊的話，我方空軍單憑宋卡的小小機場，和從這些大機場群中起飛的英國空軍對壘，很遺憾的，絕無勝算。因此，不管怎樣，在登陸之後就要不顧一切地向吉打州突擊、奇襲、強攻，不管付出多少犧牲，總之要先奪取敵空軍基地並為我方所用，然後將法屬印度支那南部的我方飛行隊一舉推進到吉打，如此才能看到勝利的曙光。還不只如此，馬來半島東西兩岸的天候，隔著中央山脈正好相反，因此以宋卡為基地的我方空軍，要密接支援氣象條件相異的西海岸地面作戰，是相當困難的。」

我在一瞬間的視察當中，有了這樣的直覺。

那些圍繞著地圖泛泛而談的議論，真是愚不可及！

在遙遠南方蜿蜒橫亙的銀帶，就是霹靂河。那是一條浩浩蕩蕩的大河，除了使用橋梁以外，要徒步涉水而過根本不可能。

「如果這邊的橋梁被摧毀的話，作戰的速度將停滯一週左右。是故，本軍的第一期作戰目標，就是排除萬難，一舉衝到霹靂河左岸，搶在敵人破壞之前，先壓制這三座橋梁。」

我在飛機中做出了這樣的結論。我還想再往南方深處眺望，但是油料已經不允許了。時間正好指向十點四十分，這架飛機的能力已經到達極限。

「偵察結束，掉頭！」

我大喊出聲。我們的路線轉頭往東，越過三千公尺的中央山脈，不久後便來到哥打峇魯的上空。因為天氣晴朗，所以我們從六千公尺的高空向下俯瞰，可以看到在它的周邊，有兩座整理完善的大機場。

「作為英軍在東海岸最大的根據地，這邊的機場整飭得相當完備，在當中似乎還有看到大型飛機的影子。要攻向這裡，恐怕得付出相當程度的犧牲才可能。」

我最後留下這樣的印象後便踏上了歸途。當飛機通過金甌岬的時候，我驟然鬆了一口氣。雖然我並不怕死，但在任務完成後，卻不可思議地珍惜起生命來了。對照出發時那種緊張的心情，回程時的感受，原來在人的心中，不怕死的瞬間，與貪生怕死的心情，是可以同時並存的。

當我們回到西貢的時候是上午十一點十分，已經超過飛行時間的最大極限十分鐘。汽油連一滴也不剩，最後只能在引擎停止的情況下，靠著空中滑翔著陸。

「再晚五分鐘就完蛋了哪！」

25 譯註：吉打州最大的城市。
26 編註：原稱拿律的錫礦城鎮，後歷經戰爭，改稱中文的太平，屬於霹靂州（Perak）的城鎮。

勇敢的池田大尉，也露出一副筋疲力竭的表情。

搭載著一味熱衷於任務、完全無視機械極限的參謀，按照他的命令緊握操縱桿的大尉，他的心情會有多艱苦可想而知。這就是年輕的力量啊！

「真是辛苦你了……我由衷且徹徹底底感謝你的幫助。這場作戰一定會得勝，你就安心休息吧！」

我打從心底，對大尉致上感謝之意。

我趕快把辛苦帶回來的幾張底片拿去顯像，但卻連一張照片都洗不出來。看來我在出發前惡補的五分鐘攝影教育，完完全全不到家。

可是，那鮮活烙印在我腦海中的映像，卻比照片更加清晰地殘留了下來；甚至到了十年後的今天，仍然如此……

我穿著飛行服，向軍司令官以及全體幕僚詳細報告偵察的結果。透過這次報告，原本懸而未決的作戰構想，在沒有任何人發出一句異議的情況下，做出了下列的裁決：

（一）第五師團的主力以迅雷不及掩耳之勢，在宋卡與北大年登陸；同時，第十八師團的一部分有力部隊，也在哥打峇魯登陸。

（二）登陸部隊一舉向南往霹靂河一線突進，佔領吉打的敵方空軍基地，以及霹靂河沿線橋梁。

（三）哥打峇魯登陸部隊從右邊策應，沿東海岸向關丹（Kuantan）方面突進。

這和大本營內定傾向的正規戰法，在構想上迥然相異，完全是一種豁出去的戰法。畢竟，正規戰法說到底是無法取勝的。

在中央，陸海軍之間的意見一直無法統一，所以委任給前線部隊自己協調解決。故此，我們非得和南遣艦隊之間進行一番掏肝剖腹的對話才行。整體而言，陸海軍總是處於敵對狀態。雙方彼此都把真正的想法藏在心裡，只在嘴上討價還價，希望在多少對自己有利、負擔較輕的情況下來獲取功勳，這幾乎已經成了一種風氣。然而，我由衷期盼在這場大戰當中，至少在馬來亞這邊，能夠避掉這種膚淺的鬥爭，並在陸海軍一致的情況下獲致成果。為此，除了用誠心面對對方以外別無他法。於是我立刻前往西貢的海軍司令部，拜訪寺崎隆治[27]作戰主任參謀，毫無保留地向他陳述偵察的結果，並且明確表達想在宋卡與哥打峇魯同時奇襲登陸的願望，而寺崎中佐也誠心迎接我的到來。

寺崎是個不擺架子、具備真正武風的武人，同時也是一位可以溝通的優秀幕僚。他用充滿自信的語氣回答我：「既然是您直接視察得到的結論，那我們海軍也會盡全力達成您的請求。最近將會就任南遣艦隊司令長官的小澤治三郎中將，是海軍一流的戰略家，很有可能會成為山下將軍的好搭檔，並且毅然決然實現陸軍的期盼喔！」

既然前線的海軍已經表達出這種願意配合的態度，那接下來就是向東京聯絡，要求參謀本部對本軍懷抱的作戰構想點頭認同了。於是在十月二十四日早晨，我搭著一架海軍的轟炸機前往東京。

一個月不見，中央的氣氛已經截然不同。這段期間，近衛文麿內閣倒台，東條英機內閣取而代之，戰爭不可避免的氛圍壓倒性的濃厚。雖然我盡速聯絡相關幕僚，但是參謀本部已經上奏要採取正規戰法。

27 譯註：小澤治三郎的親信幕僚，戰後著有《海軍魂：勇將小澤司令長官的生涯》一書。

因此不論就事務層面，或是就面子方面，要他們作徹頭徹尾的修正，實在是相當困難。

然而作戰課課長服部大佐，卻斷然決定虛心採用前線部隊的意見。他擋下下屬的反對聲浪，開口說：「其他人的話姑且不論，這可是辻政信冒著危險，親自偵察的結果，不加以肯定不行呢！事務問題又怎樣？就上奏請求修正也無妨嘛！」

透過他的進言，不只參謀總長以下都明快地採用了本軍的意見，還進一步給予善意的支援。這全是拜心境澄澈的服部大佐毫無私心的人格所賜。

「若是為了這個人的話……」、「若是那個男人的話……」要是沒有這種相互信賴，這場大作戰絕對無法取得這樣豐碩的成果。之後服部先生對我述懷說：「就算你再怎麼主張，假使只是憑藉地圖上的判斷，就想修改中央的既定案，那就連我也會感到猶豫的。可是因為這是你賭上性命、親自偵察的結果，所以就算要修正，也沒有人敢口出異議呢！」

為了實行這場大修正，參謀本部面臨了多如牛毛的困難。首先，他們必須把原本分配給第十四軍（菲律賓方面）的船舶當中相當數量的船隻，轉配給第二十五軍。

為了溝通這方面的業務，軍方在宇品召開了船舶會議。於是，當我結束在東京僅僅二十四小時的聯絡，連繞路回家的空閒都沒有，就得在二十七日前往吳港列席會議，針對作戰計畫進行應答，並且溝通船舶運輸的相關事宜。

預定參與南方作戰的各軍、各兵團的主任參謀，以及和船運相關的人員，都在運輸部[28]集合，就最終的船舶分配進行議決。

在會議上，即使菲律賓方面的第十四軍參謀，也明快地認可馬來亞作戰的重要性，願意從自己分配到的船隻中割愛幾艘出來。

這實在是令人感激不盡。中央和友軍排除各種困難，為第二十五軍多方設想，以求營造出有利的作戰環境，這是成功的根本。

負責協助本軍的陸軍飛行第三集團高級參謀川嶋虎之輔大佐，是我在陸大時候的學生班長，也是跟我有深厚交誼的友人。飛行集團必須搭登陸部隊的便船，好運載大量的燃料和汽油前往宋卡、北大年和哥打峇魯，因此船艙裡的物資遠遠超乎預期。

為了容納這些物資，我軍要不是委屈一下在船上擠一擠，要不就是在兵力上更加受限。別人是另當別論，既然是川嶋兄的要求，那我自是爽快答應。

在整個馬來亞作戰中，陸空之間之所以能夠一直保持理想的配合狀態，正是因為有這樣的互信互讓之故。

宇品會議結束後我前往福岡，再飛往上海。我軍的最精銳兵團——第五師團，已經收到秘密命令，在上海郊外集結訓練中。我火速在這天稍晚時分，向師團長以及幕僚傳達情勢，並遞交第二十五軍的作戰教令，從而結束了必要的聯絡工作。

28 編註：船舶司令部的舊稱，陸軍運輸部於一九〇四年四月經由重組台灣的陸軍補給廠而成立。日中戰爭之後，陸軍為了統轄其運輸業務，動員其所需船舶部隊編成第一船舶輸送司令部，直屬於參謀總長。雖然名稱已經不同，但作者還是習慣沿用舊名，但在後文又使用當下的稱呼。

這個師團在日華事變的初期，是在板垣將軍統帥下，於北支、山西奮勇作戰的部隊。當時我以方面軍參謀的身份，曾經和這個師團同行兩個月以上。從長城一線、忻口鎮到太原，我們在一路苦戰中成了舊識。參謀長河越重定大佐與作戰主任緒方中佐我也都認識，在頻率上相當合拍。特別是這個師團有二十多年的時間，都是作為登陸作戰專門兵團來進行訓練。因此在這種輝煌傳統下，將士們對於打第一仗、立第一功，都抱持著滿滿的自信。

熬夜結束聯絡後，我在第二天（二十九日）的一大早從上海出發，搭乘飛機前往廣東。

這裡是第十八師團的駐紮地。該師自師團長[29]以下都是我的舊識，特別是作戰主任橋本洋中佐，更是在關東軍擔任植田軍司令官副官的時候，就和我結下了深厚交情，因此是個相當令我信賴的陣容。這個師團因為士兵多為北九州煤礦出身，所以喧嘩鬧事是家常便飯，甚至還曾發生暴行和掠奪等行為。但只要留心這點的話，它毫無疑問是支精銳且強悍的部隊，也是最適合給予新加坡致命一擊的師團。

在這裡我也是一直聯絡到深夜，然後第二天一大早又出發，在傍晚回到了西貢。我只有在飛機上，才能享受短暫安眠休息的時間。在前後短短的七日間，我跑遍了東京、宇品、上海、廣東各地，一絲不漏地進行重大廣泛的聯絡任務，並且成功地傳達了軍司令官的意圖，這在我長年的幕僚生涯中，也是極為罕見之事。

雖然我並不是特別相信占卜吉凶，但此時我心中卻有種馬來亞作戰已經抽到上上籤的感覺。

當我向山下將軍以及齊聚一堂的幕僚報告的時候，大家的臉上全都露出了「總算沒問題了」的神情。

十月底，為了協助馬來亞作戰，飛行第三集團的高層抵達了西貢。集團長菅原道大中將是陸軍航空部隊罕見的優秀人才，參謀長隈部正美少將、高級參謀川嶋虎之輔大佐、作戰主任宮子實中佐、情報主任笹尾宏中佐，都是我的老朋友。特別是作戰主任宮子君，更是跟我同鄉同期、自名古屋幼年學校以來的至交。情報主任也是陸士的老同學，像這樣老朋友齊聚一堂的情況還真是罕見。在這種情況下，應該不會產生空地作戰不協調，從而造成不平和不滿的事件吧！

對於本軍作戰計畫的核心——以迅雷不及掩耳之勢一舉登陸，朝霹靂河一線急速挺進，並壓制吉打敵軍機場——這一方針，飛行集團全體都表示贊同之意。

特別是對我獨斷之下在富國島設立的兩座機場，他們更是像看到天上掉下來的禮物般，打從心底感到歡喜。只是有一個問題，那就是他們要求，當第五師團在宋卡、北大年登陸之後，為了佔領並迅速擴張泰國當地的機場，希望能在兩地各留下步兵一大隊、工兵一小隊[30]。

第五師團登陸之後，就必須突破邊境、一舉向霹靂河急速推進三百公里。對師團長來說，能多一個兵就是一個，故此要在後方留下大約四分之一的步兵，大抵上是不可行的。

但是，從整體作戰層面考量，讓這兩座機場至少能夠供戰鬥機使用，對於掩護爾後軍隊的登陸是極為必要之事。因此山下將軍也只能一咬牙，答應了這個要求。

「我們希望能分到登陸後在泰國和馬來亞擄獲的汽車」、「軍需品，特別是燃料彈藥的運補，以及

29 譯註：此時的師團長是有名的吃草將軍——牟田口廉也。
30 編註：連同小隊長，人數約五十人的單位。

機場的警戒和宿營設備應予優先」，對於他們提出的種種要求，我們也都照單全收。

本軍對此理解的態度，換來的是航空部隊的捨身協助，從而使得看似不可能的船團上空掩護完美達成，更是引領奇襲登陸成功的一大原因。

海軍也把馬來亞作戰看成是僅次於奇襲珍珠港的重要事項，將此重任託付給小澤治三郎中將。小澤中將被評為海軍中數一數二的猛將，在此之前原本是海軍大學校長，他在十月底抵達了西貢。

在陸海軍中央直到最後都沒辦法協調出一致意見的情況下，有關在宋卡、北大年、哥打峇魯同時登陸的協調工作，就委交給前線的陸海軍；為此，山下、小澤兩位將軍必須做出決斷才行。

十一月十五日，這場歷史性的陸海軍作戰協調會議，在迎來參謀本部的代表——竹田宮恆德殿下（時任中佐參謀）的情況下，於第二十五軍司令部嚴肅地召開。

前線的陸海空高層齊聚一堂，以二十五軍的作戰計畫為中心，討論彼此的協調以及責任的分擔。當山下將軍挺著堂堂之軀、表示期盼眾人能為了斷然執行這場世紀大作戰而同心協力的心意之後，便接著提及被認為最困難的哥打峇魯登陸問題；這時，一直沉默不語的小澤司令官開口了：「陸軍既然如此期望，那我們就做吧！哥打峇魯方面，就由我直接指揮，對船團進行護衛以及登陸掩護！」

就在滿座鴉雀無聲、屏息靜待海軍表態之時，他終於做出了這個最後決斷。

這是相當悲壯的決心。中央無法達成的協調，在沒有紛爭、沒有討價還價的情況下，憑著前線陸海軍的相互信賴終於達成了。

不只如此，這項陸海軍作戰協調還排除了過往的形式，只要海軍要求，陸軍就毫不拖泥帶水地將自己要在何時何處、以多少兵力登陸告知海軍，其他的一切，包括護航方法、航行隊形、對空對潛警戒等，都以海軍方便為準，陸軍只是順從他們的意思，將一切委託給對方而已。

僅僅花了幾個小時交涉，這項複雜且難度極高的作戰協調，就在幾乎沒有任何不快的情況下做成了決議。陸軍飛行集團與海軍航空隊間，也決定好了任務分擔。除了馬來亞作戰以外，恐怕再也找不到這種場景了吧！

三軍的心都以攻擊新加坡的重任為中心，在西貢這裡彷彿一塊炙熱的鋼鐵般，緊緊凝聚在一起。以難攻不落自豪的要塞，在攻擊者的人和面前徹底崩潰，實在是不足為奇。

在這種情況下決定的第二十五軍作戰計畫綱要，其內容如下所述：

一、作戰方針

本軍在開戰伊始，在航空部隊以及海軍的協助下，以主力在馬來半島頸部以南的地區登陸，擊破敵軍並朝霹靂河方向突破。緊接著第一波登陸後，逐步增強兵力，在航空部隊的配合下，經由吉隆坡抵達柔佛海峽一線，並在各項準備齊全後，對新加坡發動攻勢。期間，見機派遣一兵團在馬來半島東南海岸登陸，將會使得軍主力的作戰更加容易。

二、作戰要領

1. 以第五師團為骨幹的本軍主力部隊於三亞港集合，在海軍護衛下，於「X（開戰日）減四」日從該港出發，在「X」日破曉時分，以主力在宋卡、另一部分兵力在北大年登陸。在各自佔領機場的同時，趁機突破邊境，擊破當地敵人，經亞羅士打與勿洞方向，朝霹靂河一線突擊，並盡可能確保當地的橋梁。

2. 佗美支隊[31]在三亞港集合，與軍主力一起在「X減四」日，於海軍護衛下出發，並在「X」日破曉於哥打峇魯登陸，擊破當地敵軍，佔領該地附近的機場；爾後伴隨軍主力方面的作戰進展，逐次朝登嘉樓（Terengganu）與關丹方面突進，佔領機場。

3. 近衛師團在開戰伊始，於第十五軍司令官指揮下進駐泰國，之後沿著陸路海路，逐次向馬來亞軍主力方面轉移，並在第五師團後方集結，視狀況隨第五師團推進，或者是超越突擊。特別是以步兵約三個大隊為骨幹的部隊，最遲應在「X加十五日」前，於第五師團後方盡力集結完成。

4. 第三飛行集團於「X減三」日前，在法屬印度支那南部展開，一部分負責掩護登陸船團，並於開戰伊始，在海軍航空部隊配合下，主要針對馬來亞北部的機場展開攻擊，以擊滅敵機、並掩護本軍主力登陸。爾後，該集團應以主力壓制敵空軍，並以一部分兵力配合地面作戰。

5. 第二波登陸部隊於「X加三」日前在金蘭灣集合，並在「X加八」日左右，於宋卡、北大年、哥打峇魯登陸，增援第一波登陸部隊。其他軍主力則在台灣與廣東集合，在適時出發的海軍護衛下，於「X加二十五日」左右，以主力在宋卡、另以一部分在北大年附近登陸，趕上第五師團。

6. 若是前進到霹靂河一線，則在整頓後渡過霹靂河（預定日期為「X加十五」日），朝吉隆坡挺進。佔領該地後，一邊持續擊破敵人，一邊朝柔佛海峽急速推進。在這期間應派遣一部分部隊，用舟艇在西海岸機動前進，以使軍主力的作戰更加容易。

7. 第十八師團主力，迅速在馬來半島頸部登陸後攻向檳城（Penang），並在霹靂河以北確保我軍後方，同時在該方面準備蘇門答臘作戰。

8. 第五十六師團主力，應伴隨軍主力的作戰進度，在關丹、豐盛港之間的地區登陸[32]，朝柔佛州（Johor）方面前進，策應軍主力的作戰。

9. 若是抵達柔佛海峽，則集結全體戰力，準備攻擊新加坡；之後，以主力從陸橋（長堤）以西的地區渡過，攻向新加坡。

10. 軍戰鬥司令部在「X減十五」日左右，從西貢出發抵達三亞，搭乘「龍城丸」，和第五師團第一波登陸部隊一起，於「X」日破曉在宋卡登陸，並伴隨午後狀況的進展，逐次朝太平、吉隆坡、關丹推進。

11. 以下省略。

31 譯註：主要骨幹為第十八師團第五十六聯隊，由佗美浩少將指揮。
32 編註：東海岸攻擊路線。

我自奉命擔任軍作戰主任以來就滴酒不沾，並在心底向神起誓：「直到新加坡陷落為止，我都不喝酒。」

元旦以來這三百天之間，我費盡思量、反覆深入思考、貫注心血制定出來的作戰計畫，終於在此成為集結陸海空全力的準繩，並且開花結果。

「實在很想喝一杯哪……」

我剛這樣想著，馬上又轉念想到：「不，這可不成哪！戰鬥從現在才要開始呢！」

眼見同僚不斷地朝杯裡倒著啤酒，我的喉嚨不禁咕嚕作響，但最後還是強壓下自己的本能，將同樣顏色的苦茶一飲而盡。

夢幻的計畫

我在草蓆上以圖囊[33]為枕打起了盹，在這過程中我做了一個夢。我夢見我混在泰國軍隊當中，以宛若雪崩之勢般越過邊境，並在英軍的歡迎下抵達霹靂河的大橋。正當我看見那美麗的流水，想要用手掬起一飲的時候，我就醒過來了。

這是吉利的預知夢？還是反過來的不祥之夢？

如果按照戰鬥理論分析的話，這個夢實現的可能性並非絕對為零。故此，即使成功機率只有百分之一，也應該竭盡所有智慧去實現這項作戰才對。戰國時代的武士會以「首級」為獻禮，混在亂軍之中接近敵將，然後試圖一舉擊斃敵方首領。雖然這只是幾個失敗的插曲，但我在潛意識中，還是將它與我的夢境結合起來。

為了將這個夢境化為現實，我認真苦思，最後做出以下的計畫：

（一）派遣一個大隊規模的敢死隊偽裝成泰軍，言行舉止也都偽裝成泰軍。

（二）在從宋卡登陸的同時，對泰軍懷柔和收買，拉攏若干泰軍將士，讓他們走在敢死隊前面。

（三）緊接著，這支變裝過的部隊搭乘登陸後擄獲的泰國汽車，裝出一副驚慌失措、大喊大叫的樣子向英軍求救；當他們裝出一副悲痛的表情，通過邊境關卡之後，就立刻全速朝霹靂河的橋梁突進，趁英軍防備尚未穩固之際，壓制瓜拉江沙（Kuala Kangsar）大橋。

（四）為了欺騙敵人、博取敵人的同情，可以讓偽裝成泰國將士避難家眷的女性，走在部隊的前頭。為此，在登陸的同時，首先要扣押二、三十輛泰國的巴士或卡車，同時也要集結一些色情行業的女子。

（五）為了因應一千名將士的需求，應在極機密狀態下盡速調集泰軍服裝。

（六）大量準備泰國、英國與日本國旗。登陸之後，敢死隊便揮舞著泰國和英國國旗，嘴裡用英語大喊著「日軍好可怕！英國萬歲！」，然後一手揮著泰國國旗，另一隻手揮著英國國旗，朝

33 編註：日本軍官用來裝個人物品的皮囊，士兵則配發布製的雜囊。

邊境雪崩似地湧去。

要實施這種破天荒的戰法，就必須有周全的事前準備才行。為此，我派林參謀到曼谷，設法取得一套泰軍軍服。同時我也把在宋卡領事館裡偽裝成秘書的大曾根少佐秘密叫到西貢，對他傳授這個開戰前夜的秘策。除此之外，我們也需要懂得泰語的通譯，為此我還從長年居住在曼谷的日僑中，物色了好幾名勇敢機敏的青年。

這個計畫乍看之下像是兒戲，而且還會破壞國際道義，但若是為了勝利，這些我都可以無視。只要我國與泰國結為軍事同盟，那非法頓時就可以變成合法。這確實是有點魯莽，但或許能夠建立奇功。如果能在未經破壞的情況下佔領霹靂河的橋梁，那作戰時間就可以縮短一個月。只是問題在於，要去哪裡找能夠執行這項任務、既膽大又心細的部隊長呢？

為了實行這項方案，要得到軍參謀長、軍司令官的同意並非易事。當好不容易終於獲得允許後，我對第五師團長發出電報，命令他選拔一個敢死大隊。

當對方報告說「市川正少佐的大隊適合這項任務」後，我們終於要進入實行階段，但事情並沒有如此容易。只要走錯一步，就有置全員於死地的危險。

要執行這麼胡鬧的任務，提案者就該身先士卒才對。故此，我下定決心要參與這項任務。在我執拗的請求之下，終於獲得了允許。

經理部按照樣本，在兩週後弄出了可供一千人穿著的泰軍軍服。

「不入虎穴，焉得虎子！」

我身為本軍作戰主任最重要的責任——作戰準備與計畫，已經全部告一段落。接下來就只是作戰計畫的執行而已。

絞盡腦汁的時期已經過去，接下去就只是比氣力的問題罷了。

就讓我挺身而出，擔起重任吧！要死，也要死在一起。

前往三亞港

在西貢的各項作戰準備毫無遺憾地告了一段落。接下來我們要做的事，就是盡早前往三亞港，做現場指導，並且為踏上征途做好準備。作為本軍先鋒兵團，同時也是開戰之初主力的第五師團，和負責登陸哥打峇魯的佗美支隊一起，從上海和廣東搭船前往海南島的三亞集合。

十一月二十五日，山下軍司令官在幕僚陪同下，搭乘飛機從西貢出發，其他的軍司令部將士則是搭船前行。雖然就地理上來說，從法屬印度支那南部到海南島是後退，但在作戰上則是前進。和過去兩個月忙碌、全心全意投入準備工作所在的西貢來說，現在恐怕是要永遠訣別了。可是回顧過往，我卻毫無戀戀不捨的感覺。山下將軍雖然覺得至少一晚也好，該擺桌酒宴慰勞一下年輕的參謀們，但橫亙在前面的難關，還有千重百重。想到這裡，我的心情就無法放鬆下來。雖然我能明白，這是這位宛若凜冽秋霜、嚴格要求轄下兵團軍紀與風紀的將軍發自內心的一片好意，但我們還是一起辭退，帶著肅穆的態度離開了西貢。

將軍作低調打扮，摘掉階級章，穿著一身開襟戴頭盔的輕裝，在沒有任何人送行的情況下，靜靜地飛離西貢。在三亞港，有我過去在熱帶演習時曾叨擾一晚、令人懷念不已的海軍營區。軍司令部則是設在椰子林中的一棟營房裡。

以田邊助友少將為首的船舶輸送司令部[34]，以此為根據地，整飭一切出發的相關準備。

儘管第五師團和佗美支隊都必須往這裡集結，但我們手上卻完全沒有船隻行動的相關資訊。雖然這或許是為了隱匿企圖，所以禁止使用無線電的結果，但要從日本內地、大連、上海、廣東、台灣等各地拼湊集結二十艘運輸艦，在船隻調度業務上也難免會有不甚完美的錯誤。和我同期的森藤甚松參謀，不眠不休地四處奔走；本軍的船舶主任解良七郎參謀也拚命蒐集資訊，搞到禿頭都要冒煙了。儘管如此，一直到十二月二日為止，預定的船隻仍未集合完畢；明明四日早上就要出發了啊，這可怎麼辦才好！我們心想，大概是海軍要惡搞我們吧；但是不管怎麼講，這樣是不能進行準備的。這種焦躁的感覺，在整場作戰期間是從未有過之事。

大家的情緒都很激動，到最後連講電話的聲音都充滿了殺氣。解良參謀拚了老命，不停地打著電話；因為解良這個姓氏並不常見，所以對方的通信兵不容易理解，也是沒辦法的事。只見焦躁不安的參謀口沫橫飛，禿頭上大滴大滴的汗水直流，大聲怒吼著：「什麼！還聽不懂嗎！是『小蟲子（Mushikera）』的『Kera』，『解良（Kera）』參謀啊！」

這突如其來的爆笑場面，讓整個焦灼不安的參謀室氣氛，一下子緩和了下來。這位參謀很得人緣，是個讓人家討厭不起來的人。雖然他的頭頂光禿禿，看起來像是六十歲老頭，卻生著一張十七、八歲的娃娃臉。

飛行集團的物資運輸，也出乎意料地花時間。從鐵床到泡澡的桶子再到沙發，簡直是包羅萬有。

「別開玩笑了！地面部隊的軍官都限制每兩個人才能帶一個行李了，這些對直接作戰沒有必要的東西，全都給我丟到海裡去！」

解良參謀嚴厲地警告著。

飛行部隊身為航空服勤人員，其疲勞比起地面部隊要嚴重許多，這是理所當然之事，為此，當然必須給予他們充分的休養才行。可是，能帶的東西還是有程度之分的。畢竟船艙的空間極其有限，一張榻榻米得擠上三個人才行。在這種情況下，適度的忍耐也是必要之事。

雖然這種震撼教育多少讓飛行集團的情感有點受傷，不過當他們了解軍司令部和師團將士狀況吃緊的現實後，似乎也開始有了反省之心。

到了十二月三日中午，二十艘船團[35]終於齊備。

「哎呀呀，總算可以安心了哪！」

但是這些船團，只是毫無計畫地搭載著各地前來的部隊與裝備。故此，為了能迅速因應本軍的登陸

34 編註：設置於陸軍的海運基地，執行陸軍的船舶運輸計畫，以及其他策源地的海運業務。

35 編註：實質是十八艘運輸艦，分別是那古、熱田、香椎、龍城（第一分隊）；笹子、九州、青葉山、佐渡、浪ノ上（第二分隊）；鬼怒川、阿蘇山、相模、金華、東山、宏川（第三分隊）；淡路山、綾戶山、佐倉（第四分隊）。

作戰，必須重新調整才行。這是項讀者難以理解的艱鉅工程。在沒有碼頭的三亞港內，人與裝備的重新搭載，都必須使用到小船來執行。就這樣忙了一整夜，才總算在出發前夕將一切搞定；這真是比戰鬥還艱苦的勞務。

十二月二日晚上，我們接獲了南方總軍的命令。這道命令說，大本營雖然已經下定決心展開作戰，但隨著日美交涉的結果，也有可能會中途停止。命令的內容是這樣的：

（一）作戰開始時間預定為十二月八日[36]。

只是若在上述時間前，日美交涉能夠達成妥協，則作戰將中止。

（二）預定將與海軍合力展開作戰。

（三）第二十五軍司令官，依照前述命令開始作戰。

依照這道總軍命令，山下將軍在十二月三日早上下達了軍命令。當他對第五、第十八師團長、佗美支隊長以下的各部隊長做完嚴厲的訓示之後，便高聲朗讀道：「第二十五軍，作命（作戰命令）第一號！」聽著軍司令官的聲音，眾人連大氣都不敢吭一聲。

對於這場賭上國運的大作戰，我們再次有了赴死的覺悟。這是一個不分彼此，全都不由得感動萬分的場面。

日美交涉就在這種危急存亡的氛圍中，由來栖、野村兩位大使持續進行著。萬一作戰中止的話，會在十二月七日傍晚傳來特別命令。到時候，我們會遵循天皇的御令，中止一切踏上歸途。但如果沒有另外的命令，那我們就會按照預定計畫執行到底。簡單說，按照聖旨，我們應當徹底避免戰爭，並找尋出外交的妥協點才是。可是對作戰部隊來說，我們是不能有這種迷惘的。畢竟這不是上市場買菜，而是賭上性命前往戰場。因此對將士來說，這會是一種削弱他們決心、三心兩意的舉動。這場戰事恐怕是前無古人、後無來者了。「日本發動戰爭乃是基於自衛、實為不得已之事」，堅決吐露這種信念，並遭處決的東條先生，在法庭上所作的這番陳述，正是比任何事物都更鏗鏘有力的雄辯。

我也確信，「這是一場毫無準備的戰爭，也是一場強逼我們加入的戰爭」。

36 編註：日軍同時在哥打峇魯、珍珠港、菲律賓、關島、香港以及威克島發動攻擊。哥打峇魯的登陸行動是在珍珠港空襲前的一小時二十分鐘就開始發動了。

第二章

奇襲、強攻

決定命運的啟程

在宇品的船舶調度會議上，我們討論了軍司令部以及第五師團司令部的座艦問題。雖然在以往的登陸作戰中，高級司令部在軍艦上指揮的例子屢見不鮮，但是就這場馬來亞作戰而言，司令部應該和第一線生死與共，所以應該搭乘普通的運輸艦在船團的前面打頭陣才對——自山下將軍以下的全體幕僚，都堅決抱持著這樣的態度。

輸送司令部的腹案，是計畫讓軍司令部搭乘「香椎丸」，第五師團司令部則搭乘「龍城丸」。

這兩艘船雖然都是一萬噸級的精良船隻，但和「香椎丸」這艘專跑歐美航線的豪華船隻截然相反，「龍城丸」是陸軍特別建造的純軍用船。儘管沒有武裝，但外表看起來頗為接近航空母艦。它的特色是上面可以裝載大約三十艘大、小機艇[1]，也裝備有很多無線設備，整體來說是艘頗似軍艦的怪物。搭乘這船不只是不舒適，餐點也只有麥飯、味噌湯和醃蘿蔔。知道這種狀況的人，鐵定不會歡迎這艘「豪華」的船隻。第五師團因為長年從事登陸訓練之故，深知這艘船的狀況。

在船舶調度會議上，師團參謀提出請求，希望能跟軍司令部交換船隻。我在當時還不理解其中的利害關係，只想說既然師團會開心，那就順應他們的希望吧！於是，我們就在「無知是福」的情況下，搭上了這艘船，之後才明白箇中原因。師團會討厭這艘船，也不是沒道理，但這樣也無所謂。畢竟不管危

1 陸軍的鋼鐵製之制式登陸舟艇。長約十公尺，淨重三．七噸，航速九節，續航力十小時。可載運武裝兵力三十五人，或十三噸物資。

險或粗食，我們軍司令部都願意接受，而且在登陸船團前面打頭陣，也是我們的夙願。

不過，師團長以下人員，對於這件事多少還是會有點過意不去。在出發時，身先士卒的軍司令官給全體人員的訓示，要旨是這樣的：「我搭乘『龍城丸』和師團將士一起登陸。萬一在航行中『龍城丸』沉沒的話，就由第五師團長代替我指揮全軍。萬一『香椎丸』沉沒的話，就由我直接指揮師團的各部隊。」

軍司令部將自己敢於搭乘師團不喜歡的船隻、與第一線將士命運與共的決心，在不言而喻的情況下傳達給全軍，而這種氣魄在之後的作戰指導中，發揮了極大的威力。轄下的部隊連吭一聲都不敢，這件事正是重要的原因之一。

四日清晨，宛若銀盆般的月亮沉落入西方海面下。接著赤紅的太陽宛若尾隨而至般，從東邊的海面上探出頭來。被金銀波浪染成彩色的三亞港，宛如繪畫一般美麗。

帶著對勝利的堅信，二十艘登陸船團背對著閃耀的太陽，追逐著西沉的月光，成兩列縱隊，在海軍的前後左右護衛下，乘風破浪離開了三亞港。

這正是決定民族百年命運的啟航。

開弓沒有回頭箭，我們已經盡了所有人事。日本的命運、乃至東亞的命運，都在這一瞬間決定。

當我站在桅杆邊，眺望逐漸遠去的三亞港時，故鄉的老母親以及妻兒的容顏，一瞬間彷彿閃過眼前。

這算是某種懦弱或是膽怯的情緒作祟嗎？兩萬名踏上征途的戰士，全都靜默無語。

在航行當中，全體將士的注意力都集中在敵方潛艦與飛機上面。每當出現晴朗的大白天，從司令官到士兵就不由自主地感到緊張，一直不停渴望著降雨或是烏雲密布。船內的伙食確實不好，從將軍到小兵，都只能吃從水桶裡舀出來的麥飯、醃蘿蔔和味噌湯。

但是捨棄一切妄念，只是一味祈求戰勝的心，讓我幾乎忘卻了對於飯食的關注。我把從台灣買來的蛇乾從圖囊中取出，拿到廚房烤一烤，再撒上鹽巴啃了起來。畢竟，直到勝利為止，我都得保持身體健康才行。

作為海軍的聯絡參謀、從司令部派遣過來的永井太郎中佐，是位不枉「太郎」之名、身材高挑魁偉的男子漢。他那明朗豁達、誠實的性格，讓人一見就有好感，彷彿面對相處數十年的老友般，毫無隔閡地心胸開闊起來。行動開始以後，陸海軍之所以能夠漂亮地達成緊密配合，永井參謀功不可沒。

五、六日平安無事地度過了。船團在七日早上通過金甌岬，轉向西北方前進。直到這裡，我們還是偽裝成要駛往曼谷的模樣，就算萬一被發現，也不必擔心對方斷定我們有開戰企圖。這一天，在法屬印度支那南部起飛的飛行集團，全力在船團上空護衛。儘管天候逐漸惡化，我方戰鬥機仍然衝破密雲，在上空展現輕快的身影。對於這點，我由衷地感到謝意。當初冒著酷熱強行整建機場，如今終於得到了回報。

中午過後，電報班突然傳來一份報告：「擊墜敵方一架偵察機[2]！」

「正好作為軍陣的血祭。但是絕不能大意，或許還有沒被擊墜的敵機呢！」

---

2 編註：第三飛行集團的戰鬥報告記載：「十點二十五分，在班讓島西方約四十公里的海面上，發現一架英國水上飛機，制空巡邏中的我方戰鬥機與該機接觸時，因為敵機進行攻擊準備，且遭其射擊，因此我方立刻將之擊墜。」

圖二　兩棲船團航路

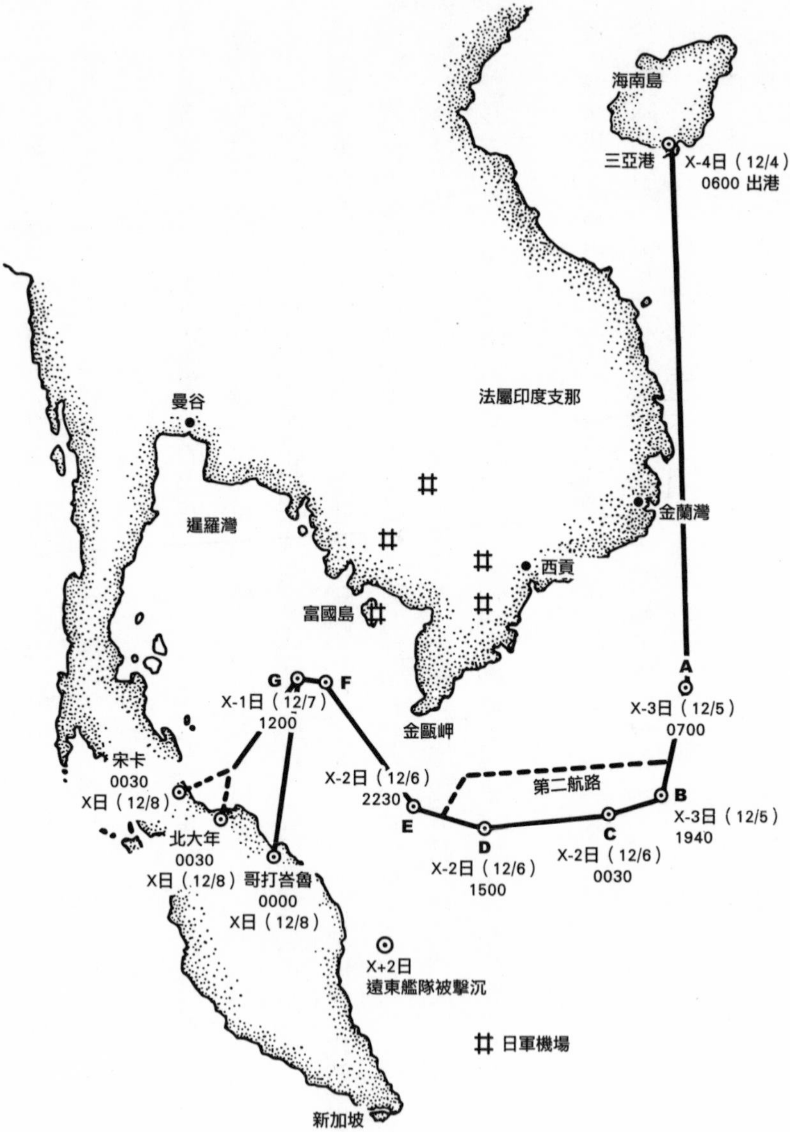
海南島
三亞港
X-4日（12/4）
0600 出港
法屬印度支那
曼谷
金蘭灣
暹羅灣
西貢
富國島
金甌岬
A
X-3日（12/5）
0700
B
X-3日（12/5）
1940
C
X-2日（12/6）
0030
D
X-2日（12/6）
1500
E
X-2日（12/6）
2230
第二航路
F
G
X-1日（12/7）
1200
宋卡
0030
X日（12/8）
北大年
0030
X日（12/8）
哥打峇魯
0000
X日（12/8）
X+2日
遠東艦隊被擊沉
日軍機場
新加坡

大家一起不由自主地倒抽了一口氣。當船團向西北方航行的時候被發現，還可以稍微瞞騙過去，但在下午兩點以後我們往西轉，屆時行動就必須絕對隱密了[3]。不過我們相當幸運，中午左右，天候開始急速惡化，濃霧與密雲低垂在暹羅灣上空，從而掩蔽了我們向宋卡前進的意圖。

或許是逃過攻擊的漏網之魚發出了報告。從七日中午開始，在雲間便隱約可以看見敵軍偵察機的蹤影。從法屬印度支那南部起飛的我軍戰鬥機，潛入密雲的縫隙當中，並在濃霧放晴的間隙，持續不斷地在船團上空進行掩護。隨著我們一步步逼近泰國南部海岸，飛行隊的活動距離也逐漸拉長。傍晚時分的位置最為危險。那時我們正位於敵空軍吉打與哥打峇魯待命機的鼻尖下，而我方卻因為遠離基地，必須在戰鬥機航程達到極限的情況下作戰。

夜幕即將來臨，戰鬥機做了最後的出動。當他們結束掩護、踏上歸途時，洋面已是一片漆黑。承擔這項重任的加藤戰鬥隊在出動前，都互相乾杯餞別。到下弦月出現為止，還有幾個小時；積雨雲波亂詭譎的暹羅灣上空，甚至比白天還更需要警戒。一旦飛進積雨雲當中的話，必定會在空中分解，從而變成鯊魚口中的美食。

夜間歸航，危險更是不在話下。戰隊長加藤建夫中佐親自打頭陣，他說：「即使我們全部都無法返回，戰隊也必須行動到底。將必要的人員和器材留在後方，其他人跟我來！每個中隊各留下一名資深軍官；A少佐作為我的繼任者，要重建戰隊，好好地奮戰到底！」

3 編註：船團的位置由在哥打峇魯機場起飛的澳洲皇家空軍偵察機所發現。

被留下來的軍官全都憤怒得漲紅了臉。畢竟他們早就下定決心，不論到哪裡，都要跟隊長生死與共。

「笨蛋！萬一我們回不來的話，就要靠你們扛起重擔，所以你們給我好好待在這裡，懂嗎？」

他這樣怒斥部下之後，便率領著一群敢死隊，前往夜幕即將低垂的洋面上空，擔負起最後的重任。

等到目送二十艘船艦安然朝西方前進，被七日的夜幕團團包圍之後，戰鬥機才急忙踏上歸途。當然我們有派一架重型轟炸機擔任夜間回航的引航機，但是因為濃霧和密雲的關係，沒辦法維持編隊飛行，各機於是零星分散。好幾架飛機就在沒有發現基地的情況下，用盡燃料墜入暹羅灣，壯烈犧牲了。然而，在這種艱難的飛行下，加藤戰隊長仍然成功引領了大部分飛機，勉強保住性命回到了富國島（加藤隊長在戰爭第二年時，在孟加拉灣壯烈戰死）。

七日傍晚，旗艦「鳥海」重巡洋艦頂著大雨，向我們發出燈號：

本艦現在開始將護衛佗美支隊，前往哥打峇魯。願各位登陸成功！

小澤中將

這是司令官給我們的訣別之詞。面對敵方空軍基地，司令官自己打頭陣，率領整支艦隊主力，掩護佗美支隊的登陸。

他在作戰協調會議時，重重地許下承諾的態度，浮現在我的眼前。對於他在生死一線間，仍舊堅守承諾的決心與堅毅，我打從心底抱持敬意，並感到信賴。

三艘運輸艦，就這樣以被艦隊主力環繞的姿態，靜靜地將船首指向南方，在夕暮當中消失了身影。

登陸的成功，全是拜這些空中與海上的同僚捨身相護的寶貴協助所賜。

宋卡波濤洶湧

船團按照預定計畫前進。幸好在途中，完全沒有遭到來自空中或海上的阻撓。接下來決定登陸成敗的，就只剩天候因素了。

被雲層遮蔽的下弦月，散發著朦朧的月光映照海面。或許是東北季風和船的航向一致之故，我們幾乎沒有感到什麼搖晃。看樣子，就連風神也是站在我們這一邊的哪！到了午夜時分，預定在北大年登陸的安藤支隊（以第五師團的步兵第四十二聯隊為骨幹）三艘運輸船，往西南方分頭前進。

搭載著師團主力的十四艘船艦，則在幾艘驅逐艦的引導與護衛下，於八日凌晨兩點左右，在預定的宋卡泊地，呈橫向伸展隊形放下船錨。

突然，前方出現了一閃一滅的火光，看樣子應該是手電筒吧！但我們還沒看見陸地，所以也可能是烽火信號。它以極其規律的方式一閃一滅。我們全都用緊張的目光，注視著那道怪異的光芒。這時，不知是誰忽然大喊出聲：「啊，是燈塔；是宋卡的燈塔！」

「真是謝天謝地，敵人還沒有察覺。燈塔的燈光，正好可以作為我們引路之用。」

船艦受到大浪劇烈衝擊，我們全都感受到猛烈的搖晃。當眼睛漸漸習慣黑夜之後，宋卡鎮上閃爍的電燈光線，就好像螢火般映入我們的眼簾。

「成啦！我們一定會成功。這完全是奇襲啊！」

以萬噸排水量自豪的大型運輸艦劇烈上下搖晃著。當我們一投下船錨，立刻就感受到東北季風的強烈吹拂。「在這種大浪當中，我們真的能放下機動艇嗎？」、「就算成功把機動艇放下水面（泛水），我們又有辦法從運輸艦上靠著繩梯，轉移到艇上嗎？」當我一邊這樣思量，一邊站在甲板上，凝視著打在舷側的浪頭浮沉之際，旁邊一名工兵軍官喃喃說著：「再怎樣都沒辦法哪……」

「混蛋！你在說什麼啊！才這點浪而已！」

我不假思索地大聲怒吼。但其實，我是在對自己的內心吼叫，是在激勵自己。眼前的波浪至少超過三公尺。我們平時的演習從來沒有這麼冒險過。這樣的大浪，或許會讓半數舟艇沉沒也說不定。

彷彿要消除這種不安一般，「龍城丸」的桅杆頂端，發出了燈火信號：「泛水！」（將大、小機艇[4]從母船降到海面上！）

緊接著，「香椎丸」上也發出了同樣的號令，向所有運輸艦一路地傳達下去。

船舶工兵宛若猿猴一般矯捷的身影，映入我的眼中。一轉眼間，將近一百艘舟艇，全都漂浮在母船的舷側。它們在波濤的翻弄下，有如落葉般上下浮沉。為了不讓它們撞上母船，工兵們用竹竿拚命撐住它們。

在朦朧的月夜下，作業比想像中的還要容易。不久後，另一道燈光訊號發出：「換乘開始！」（將士從母船轉移到舟艇上！）

彷彿在鞭打著膽怯的心靈般，斷然的命令傳了過來。

「很好，就讓我打頭陣！」

本鄉健參謀[5]（鐵道）與林忠彥參謀（情報）還有我三個人，在各自的傳令兵陪同下帶著大約三十個人，一起沿著繩梯，從「龍城丸」的舷側，開始下降到一艘小機艇上。

要巧妙地換乘到在倒捲的大浪中載浮載沉的小艇上，並不是件容易的事。要何時放手，讓全副武裝的沉重身體從支撐的繩梯上下來，這是一個大學問。

要等到小艇被波浪捲到浪頭上後，正在往下沉的那一瞬間鬆手，然後在落下的身體與小艇間進行巧妙的調節，這樣才不會受傷。相反地，若是在船往上抬的時候鬆手，則會有下肢扭傷的危險。

我算準時機放開手，長靴的底部傳來一陣強烈衝擊。

「痛痛痛痛……」

發出哀號的是本鄉參謀。他的一隻腳才剛踏上小艇，結果頭頂剛好有一個二十貫[6]重的人掉下來。儘管他戴著鋼盔，但想必還是相當痛才對。現場掀起一陣爆笑。在這命懸一線的瞬間，將士們忘了危險，不約而同地笑了起來。兩位參謀你踩我、我踩你的滑稽模樣，就這樣映在士兵的眼中。

傳令和通信兵花了將近一個小時，總算一個接一個降了下來。這段期間，先換乘的人們被浮沉搖晃

4 編註：日文把機動艇稱為「發動艇」，因此大型與小型的機動艇，是以大發、小發縮寫來稱呼。但避免讀者誤導，因此放棄使用原文的大發、小發。
5 譯註：戰後化名「范健」加入白團來到台灣，是白團中僅次於白鴻亮的重要人物。
6 譯註：一貫約為三．七五公斤，二十貫就等於七十五公斤。

的小艇弄得頭暈眼花，直覺得噁心想吐。

第一波登陸部隊，就這樣從運輸艦上換乘到了小艇之上。重機槍和小口徑火砲也和士兵一起轉運過去。為了預防萬一，人們把救生衣和重型裝備零件綁在一起，變成大大的浮體，引擎為了避免灌入海水，還用油紙緊緊地包裹住。

換乘結束後，近百艘機動艇要排成預定的出發陣形仍不是件容易的事。直到清晨為止，我們都還在為了安排大部分兵員動身出發而感到焦躁不安。不久後，「龍城丸」的舷側終於點亮了三道高高的紅色燈火：「出發！」

這就是發動的命令。

在兵員與兵器堆得滿滿的小艇上，人連動身體都很困難。在巨浪起伏中，人們時而沉入浪底、消失蹤影，時而又被捲上浪頭。就在這樣的過程中，我們乘風破浪，火速朝著陸地前進。海水從頭上灌下來，讓我們每個人都成了落湯雞。

發動機的聲音在靜寂的海上顯得格外響亮，幸好大浪破碎的聲音能夠有效地掩蓋住它。不過，我們本來就沒有想過要掩蔽身形或噪音。我們只想盡早一秒登上海岸，並為此焦躁不已。

大艇群排成兩列縱隊——雖然嚴格說來並非兩列——接續乘風破浪、筆直前進。在最前頭帶隊衝鋒的，就是搭載著我們這三名軍參謀的小艇。

隨著益發接近海岸，波浪啃噬著沙灘，呈現出大大的逆捲波濤。一時之間，到處都是被這逆捲的海浪打翻的舟艇；這些舟艇或是被打上潮間帶、或是在波浪間翻了肚子，整體估算起來大約有三成吧！

每當這個時候，月光就會映出手持槍械、落入海中的士兵身影。可是，正值危險之際，大家完全沒有顧及他人的餘裕，只能祈禱自己的小艇不要被打翻就好。大家都只想盡早接近海岸，衝上淺灘；就算在岸上有機關槍等著攻擊，總比沉到海裡要好多了。

我們衝上岸了。

就在宋卡的街燈已經近在眼前之際，忽然舟艇傳來「鏘」的一聲以及碰觸到底的感覺。

「跳下去！」

我大喊著，一馬當先跳進了白浪當中。從鞋底傳來強烈的衝擊感。

「水很淺！」

我的腳終於踏上了戰場的土地。跟在我後面的本鄉參謀，在跳的時候扭傷了腳踝。跌得四腳朝天的參謀，最後是在士兵攙扶下登上沙灘的。接下來，林參謀、文書、士兵，也陸陸續續跟著上了沙灘。我們是全軍的最前鋒。當我在這魂縈夢牽的戰場踏下第一步時，正好是十二月八日的凌晨四點。

夢想破滅

泰國在海岸邊設置的陣地，不過是虛有其表的空殼罷了。這是一次完美的奇襲，而且是巨大的成功。偽裝成領事館秘書的大曾根少佐，照理說應該要出來接應我們，可是卻不見任何人影。我們急急忙忙往岸邊的道路前進，結果和一個拉著兩輪拖車的男人撞了個正著。

「等一下！」

我伸出手臂，一把將他揪過來仔細觀看。那是一個泰國人。雖然膚色比較黝黑，但長得很像日本人。

「很好！我夢想中的計畫不是沒機會實現！」

宋卡鎮居民都還陷在深深的酣眠當中。本鄉參謀因為腳扭傷無法行動，於是林參謀指揮著大部分的士官與士兵，選定軍司令部的位置，等待司令官登陸。我則是和負責翻譯的青年以及被俘虜的那個泰國人一起，帶著一名傳令，急忙奔向日本領事館。當我們抵達當地時，狗聽到人聲就開始吠叫起來。我們像是要把領事館的大門打破似地猛敲著它，從門裡可以聽到牧羊犬低沉的狺狺聲。緊接著，一個剛睡醒的胖子慌慌張張跑出來開門，他就是當地的領事勝野。

「啊！是日軍嗎？」

他大叫出聲，嘴裡散發著有如爛熟柿子般的口臭。看樣子，他昨晚大概喝得爛醉了吧！

接下來，大曾根少佐也揉著惺忪睡眼，穿著白襯衫出現在領事身後。明明我特地將他叫到西貢，還詳細指示了登陸之後的秘策，結果卻……特別是為了實行我夢想中的作戰計畫，必須準備的汽車，還有對泰國軍警的拉攏收買，這些事情到底如何了？我有一種意外遭受打擊的感覺，但現在不是責備他的時候。我們必須盡早拉攏泰國警察、接著懷柔泰軍才行。於是在勝野領事的帶路下，我們首先趕往警察局。我們四個人（領事、通譯、我、傳令）擠進領事的小小配車，在黑暗的街道上飛馳而過。

當我們從西貢出發的時候，為了萬一而準備的十萬泰銖，此刻裝在一個大包袱裡，由傳令扛在肩上。如果能不開槍而用鈔票解決的話，那我就不想做出過分的舉動。

車燈明亮照耀著道路，不久後我們就接近一扇碩大的鐵門。

「這就是警察局的正門。」

當我朝著領事所指的方向望去之際，忽然響起一聲槍聲，緊接著下一個瞬間，我們的車頭燈發出巨大的聲響，被打成了碎片，四周頓時陷入一片黑暗。接著又是兩槍、三槍。我們和對方的距離不過十間[7]而已，被打中也是理所當然的。

宋卡鎮民的晨夢就這樣被打醒了。這是這場作戰當中最初的槍響，同時也是東亞解放的第一道烽火。一發子彈擦過我的右臂，又一發子彈從我和領事的腰間穿了過去。瞬間我不假思索地打開車門，朝著路邊的排水溝一個打滾後再趴到地上。

我們透過通譯，大聲地喊道：「不要開槍！我們是日軍！」

「我們是你們的同盟，是來打英軍的！」

儘管我們不停大吼大叫，但對面的槍聲不只沒有止歇，反而更猛烈了。領事的白麻襯衫，在黑暗裡變成一個明顯的目標。

令人悚然的聲音不斷響起，頭上飛來的子彈愈來愈激烈。至少有三、四十個人，正朝著這裡胡亂射擊。

這樣下去是沒辦法脫身的。警察局的門裡穿梭的人影逐漸增加，看樣子搞不好會殺出來。於是我叫

7 譯註：一間約為一．八一八公尺，十間就是十八公尺。

領事與通譯，先沿著水溝逐步後退，至於傳令和我則為了看清對面的樣子，而暫時藏身在溝中。

我可不想被泰國警察的流彈給射死，於是下定決心退後重整旗鼓。問題是，那個裝有十萬泰銖的沉重包袱，還留在路上的汽車中。整輛車子似乎已經中了幾十發子彈。對於得眼睜睜把這十萬元當作禮物留給對方，我不禁怒火中燒。

「參謀閣下，我去把它搶回來！」

傳令覺得是自己的責任，於是在槍林彈雨中從水溝匍匐而出，朝著車子逼近。

我不能為了十萬泰銖，而失去一名士兵的生命，於是連忙制止：「喂，好了，好了，已經夠了……」但傳令卻對我的制止充耳不聞，宛如壁虎一般繼續匍匐接近車子。相當不可思議地，他並沒有被擊中。不久，他把車內的包袱成功拖了出來，然後將它扛在肩膀上。我們就這樣在沒被敵人打中的情況下，頭朝敵人的方向，四肢著地逐步後退。

直到現在我腦海中，還留有那種敵人彷彿隨時會追殺上來的感覺。當我們後退約五百公尺後，已經結束登陸的第五師團先鋒大隊，聽到槍聲趕了過來。我一把抓住大隊長，對他下達指示說：「向對方開個兩三砲！」

然後跳到馬路上。這該說是殺雞用牛刀吧？我心想自己應該更加隱忍，至少要對泰軍懷柔，於是一邊想著，一邊獨自沿著夜晚的街道，往軍營的方向前進。這時候，軍司令官還沒登陸。

我把它當成一項重要的工作，向西加快腳步前進；剛剛完成登陸的一個大隊，已經在路上集結。這個大隊的隊長是我同學，小林朝男少佐。自從我們在市之谷台地[8]上別離以來，這是十幾年間我們第一次握手。

「唉，我真希望能不跟泰軍交戰就達成妥協哪……」

「嗯，如果可以的話，我會盡力而為……」

少佐將大隊排成四列側面縱隊，在馬路上集結，然後把全部的號手擺在前頭，再豎起一面即使在夜間也相當醒目的大白旗，一邊吹著軍號，一邊沿著破曉昏暗的街道，堂而皇之的前進。就在我想他們應該快到軍營的時候，忽然毫無預警地響起了激烈的槍聲。在這當中，甚至還夾雜著不少輕、重機槍的聲音。對方不只呈廣正面分布，而且距離我們相當之近。

「趴下！」

縱隊敏捷地往路旁臥倒，並趴下身子。

冷靜觀察敵情後，我發現我軍是呈直線的行軍縱隊，敵軍卻是沿廣正面展開，並將十幾挺的機槍與幾門大砲，集中在這條道路上。

「這是有計畫的。我們不能這樣作戰！盡可能往左邊繞，攻擊敵人的背後！」

我一直忍耐到最後、不斷壓抑的戰意，終於像火一樣熊熊燃起。於是一場激烈、卻非我所願的戰鬥，就這樣在我們和泰國軍警之間爆發開來。

已經沒有妥協的餘地了。我們必須盡早擊破對方的抵抗然後前進才行。就在我急忙折返登陸點的途

8 編註：意指陸軍士官學校。

中，天色終於明亮了起來。

軍司令部已經登陸完畢，正在鎮外的椰子林中集結。我將登陸後的處置以及敵情詳盡地對司令官報告。司令官聽了之後，便對第五師團長下達軍令說：「機不可失，立刻全力以赴，擊破泰國軍警的抵抗！」

剛征服驚濤駭浪、結束登陸的師團，隨著黎明到來恢復了秩序，並且迅速展開了攻擊部署。往海岸一眼望去，有大約三十艘左右的大小機動艇，正翻滾著肚子在浪花間漂流，或是被打到岸邊。那樣子簡直就像是大浪過後被打到海邊的河豚一樣。

不過，兵器則幾乎沒有受到什麼損傷。畢竟我們早就預料到這種狀況，不管人或大砲都綁上了救生衣以增加浮力。

儘管我們在沒受到什麼強烈抵抗的情況下就佔領了臨近海岸的機場，但泰軍還是從有一段距離的地方，對跑道不住地發射砲彈。當太陽終於從東邊海面上探出頭來的時候，我軍戰鬥機冒著砲彈，開始在機場著陸。因為昨天下過雨的關係，地上到處是積水。當它們濺起黃色水花著陸的時候，有兩、三架翻了觔斗，在地上整個倒立起來，看了實在讓人心痛不已。加藤戰隊就是以這樣堅毅勇敢的態度在向前推進的。

昨天傍晚，為了進行最後一次船團掩護而出動的我方戰鬥機擊墜的敵機殘骸，此刻正橫陳在椰子林當中。

泰軍的抵抗一直持續到將近中午。當我軍剛登陸的砲兵在路上布好陣地、猛烈貫注火力之後，不久對方的戰線就舉起了白旗。按照頌堪（Plaek Phibunsongkhram）總理的命令，泰國全軍停止了抵抗。

這半天對急襲英軍來說，是相當貴重的半天。我那趁著登陸之後的一團混亂，打扮成泰國軍人突破邊境的夢幻計畫，也已經喪失了成功的良機。英軍一定已經在邊境做好準備，以迎戰我軍了。

在這種情況下，只有趁敵方還沒有多少的準備，盡早憑實力突破了。

我扔掉了泰軍制服，換回日本軍服。

還穿著襯衫的大曾根少佐低著頭，聆聽高級參謀的斥罵。安插在領事館的少佐因為誤判，將開戰的時間弄晚了一天，因此對本軍的登陸完全沒派上任何用場，於是遭到了斥罵。而他之所以會判斷錯誤，是因為太早燒掉密碼本，因此無法解碼秘密電報所致。

這對身為參謀要員的少佐而言，是相當可恥的錯誤。但是說到底，他對本軍的作戰到底有沒有貢獻呢？如果就結果論來說，實在很難斷定。

假使他做出正確判斷，進行各種準備的話，那泰國方面絕對不可能渾然不覺。結果他這樣渾渾噩噩地過一天，在事後看起來，反而成了沒有刺激泰國的重大原因之一。

被牧羊犬吵起來，慌慌張張揉著眼睛起床的他那副狼狽模樣，其實也正是泰國此刻的模樣。故此，這正是奇襲成功背後的一個隱藏要素吧！

不久之後，泰軍的代表出現在軍司令部。以隆重禮節迎接對方的山下將軍那態度，讓人不禁想起令人景仰的古代武將。

明明是剛剛還在作戰的敵人，但此刻我卻完全湧不起憎惡的情緒。這位代表的臉龐很像日本人，或許他是山田長政[9]的後裔也說不定呢！

然而，現在不該是被這種感傷所耽誤的時候。我們必須盡早憑藉實力，突破馬泰邊境才行。第五師團的前鋒部隊，應該能夠解決這個問題才對。於是，我獨自一人走過戰鬥結束後的道路向西前進。途中，我看到剛登陸的三輛中戰車，正為了等待後續部隊到來而在路旁休息。我很快地把這三輛車給抓過來，嚴令那些不情不願的戰車組員往西北急速推進。接著我又抓來了一門九十式野砲，還有在路旁的士兵。這些重兵器好不容易才終於登陸，根本還沒接到前進的命令。可是，整體戰機已經連一刻的猶豫都不允許了。雖然我是沒有指揮權的參謀，但還是代替部隊長，直截了當地督促這些部隊前進。這也是為了全軍不得已而為之的手段。

過沒多久，一架友軍飛機在我們頭上低空盤旋，投下一枚通信筒：「敵方機械化大縱隊，本日中午，正通過樟侖（Chunglun）北進中。」

英軍的強大機械化部隊，恐怕會比我們更先越過邊境，並殺向登陸點。我一邊感到心焦如焚，一邊繼續前進，不久便追上了第五師團的最前鋒。那是在橡膠林中集結、由佐伯靜雄中佐指揮的搜索聯隊[10]。雖然按照師團命令，他的任務只是佔領這一線，並為登陸主力與後續展開提供掩護。但當我向他說明整體戰況後，他便立刻下定決心，準備前進迎戰敵方機械化部隊[11]。

佐伯中佐是陸士三十五期畢業的老練戰士，也是軍參謀長鈴木中將的同窗。或許是因為不擅長處世待人的緣故，所以明明同窗之中的佼佼者都已經當上了中將，但他到現在還只是一名中佐聯隊長。可是在他的眉宇間，卻洋溢著無畏強敵的鬥魂。我直覺感到，這個人必能勇敢達成任務。

我自作主張，將路上拉來的三輛中戰車與一門九十式野砲歸入佐伯聯隊長的指揮下，然後馬不停蹄地開始向邊境進發。

這是我們第一次跟敵方的機械化大部隊交手。為了因應這點，我們把三輛中戰車擺在前頭，後面則是跟著一個中隊的輕裝甲車、兩個中隊的乘車騎兵以及野砲一門，合計約三百名的兵力。

橡膠林中只有一條筆直通過的道路，因此在這個地形上，兵力多寡並不是問題；勇敢、大膽和機敏，才是左右這場首戰的勝負關鍵。

不久之後夜幕降臨。雨後的道路上，到處是一灘灘的積水。月光被鬱鬱蒼蒼的橡膠林所遮蔽，甚至連看清自己腳下的狀況都很困難。我們在黑暗的道路上，一股腦地向前急行。

到了將近午夜時分，就在我們逼近邊境一帶的沙道（Sadao）時，突然從縱隊的前方傳來激烈的槍聲，接著還有砲聲。我方的尖兵已經和英軍的前列展開了衝突。我們間不容髮地下達了夜襲、強攻的命令。

敵方似乎在日落前，就已經做好了戰鬥的準備。他們從廣正面，朝著道路上筆直前進的縱隊射擊。這些子彈還拖著紅色火光的尾巴[12]。從車上跳下來的兩個中隊，宛如獵犬般敏捷地向道路兩側的橡膠林展開突擊，砲兵則在路上向正面的敵人傾瀉火力。

---

9 譯註：日本戰國時代人物，曾經率領移民前往泰國南部，並擔任傭兵。
10 編註：隸屬第五師團的第五搜索聯隊，戰力包括有裝甲車及輕戰車等中隊。
11 編註：應為英軍的軍用運輸卡車及布倫機槍裝甲車（Bren-gun carrier）。
12 編註：應為可在黑夜追蹤彈道的曳光彈。

經過大約一小時的戰鬥後，敵軍大潰，留下一輛染滿血跡的裝甲車和一輛邊車後，便往南方退卻。

我們用相當稀奇的眼光，清點這些初次擄獲的戰利品，並在車內發現一張沾滿血跡的地圖。這是一張精密的軍用地圖，看樣子應該是一定階級的軍官所持有的物品。

地圖上用有色鉛筆，在樟侖、日得拉（Jitra）附近用力地畫出一條陣地線。在手上連一張正確地圖都沒有的此刻，這份禮物真是令我比什麼都欣喜。作為贈品，這上面還特地把部署也都寫了出來；這份「好意」，實在令人感謝不已。

就在我為了把這份首戰的勝利品盡速上報給司令官而搭著擄獲的邊車回到宋卡途中，我順道經過第五師團司令部，結果就在這時聽到了珍珠港攻擊的大戰果。這真是個大吉之兆。將士的臉上，全都流露出掩不住的喜悅。

軍司令部設立在靠近海岸椰子林裡的一戶民宅當中。昨日（八日）午後，三架敵方轟炸機襲擊宋卡泊地，結果在我軍戰鬥機迎擊之下，只隨便丟了幾枚炸彈便逃之夭夭，而當中更有一架在海岸遭到擊墜。

雖然我那夢幻般的計畫已經破滅，但山下將軍對於佐伯支隊在首戰中獲致的戰果，則是滿心歡喜。

—— · ——

北大年是位在宋卡與哥打峇魯中間的一個海岸小城鎮。它是通往霹靂河上游河谷的道路起點，在戰略地位上相當重要。因此我們派遣第五師團的安藤支隊（步兵四十二聯隊與砲兵一中隊、工兵一小隊）

在這裡登陸[13]。

因為他們必須離開師團主力，且在帶有重要戰略任務的情況下長時間獨立行動，所以我把軍參謀朝枝少佐調派在這裡。這個聯隊是日華事變初始之際，曾經立下突破長城線的大功、獲得獎狀褒揚的部隊，對我來說，也是一同在戰場歷經甘苦，深深感到懷念不已的隊伍。這裡不只有驍猛善戰的聯隊長安藤忠雄大佐，還加上以一當百的朝枝參謀，會成功自是無庸置疑的事情。

八日破曉，我們按照計畫開始在北大年海岸登陸，但是不知出了什麼問題，和宋卡那邊的毫無抵抗相反，泰國軍警在海岸線上作了頑強的抵抗。為此，將士們只好在及胸的海水中，將槍抵著腰部進行射擊，然後還得在泥濘深厚的海岸登陸才行。

面對這種情況，就連厲害的朝枝參謀也一籌莫展。當他們在半個人高的泥濘中惡戰苦鬥之後，好不容易終於成功。但在這之後的進攻，卻也沒有變得比較容易。不但路況惡劣，為了打破躲在山地險要之處、執念深重的抵抗，我軍的行動遲遲沒有進展。

儘管如此，在這邊打下一根強力的釘子，確實發揮了很大的效果，使得我們在主幹道這邊的作戰更加輕鬆。

負責登陸作業的工兵聯隊長，在九日早上接獲軍部的指示，告知為了防空作業，應讓運輸艦退避到宋卡。但他卻忽略了這項任務，結果遭到敵軍空襲，導致了意料之外的損失，這是這場登陸戰中的其中

13 編註：安藤支隊同時也是先遣的登陸部隊。

一個過失。由於兵員和部分武器都已經登陸完畢，所以這些船隻等於是空船，但是讓兩艘精良的船艦平白遭受損傷，還是很讓人肉痛的事。

比珍珠港更早發動的哥打峇魯強攻

哥打峇魯是英屬馬來亞的北邊大門，是吉蘭丹州（Kelantan）的首府，作為英國皇家空軍的根據地，有著極其嚴密的防備[14]。在海岸的椰子林間，有碉堡和鐵絲網兩重、三重的加固。機場距離海岸約兩公里，在這之間還有分成好幾道的吉蘭丹河支流作為天然的護城河，不論就地形或是就防禦來說，它都是整個馬來亞作戰裡，強度僅次於新加坡要塞和豐盛港陣地的據點。在這裡有裝載著魚雷的重型轟炸機，可以在戰鬥機的護衛下，對我軍的登陸造成威脅[15]。

負責攻打此地的佗美支隊，他們的兵力如下：

步兵五十六聯隊、山砲一中隊、速射砲兩中隊、高射砲一中隊、工兵一中隊、一部分通信隊、一部分衛生隊、野戰醫院一座、其他。

共計約五千三百人。

七日至八日夜半時分，在哥打峇魯下錨的三艘運輸船，頂著當季的強風與激浪，完成了第一波登陸部隊的舟艇換乘，接著便一齊向海岸殺去，實施登陸。就在這時，敵方發出了信號彈。以這發信號彈為暗號，早有準備的敵方碉堡，猛然一起吐出火舌。那朝著海岸直射的火力實在太過凶猛，我軍被射得連頭都抬不起來。不久後，敵機以兩機、三機為編隊，直衝我方的運輸艦。海上與海岸一瞬間全都被爆炸聲與閃光團團包圍。「淡路山丸」一下子遭到了十幾發炸彈直擊、引發大火，「綾戶山丸」也中了六彈，陷入火海當中。

堅守在甲板上的高射砲隊將士不顧火焰灼身，拚到最後一發砲彈也要把敵機給擊墜。一機……兩機……三機，敵機像火團一般墜落海中，最後一共打下了七架。手持槍械的士兵，從火焰熊熊燃燒的甲板上陸續躍入海中。他們或是被狂浪所吞沒，或是勉強攀上小艇，或是游向岸邊，場面可說壯烈至極。即使如此，敵方戰鬥機也還是成群衝向我方小艇，對漂流在浪濤間的勇士灑下如暴雨般的機關槍子彈。

灘頭上，終於登陸的我軍第一線部隊，面對天亮以及從極近距離射出的敵方槍彈幾乎動彈不得。不管是大將還是小兵，全都本能地用雙手挖掘沙土，把頭埋在挖出來的洞中。接著，他們把洞挖得更深，先是掩住肩膀，接著把整個人都埋進去。他們就在肉眼可見的距離下，從沙土中把手榴彈投向敵方的槍眼。將士們一邊戰鬥，一邊撥開沙土寸寸推進。宛若戴著鋼盔的蝸牛般，他們在沙堆裡匍匐推進，只有刺刀在沙上閃爍著光芒。終於，他們的手碰到了鐵絲網。

14 編註：英軍第九步兵印度師第八旅負責防守（8th Brigade, 9th Indian Infantry Division）。
15 編註：澳洲皇家空軍的一個中隊十架哈德遜式偵察／轟炸機駐在哥打峇魯機場。

圖三 佗美支隊在哥打峇魯登陸的戰鬥

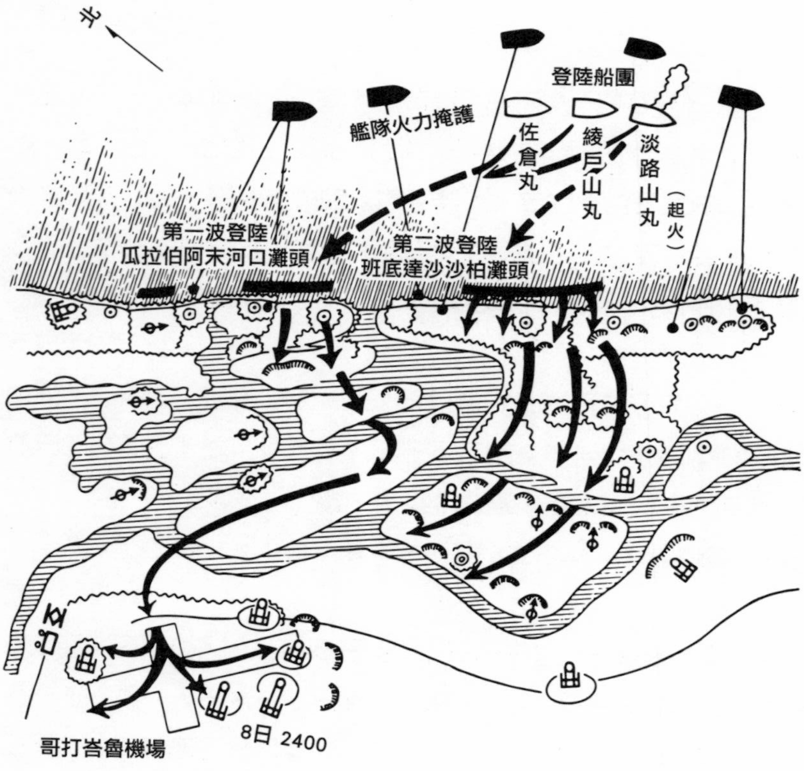

備考

1. 因潮流湍急，登陸部隊如圖示般被漂散開來
2. 在敵機攻擊下，淡路山丸燃起大火

圖例

【日軍】
前進線
運輸艦
軍艦

【英軍】
裝甲車
鐵絲網
高射砲
火砲
機槍陣地
步兵陣地
運輸車
據點

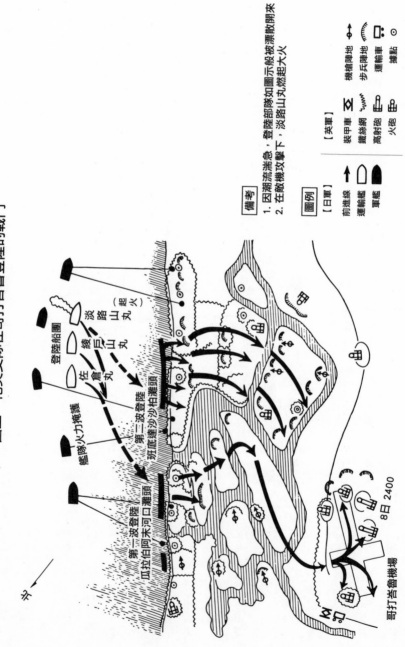

當手持破壞剪的士兵向前突進之際，轟然作響的爆炸聲和沙塵，一瞬間四周都被其遮蓋了起來。這是敵人的雷區。越過屍體，第二、第三把破壞剪繼續和鐵絲網奮戰。一個、兩個……戴著裝滿沙土頭盔的士兵，宛如鼴鼠般越過缺口。

但是，敵人的碉堡也拚了死命在射擊。這時，有一名士兵以身體擋住了槍眼；這一瞬間，所有的鼴鼠一齊躍起，踢開沙土跳進敵軍陣地。手榴彈滿天飛舞，喊聲與慘叫聲大作，在黑煙之中，刺刀的閃光四起。終於，我軍突破了敵人的第一線。

第二線在隔著河流的沙洲上嚴陣以待。我們完全不知道水有多深。一些還穿著救生衣的勇士，冒著水霧向前突破。在他們的引導下，刺刀如林般冒著敵火渡河，終於又突破了第二線。

八日的白天，就在這樣的激戰死鬥中迎來了夕暮。伴隨著日落，佗美支隊長掌握住部隊，準備對敵方機場展開夜襲。夜晚八點左右，他們趁著偶然降下、籠罩整個戰場的豪雨，從機場的一角突破，並在午夜佔領了它。

九日下午兩點，我軍奪取了哥打峇魯市。接著更乘勝追擊，在十三日早上佔領馬樟機場（Machang），最後在十九日，佔領了貢格達（Gong Kedah）機場；作為馬來亞北方大門的軍事基地，至此完全覆滅。

這場戰鬥中主要擄獲的戰利品，包括了火砲二十七門、輕重機關槍七十三挺、飛機七架、汽車一五七輛、鐵路貨車三十二輛。

我方的損害為三二〇人戰死，五三八人負傷，同時還失去了「淡路山丸」。在整場馬來亞作戰當中，這是最大的激戰之一（因為我並沒有直接參與這場戰鬥，所以關於作戰的狀況，是採用當時參與將士以及報導班員目擊的戰況報導來寫成）。

英國遠東艦隊的末日

當珍珠港奇襲攻擊的戰果讓舉國高奏凱歌之際，大本營又發表了第二項捷報。時日下午四點五分，從麥克風中傳來激動到震顫的聲音。

大本營海軍部發表

帝國海軍自開戰伊始，便密切注意英國遠東艦隊，特別是其兩艘主力艦的動向。在昨天（九日）午後，我軍潛艦發現敵方主力艦出動，於是在海軍航空部隊的緊密配合下進行搜索。在本日（十日）上午十一點半，我軍潛艦在馬來半島東岸的關丹海域，再次確認敵艦蹤影，於是海軍航空部隊見機不可失，便發動勇猛果敢的攻擊。下午兩點二十九分，戰艦「反擊號」被瞬間擊沉，同時最新型戰艦「威爾斯親王號」也大幅向左傾斜，暫時逃跑，但在不久之後的兩點五十分便發生大爆炸，終於沉沒。至此在開戰第三天，我們便已迅速全滅了英國遠東艦隊的主力。

這項發表不只讓陸海軍以及後方國民，甚至是全日本人都欣喜若狂，同時也震撼了整個英國。

我之所在這份陸軍的馬來亞作戰紀錄當中，特別加上關於海軍作戰的詳細經過，乃是因為這份快報大大振奮了馬來亞戰場的陸軍將士，讓他們全力奮起，要在陸上獲得不遜於此的輝煌戰果。

以下根據參加這場作戰的海軍航空隊將士所述的戰場實際情況，從當時的新聞報導摘錄、轉載。

九日，我們接獲在馬來亞東南海岸行動的潛艦報告，敵軍的兩艘戰艦正在北上。愈是拖延，對我方的作戰愈是不利，因此絕不能有片刻的猶豫。我們全都密切等待部隊長下達攻擊命令；就在緊張與沉默之中，進行哨戒的潛艦又傳來第二次報告。「各部隊立刻準備出發！」命令向四面八方飛馳而去。傍晚稍早時分，第一波部隊起飛，此時距離日落只剩一個半小時了。我們距離目標地點相當遠、天候又很糟糕，即使艱苦衝破密雲，在激烈的暴風雨下，視線完全模糊不清，根本不可能進行索敵，於是我們只好掉頭回航。回到基地後，我們全都熱烈投入明早的準備與攻擊計畫當中。

在第二天（十日）凌晨三點四十分，潛艦又傳來報告：「敵艦正以二十節航速朝新加坡逃走中」。

「很好，我們應該可以在阿南巴斯群島（Anambas Islands）南方五十英里的海面[16]追上他們！」

索敵機不等天亮，便踴躍動身出發。主力則是在天光微亮的基地中，進行出擊前的準備。司令的眼中，閃動著堅毅與緊張的光芒。

「這是千載難逢的好機會，大家全力以赴吧！」

早上七點五十分，雷擊隊與轟炸隊動身出發。和昨晚的惡劣天候相比，今天簡直是天助我也——海上連一片雲朵也沒有。可是到處都找不到敵艦的蹤影。正當各隊感到焦躁不安準備打道回府的時候，三

16 編註：位於南海，今日屬於印尼國土的廖內群島。

號索敵機發現眼下有五個黑點。當該機降低高度的時候，突然打頭陣的艦上「啪」地一聲，冒出一道紅色火光，接著從遙遠的下方升起了白煙。他們被攻擊了。底下毫無疑問就是敵艦。他們趕緊狂敲電報鍵，送出這樣的訊息：「發現敵主力艦！北緯四度、東經一〇三度五五分！」

時間是上午十一點四十五分，這真是值得名留歷史的頭條快報。原本正在回頭中的友軍軍機收到這個訊息，立刻轉頭一路向北，目標是關丹東方五十英里的海上。接著在中午十二點五分，又傳來第二份報告：「敵主力艦由三艘驅逐艦護航，航行順序為喬治五世級（King George V Class）[17]、反擊號。」

十幾分鐘後，轟炸隊在遙遠的雲端下方，發現了正在南下的敵軍主力。一看，對方以「威爾斯親王號」打頭陣，「反擊號」緊跟在後，周圍則由三艘驅逐艦擺成三角陣形圍繞兩艦。好一個堂而皇之的單縱陣警戒航行隊形。

十二點四十五分，「突擊！」的號令響起。我們降低高度，敵艦也一齊發射防空砲火。各機陸續投下大型炸彈，其中一發漂亮地命中了二號艦的中央部，噴出茶褐色的火焰。正當我們接著迴旋，準備進行第二次轟炸的時候，雷擊隊斷然發動了魚雷攻擊。他們分成左右兩隊，一隊從右邊攻擊「威爾斯親王號」，另外一隊則從左邊對「反擊號」施予猛烈的雷擊。兩艦周圍掀起好幾根巨大的水柱，毫無疑問是命中了。

「威爾斯親王號」上的所有火砲，現在正火力全開，進行拚死的防禦。彈幕就像暴風一樣，遮擋住我們的前進。整片天空都被硝煙染黃，炸裂的砲彈破片，就好像對海面投擲石塊一樣，濺出凶猛的飛沫。

雷擊隊的後續大編隊在下午一點四十五分發現了敵艦，他們採取長機打頭陣突入的陣式，全體猛烈襲向「威爾斯親王號」。一瞬間，「威爾斯親王號」艦體掀起了比桅杆還高好幾倍的巨大水柱。命中了！發射魚雷的同時，各機貼著「威爾斯親王號」的艦橋，飛過它的頭上，向對方傾瀉猛烈的掃射。這時，另外一隊則是襲向「反擊號」。只聽得轟然一聲，「反擊號」的艦艉掀起了高高的水柱。

當二號機化為火球、墜入海中自爆的同時，它所放出的魚雷擊中了「反擊號」的正中央，掀起了第二根大水柱。接著它掠過艦艏，掃出一道鮮紅的帶狀火焰。三號機也自爆了。

在高射砲令人目眩的曳光中，「反擊號」的水兵一個個倒在甲板上。也有一些士兵為了避開我軍掃射，而用右手擋住臉龐。「反擊號」被黑煙籠罩，大幅傾斜，「威爾斯親王號」也往左傾斜，速度急遽降低。這時在它左前方的驅逐艦突然發生爆炸，瞬間便沉入海裡[18]。

接著，最後一波轟炸隊在倉皇逃命的敵艦上空現身了。敵人的砲火依然不衰。真不愧是英國皇家海軍。當我們果斷降低高度、展開轟炸的同時，突然機體發出像是被竹掃把刮過去的聲音，看樣子是被高射砲彈給命中了。全體轟炸機果斷地直接向「威爾斯親王號」展開攻擊，其中一彈命中了後甲板，伴隨著轟然巨響，湧出茶褐色的火焰。當我們轉向回頭一看時，正好看到「反擊號」沉沒的景象。深黑色的濃煙包圍了它的龐大軀體，然後一眨眼便沉入海中。海面上只剩下黃褐色的油漬不斷擴大，兩艘驅逐艦正在漂流的無數漂浮物中，進行救助作業。

---

17 譯註：即「威爾斯親王號」。

18 編註：英軍所組成的Z部隊（Force Z），除了兩艘主力艦之外，其餘三艘負責護衛的「伊萊特拉」號（HMS Electra, H27）、「快速」號（HMS Express, H61）以及澳洲海軍「吸血鬼」號（HMAS Vampire, D68）都全身而退，並未被擊沉。

「威爾斯親王號」從中央和艦尾吐出濃重的黑煙，向左大幅傾斜，以八節左右的低速繼續航行，旁邊則有一艘驅逐艦隨侍在側，它的速度繼續下降。正當我們想著「它終於要完蛋了」的時候，那艘驅逐艦靠近「威爾斯親王號」的舷側，試圖接舷。就在這一瞬間，發生了兩次大爆炸，號稱不沉的敵艦「威爾斯親王號」那龐大的身軀，也開始從艦尾慢慢下沉。約二十秒後，整艘戰艦的身影已經沉入海中，湧上附近海面的浮油，在強烈的南國太陽照映下，顯得閃閃發光。

第二天，一隊轟炸機再次飛過這個激烈戰場的上空。眼下只有蔚藍的波浪，發出寂靜而低沉的聲響。我們對著浪頭，丟下大把花束。直到最後都勇敢奮戰的數千英國海軍英靈[19]，請安息吧！

——・——

以上就是當時參加這場海戰的海軍航空隊，就當時狀況所做的實況報告。

針對開戰前夕的日美交涉，英國為了與美國聯手威嚇日本，於是任命海軍副參謀長托馬斯・菲力普（Thomas Phillips）上將為新任遠東艦隊司令，率領包含不沉戰艦兩艘的艦隊，在十二月一日進入新加坡軍港。

結果才不過十天，這些英姿煥發的戰艦就在開戰伊始，於關丹海域遭到擊沉。這無異於是宣告新加坡命運的輓歌。

我從當時的新聞報導中，找到了被擊沉的「反擊號」上的倖存者，在被驅逐艦救起、回到新加坡時所陳述的內容。從這裡也可以一窺英軍方面所見的海戰實況。

八日晚上，以旗艦「威爾斯親王號」打頭陣的英國艦隊正沿著馬來半島東海岸北進之際，菲力普司令發出了訓示：「我們將對有十艘軍艦護航的日本登陸船團展開攻擊，本人在此期勉諸位各盡本分。」

九日傍晚，我方接獲日本艦隊正在接近的情報，於是轉變航向；在十日早上，「反擊號」接獲作戰任務。但在這天中午過後，日本軍機卻突然在高空出現，並對兩艦進行俯衝轟炸。彈如雨下的轟炸讓兩艦的甲板陸續被命中，其中一彈徹底炸爛了「反擊號」水上飛機的吊掛機，更進一步穿透到下層甲板後爆炸，伴隨著轟然巨響燃起猛烈的火焰。雖然全體成員努力滅火，但仍徒勞無功，本艦很快便開始沉沒。儘管兩艦發動激烈的對空射擊，但日本軍機還是陸續從空中投下魚雷，或是反覆展開俯衝轟炸，最後本艦龐大的身軀終於整個淹沒在水中。那一瞬間，隨著「全員離艦」的命令發出，滿身重油的水兵在傾斜的甲板上，爭先恐後地跑動，整個景象完全是一副悽慘無助、有如地獄般的畫面。我們跳進海裡，抓著救生艇和木板漂流，在好不容易游開五、六千公尺的時候，我們看見「威爾斯親王號」冒出直衝天際的濛濛黑煙，接著不久便在水中消失了身影。之後在海面上，就只看見一大片的重油漂浮而已。這樣持續了好幾個小時後，我們終於被驅逐艦給救了起來。

19 編註：「威爾斯親王號」及「反擊號」確切殉職官兵人數為八三〇人。

摯友在曼谷殞落

直到開戰前夕為止，泰國總理頌堪的動向一直很微妙。儘管在我方進駐法屬印度支那南部前後爆發的泰法邊境紛爭中，我方調解有功，並藉此暗中向泰國釋出善意。但泰國人對於日本到底能不能戰勝英美，在判斷上會有疑慮，也是理所當然。如果他們站在日本這邊，與英美為敵的話，那最後會落得怎樣下場？然而，就算如此，他們也沒有拒絕日本進駐的實力。再從整體氛圍來看，日泰兩國在古代就有山田長政的淵源，再加上近來在國際聯盟裡，當日本面臨四十二比一的圍剿時，唯有泰國勇敢支持日本的主張。從這幾點來看，泰國的心意確實是傾向於相信日本的。

因為同樣信仰佛教，所以兩國國民之間的感情相當濃厚，而泰國生產過剩的稻米，也會用來交換日本的廉價工業商品，這種互惠的利益，也是不容小覷的。

從隸屬英國的地位完全自立、建立起屬於泰族的泰國——在這種意念下，和新興勢力日本結盟的氛圍日益高漲。而就在此際，太平洋戰爭也來到了箭在弦上、不得不發的地步。

若是進行事前外交折衝的話，就會暴露開戰的企圖。既然如此，那倒不如在開戰伊始，就派遣一個兵團以不流血進駐泰國首都，一舉逼使他們加入我方陣營——這是我們最後的決定。

進駐泰國的計畫，就在這樣的最高政策指導下進行。至於執行的責任，則交給了第十五軍的飯田司令官。

原本在戰鬥序列上歸屬於第二十五軍的近衛師團，暫時撥入第十五軍司令官的指揮之下，準備按照計畫，從陸路進入曼谷。

近衛師團很早就進駐到法屬印度支那南部，對於泰國方面的情報應該多所了解，同時以部隊本身的素質來看，也是最適合這種政治性進駐的單位。他們教養良好，也不用擔心會有掠奪或暴行發生。照判斷應該也不會跟泰國人之間爆發什麼衝突才對。至於在馬來亞方面，我們計畫把他們用在第二階段作戰，並準備使用鐵路和汽車來趕上先頭部隊。

十二月八日破曉時分，在邊境準備完畢的近衛師團，算準第五師團登陸的時間同時展開行動，火速直向曼谷奔去。

該師團並沒有遇到事前擔心的抵抗就突破了邊境，到了九日中午時分，前鋒部隊已經進到了距離曼谷數十公里的地點。

擔任師團先鋒的岩畔聯隊[20]選出了竹內大隊，作為整個聯隊的最前鋒。岩畔聯隊長對竹內秀三郎大隊長下令說：「挑選一個勇敢的軍官，去確認曼谷方面的狀況吧！」

早已隱約預期到會有這種命令的竹內少佐，立刻自告奮勇說：「既然是如此的重責大任，那就請讓我自己承擔吧！」

雖然聯隊長也擔心這位有如宮本武藏般勇猛的大隊長有個萬一，但事關重大，因此他也只能無奈放手地照著少佐的期望讓他前行。少佐和副官立刻搭上一輛汽車，全速南下。

20 譯註：近衛師團第五聯隊，指揮官岩畔豪雄。

就在他們通過廊曼（Don Mueang）機場，眼見已經抵達曼谷咫尺之處時，忽然有一群情緒激動、驚慌失措的泰國軍警和民眾擋在路上，還明顯表現出敵意。群眾眼見少佐人單力薄，看準了他的座車，黑壓壓地一片襲擊過去。他們成群結隊攀附在車子上，打死不肯放手。少佐先踩油門全速前進，然後緊急煞車，接著再全速前進。每前進急煞一次，就有好幾名暴徒被甩下車。就這樣，他甩掉了好幾十名暴徒，全力向前急馳，但到最後路還是整個被堵住了，即使如他這樣的豪傑，也只能拋棄車輛。成群結隊的暴民將他們兩人團團圍住，竹內少佐雖然竭盡三頭六臂之勇，最後仍然力盡而遭到殺害。

這誠為「寡不敵眾」的最佳寫照。之後，岩畔聯隊只用一輛車，就掃除了這些雲集在師團前進路上的障礙，師團主力也跟在後面全速急進，終於成功在不流血的情況下進駐到曼谷。當少佐的遺體被搶回來時，可見他全身受了無數的傷，一直到臨終，雙手都還緊緊握著軍刀與手槍。

一個令人感到惋惜的男人，在令人遺憾的地方死去。但至少在這場新加坡爭奪戰中，他是毫無遺憾地發揮了所有能力而死的，然而……

自名古屋幼年學校以來，二十餘年和我甘苦與共、誓同生死的摯友竹內君，就這樣成為馬來亞作戰開場的第一位犧牲者。

雖說以一人的死換來超過一千人的生，對於往生者在天之靈應是堪可告慰之事，但我卻無論如何，都無法輕易釋懷。

日泰同盟條約在十二月十一日，由坪上貞二大使與頌堪總理達成共識，並完成必要手續，最後在二十一日上午十點，於曼谷正式簽署發表。其內容如下：

大日本帝國政府與泰國政府，確信在東亞建設新秩序乃是東亞興隆的唯一途徑，也是恢復與增進世界和平的絕對要件。故此，我們以堅定不移的決心，要將路上一切障礙與禍根加以芟除根絕，並簽訂以下協定。

第一條　日本國及泰國，在尊重相互獨立主權的基礎上，於兩國間建立同盟。

第二條　一旦日本國或泰國與一或兩國以上的第三國間發生武力紛爭，泰國或日本國應立刻以同盟國身分，協助發生紛爭之國，並透過一切政治、經濟及軍事手段予以支援。

第三條　關於第二條之實行細目，應由日本國及泰國有權限之政府機關彼此協議決定。

第四條　當日本國與泰國合作進行戰爭之際，兩國約定若非在彼此完全理解的情況下，不得單獨停戰或講和。

第五條　本條約於簽署同時實施，有效期限為十年。締約國應於期限到期之前之適當時期，就本條約之更新進行協議。

第三章

突破日得拉防線

令人悚然的寂靜

讓我們再來大致看看這時泰國南部的狀況吧。在軍司令部方面，眼下並沒有非做不可的事情。當下必須十萬火急進行的，就是突破邊境，向吉打州的霹靂河全力推進。

十二月九日傍晚，我再次獨自一人開著車，趕上了佐伯支隊的前線。當晚，河村參郎旅團長已經奉命將完成登陸的旅團主力與佐伯支隊合併指揮，並跨越馬泰邊境。

河村少將是與我同鄉的前輩，從幼年學校到陸大都是優等生，廣受稱譽，不只有看透大局的眼光，而且在戰場行動上也相當果敢。無論如何我都想幫上這位前輩的忙，於是趕到沙道去和他會面。

大約一小時前，佐伯支隊已經為了敵情搜索而朝著邊境前進，於是我急急忙忙又從後面追趕他們。在途中，我聽到前方傳來兩次劇烈的爆炸聲。

「大概是敵人在爆破橋梁了！」

我一邊這樣判斷，一邊在無人的夜路上急急趕路。

果不其然，靠近邊境、位於泰國境內的橋梁，已經從橋墩整個被炸得稀巴爛了。

「看樣子，他們是鐵了心要炸爛這座橋呢。真不愧是物資充裕的傢伙哪……」

工兵們揮汗如雨，急忙修復這座橋，但我已經沒有等待的餘裕了，只好捨棄車輛，徒步渡河前往邊境。大概一小時後，我碰上了海關檢查的柵欄。看樣子，這裡就是邊境了。附近就連一隻小狗也不見蹤影。

「真奇怪哪，佐伯支隊到哪裡去了呢？也沒聽到槍聲，到底發生了什麼事？難道說，敵人使出了什麼詭計嗎？」

佐伯支隊總不會遠離主幹道，從遙遠的側翼迂迴推進了吧？在這麼漆黑的夜裡，要從叢林通過根本不可能。我不禁感到一陣毛骨悚然。畢竟我做夢也沒想過，敵人竟會這麼輕易地放開邊境。即使一聲也好，我實在很想聽到槍聲。

當我獨自通過杳無人煙、令人不寒而慄的邊境時，正是九日的午夜時分。我決定一路走到最後，直到碰上人為止，不管是敵是友……我集中所有的注意力，一邊仔細留神柏油路的前後左右，一邊往南前進。

就在我前進四、五百公尺後，陰暗的路旁忽然傳來一陣窸窸窣窣的聲音。我用右手握緊軍刀刀柄，放低身姿、躡手躡腳，靜悄悄地靠近聲音的方向……

是敵？是友？

不久之後，頭戴鋼盔、手持步槍站立的士兵身影，在朦朧的夜色下映入我的眼中。

「是佐伯支隊嗎？」

「是的。」

「支隊長在哪裡？」

「哎呀，是辻君啊！我在這裡、我在這裡唷！」

支隊長令人難忘的聲音，從一旁的橡膠林裡傳了過來。因為橋梁被炸，車輛無法通過，於是支隊長便自作主張，帶著僅僅兩百人不到的步兵，越過了無人的邊境。

「雖然旅團命令我們在邊境止步並搜索敵情，但因為沒有敵蹤，所以我就一直往前走，打算走到遇見人為止。」

他那冷靜沉著的態度，簡直就像是在演習一樣。

「若是這個人的話，一定沒問題的！」

我也不禁露出微笑。支隊不久後便再度上路前進。

支隊的副官是陸士四十七期的大島大尉。年輕的大尉和我兩個人走在支隊的最前面。大約走了五百公尺左右，我們遇到了一個前所未見的大障礙。

原本修築妥當的道路，現在已經沿著路基遭到爆破，變成了一個二、三十公尺深、寬度一百公尺以上的大洞。

為了造成這麼大的破壞，究竟使用了多少數量的炸藥呢？實在是令人恐懼的敵人啊……不，應該說令人恐懼的，是這炸藥的量才對。就在我一邊看著這過度誇張的爆破，一邊想得出神的時候，伴隨著轟然巨響，敵人的砲彈往我們的前、後面落了下來。

「嗯！他們是為了妨礙我們修復破壞點而盲目射擊，可是彈著點頗為正確……」

我一邊用像在教導年輕大尉戰術般的語氣說著，一邊迅速看穿砲彈落下的空檔，向前推進：「走到能看見對方為止！」

於是我們又往南走了一千公尺，抵達了一座長約二十公尺的小橋。那座橋也已經被破壞得無影無蹤。

「呿，又來了……」

我們涉水而過，來到南岸；前方感覺到有動靜。

「啊，參謀閣下，有敵人！」

副官屏住呼吸，拉了拉我的袖子。正如他所注意到的，在前方大約十公尺左右的路旁，可以聽見怪異的聲音。

看樣子似乎是印度兵。終於發現敵人了，這樣我們也可以安心了……

當我們兩人默默趴在道路左側的排水溝裡隱匿身影的時候，敵軍的機關槍開始猛烈射擊。青色的火光在我們頭頂上，拖著無數高高的尾巴直飛而去。

「打太高了；應該再打低一點才對。」

像是在提醒自己留心一般，我屏氣凝神，悄悄地窺探對方的動靜。在橡膠林裡，可以聽見異樣的說話聲。看樣子，敵軍應該具有相當數量的兵力。他們會出擊嗎？我緊緊握住軍刀的握柄，打開手槍的保險，擺好架勢，不久後，砲彈便在我們的前後左右落下。這時，敵軍陣線上突然射出一發青色的信號彈，接著一發，又一發……

接著響起了疑似是汽車或裝甲車的引擎聲。看樣子，敵軍也有相當數量的車輛。不久後，佐伯支隊的一個小隊聽聞槍砲聲，趕了過來：「喂，在那片橡膠林裡，從右邊繞過去！」

「不要讓敵人逃了！」

四、五十名士兵閃動著刺刀，像獵犬般朝著黑暗的橡膠林展開突擊。

在槍砲聲中，斷斷續續可以聽見慘叫聲與呻吟聲。之後，引擎的聲音似乎漸漸遠去。

這是一群只有兩個人蠢動時卻不敢出擊的哨兵；明明擁有許多大砲與機槍，卻在僅有步槍的一個小隊威脅下潰敗奔逃的敵人。

「敵人的本事我拜見了。他們值得害怕的就只有炸藥的量，也就是徹底的破壞力而已。」

作戰主任在尖兵的最前方打頭陣前進，這種行為在他人眼中看起來或許會覺得很胡來，又或許會非難說這是在搶功勞。對於這些非難與批評，我想就隨他們去吧！當時支配我心中念頭的，就只有盡早用自己的眼睛，拜見敵人的作戰本領而已。

「打仗，必須有對手才行。全部的方策，都必須因應敵人狀況來考量。正確看透對手的戰法與實力，並且以最大膽的方式，在現場擬定出擊破敵軍的策略，這是致勝的最佳手段。」

在整場馬來亞作戰中，我在之後所採行的戰法與指導，都是以這場初戰的視察為依據。

敵軍在逃跑的路上，留下了一輛裝甲車、好幾具屍體和若干兵器。

夾雜在這當中的第一號俘虜，是個身材矮小、看起來很像日本人的印度兵。看樣子應該是廓爾喀兵（Gurkha，尼泊爾傭兵）吧。他並沒有特別顯出敵意，但也沒有表現出畏懼日本軍的樣子，只是和戰利品排在一起，任憑照相機拍照。這個俘虜，似乎正代表了被當成英軍消耗品、投入戰場的印度士兵的心理。

當我從這個士兵口中盤問敵軍狀況時，他知無不言地講個不停。前方的敵軍是英軍第十一印度師的搜索隊，師主力則是在樟侖、日得拉之間佔領了陣地。

特殊戰法

雖然只不過是一日一夜的體驗，不過我已經了解敵方的戰法，毫無疑問就是對交通要點徹底地破壞、並把砲兵配置在後方，然後集中火力在破壞點上，以妨礙我軍修復，從而爭取時間。如果他們在從邊境到柔佛海峽這一千一百公里上都使用這招，那我們恐怕得花上半年的時間才行。無論如何，都必須要破解敵人的這種戰法才行。十日早上，工兵來報告說：「又有好幾座橋被破壞，修復又得花上半天以上。」在橡膠林中，我一邊等待修理，一邊和佐伯支隊長商量今後應該採取的戰法。結果我們商量之後，覺得還是應該採取敵中突破[1]的策略；雖然這樣似乎很看不起對手，但昨天看到英軍的作戰能力後，我覺得這樣是沒問題的。

總之，我必須向戰線的指揮官河村旅團長提出報告才行。於是我火速搭著車飛快趕回後方，向旅團長作詳細報告，而他也完全表示認同。

「除此之外沒有別的辦法了。若是佐伯中佐的話，應該可以辦得到吧！就試著以這種方式，對樟命展開攻擊吧！」

旅團長如是說。

樟命位在距離邊境十二、三公里處，是吉打州的北方大門。根據情報，敵軍在這裡設置了有力的防

1 編註：突破敵正面的一部、切斷敵線，使敵軍的防禦產生破綻。

圖四　特殊戰法圖解

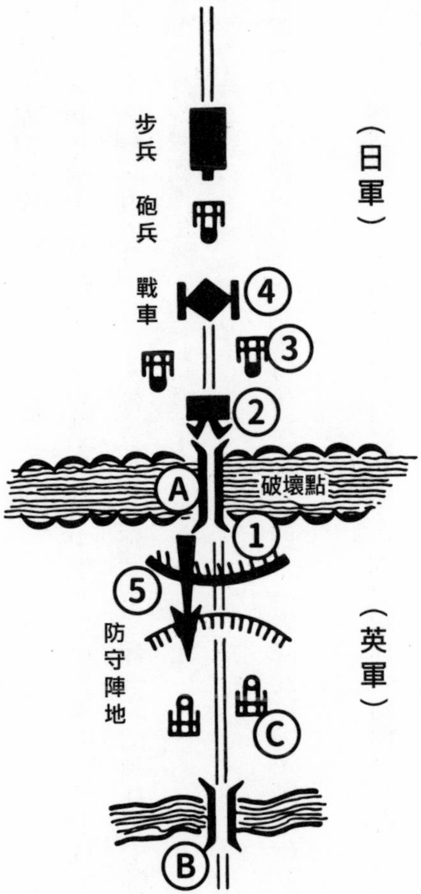

說明

1. 步兵佔領爆破點位置 Ⓐ 的河川前岸，掩護修復作業。
2. 工兵在步兵掩護下修復橋梁。
3. 砲兵主力集中制壓敵人砲兵 Ⓒ，以免其阻礙步兵與工兵作業。
4. 戰車、砲兵一部與步兵集結準備突擊。
5. 橋梁修復後，步兵向敵陣地突擊（盡可能向前挺進，應利用黑夜或大雨時發動）。步兵突擊後，已準備隨時行動之縱隊 ④ 在黑夜或大雨掩護下迅速推進，突破敵防線，在敵未能爆破橋梁 Ⓑ 之前搶先佔領。

衛線。在邊境沒有做出像樣抵抗的敵軍，在這裡配置了相當數量的部隊嚴陣以待。旅團長根據前述的戰法，下達了新的攻擊命令。簡單說，就是以步兵掩護，派出工兵對樟侖的橋梁進行修復。等到修復告一段落後，在後方待命的佐伯支隊就越過我方前線突進，趁著夜晚衝進敵陣當中，和退卻的敵人一起向南方突破，一口氣衝向霹靂河。

佐伯支隊的兵力如下所述：

支隊長　佐伯中佐

第五搜索聯隊兵力包括輕裝甲、輕戰車各一中隊、乘車兵兩中隊、中戰車一中隊（包括有九七式輕裝甲車十六輛、九七式中戰車十輛、九五式輕戰車二輛）、山砲兵一中隊（兩門）、工兵一小隊、一部分通信隊與衛生隊，總計約五百人。

攻擊樟侖附近敵軍的第一線部隊是以步兵第四十一聯隊為主力，師團砲兵在後方展開、全力進行掩護。

我帶著一個傳令，再次為了視察前線戰況而穿越橡膠林來到樟侖北端，結果親眼目擊了敵軍迄今為止未曾有過的強烈抵抗。

對方射擊的砲兵陣地，至少有二十門大砲。破裂的砲彈、橡膠樹與人體四處飛濺，爆炸的硝煙遮蔽了整個戰場。儘管死傷者陸續出現，但要撤退甚至比進攻更加困難。突然，在我身旁落下一顆重砲彈，看樣子是口徑十公厘等級的。黃色的硝煙直衝而上，異樣的惡臭猛烈地刺激著我的鼻子。不知從哪裡傳來一聲喊叫：「毒氣！」

聽到這聲大喊，部隊爭先恐後、慌慌張張地從腰上拿出防毒面具戴到臉上。他們的動作既敏捷又靈巧。特命檢閱[2]的時候，都沒有看過他們這麼敏捷。

「糟糕了，我沒戴防毒面具，也沒戴鋼盔！」

剎那間，我用手帕浸滿了泥水，遮住鼻孔。焦臭嗆鼻的爆炸煙塵籠罩四周，但是比起自身安全，我更擔心全軍的防毒裝置。

「是窒息性？還是催淚性毒氣？」我這樣想著，經過好一陣子之後，我發現自己的眼睛沒有疼痛、呼吸也沒有喘不過氣來。看樣子，應該不是毒氣彈才對。對於自己沒帶防毒面具這件事，我感到非常的生氣。

「不是毒氣！」

我大聲叫了起來。雖然應該還需要再檢測一下也說不定，但我想應該十之八九不是毒氣。前線的將士們，安心地摘下防毒面具。

（果然不是毒氣啊……）

就在如此激烈的砲火當中，工兵們勇敢挺身而出，躍入水深及胸的河中，修復遭到破壞的橋梁。敵方將砲彈一股腦地集中在渡河點上，意圖妨礙我軍作業。我方砲兵儘管焦急地想壓制對方，但因為有橡

2 譯註：奉天皇命令，由高級將官（特別是皇族）舉行的檢閱。

膠林的遮蔽，要發現敵軍砲兵，幾乎是不可能的事。

這種修了又壞、壞了又修的激戰持續了兩、三個小時。就在此刻，天邊一角出現的積雨雲瞬間擴散開來，傾盆而下的大雨掃過整片戰場。就在這陣豪雨當中，響起一陣強而有力的報告聲：「修復完畢！」彷彿要回應這聲報告般，「佐伯支隊前進！」的命令傳了過來。

拜敵方砲彈之賜，我軍戰車的聲音得以掩蔽。同時拜這陣暴雨所賜，我方的身形也得以隱藏。

雖然到傍晚還有一段時間，但豪雨已經如同黑幕般遮蔽了視野。十輛中型戰車作為佐伯挺進隊[3]的先鋒，渡過剛剛修復的橋梁，頂著落下的砲彈，在敵方機關槍打得乒乓作響、反彈四射的子彈當中，有如狂奔的猛牛般往前突進。佐伯中佐搭著一輛從敵軍那裡擄獲的黑色汽車，跟在中戰車後面尾隨前進。而我因為有進言特殊戰法的責任，也想親眼看看挺進隊的成果，便志願和佐伯中佐同乘一車。

平坦的柏油大道，還沒有遭到太多破壞。滂沱大雨流成了河。在這雨幕中，我們隨著濺起的水花，跟在戰車後面奔馳，子彈從左邊右邊，不住呼嘯而過。

引擎的聲音雖然被雨水所遮蔽消失，但車體受到敲擊的金屬聲，還是在鼓膜間激烈迴響。然而，如說現在要停止前進也是絕不可能的事情，唯有繼續加速，才是最安全的方法。或許是因為敵軍對戰車無可奈何、又或許是因為看見指揮官座車的緣故，總之敵方把所有的目標，全都放到了這輛黑色汽車上。

我們除了咬緊牙關往前猛衝以外別無他法。當我們向前猛衝大約兩公里後，眼前出現了一幅完全無法理解的景象——在道路上並排著十幾門砲口指向我方的大砲，但在旁邊卻沒有見到任何一名砲手。看樣子，敵軍似乎全都跑到橡膠林中去躲避豪雨了。

儘管如此，他們從警衛的小屋、或是帳幕中慌慌張張、胡亂射出的子彈還是不容小覷。

「簡直就跟桶狹間奇襲沒兩樣嘛！」

突然，從正前方傳來砲聲與手榴彈的聲音。我方戰車對在路上待命的二十輛敵軍裝甲車，狠狠地蹂躪了一番。這是一場超乎常理的接戰。戰場是一條筆直的道路，兩側是深深的排水溝和高起的土堤。無處可逃的敵軍裝甲車，被我軍十輛中戰車，像是三明治般夾在中間。因為敵我雙方的距離太過逼近，所以已經無法用火砲和機關槍互相射擊。在這種狀況下，裝甲與速度的總和左右了勝負。

有些敵軍裝甲車的車尾被我方戰車的車頭猛烈碰撞，整個掉進排水溝裡倒立了起來。還有些則是車頭四、五寸整個陷進土堤裡，車身熊熊燃燒。前後左右，到處都是被我軍夾擊下變形的裝甲車。打開車頂蓋露出上半身的我軍士兵，將手榴彈不斷朝著倉皇逃命的敵軍頭上丟去。

路面橫流的大量鮮血，在雨水沖刷下漸漸變淡擴散開來。在兩側橡膠林內躲雨的敵人，恐怕不下兩三千之數。他們到這時候才終於領悟過來，因為自己一時的輕忽大意，結果遭到了慘痛的失敗。不久之後，夕暮降臨在戰場之上。或許是因為黑色汽車最為明顯吧，敵軍將子彈都集中在這邊，甚至逼近到觸手可及之處。

我們以倒下來的粗大橡膠樹為掩護，用手槍狙擊靠近的敵人。

師團主力聽到前方遠處傳來的槍砲聲，大概也感到非比尋常吧！於是為了支援佐伯支隊，在傍晚時

3 編註：不直接與本隊的行動發生關係，以獨立行動、並盡各種手段，是本隊作戰趨於有利的行動部隊。

分步兵四十一聯隊的前鋒已經出現在支隊的後方。

支隊長決心乘勝追擊，一舉衝向霹靂河。在一片漆黑的橡膠樹林中，我們絲毫不顧左右的殘敵，再次以中戰車為前鋒展開突進。雖然大雨終於止息了，但到月亮出來為止，還要三、四個小時以上。

在伸手不見五指的漆黑當中，我們就連一公尺外的事物也難以看清。只有戰車微微的燈光，一邊向前照射一邊引領著我們前進。途中，我們又遇到幾座橋梁；每當這種時候，我們就得下車用手電筒檢查，結果發現這些橋梁無一例外，都裝上了有電線連結的大量炸藥，做好按下電鈕一舉爆破的準備。我用軍刀切斷電線，大約阻止了十處以上可能造成的破壞，然後繼續前進。我們感覺前後都有動靜，也有敵方的汽車在行駛。大概是他們做夢也想不到，日軍竟會突破到這麼深入的地方吧！

就算多一公尺也好，我們火速往南、拚命急馳。對於自己走過哪裡、又是怎麼過去的，我們全不記得了。

儘管我從在西貢司令部的時候，就開始努力在默背地圖，但或許是橡膠樹林不利於向兩側眺望的緣故吧，我對於地點已經完全無法判斷。我只能用汽車行駛的時間乘以速度，判斷我們正朝著距吉打州首府亞羅士打不遠處全力奔馳。這是一支彷彿見血發狂、一邊緊盯著對手一邊猛衝的鬥牛般，充滿氣魄的縱隊。

就在我想應該已經接近深夜的時候，縱隊的前方忽然間竄起了一發信號彈。信號彈一發接一發飛起，從前後左右宛若成串的紅色流星般，不斷飛上空中。

接著彷彿被這流星所引領般，十幾發砲彈一齊從縱隊前後夾擊而來。迅猛突進的中戰車，也被阻擋在破壞的橋梁前，整個縱隊在道路上猛然停住。

「開始出現像樣的抵抗了。要是這樣繼續被優勢砲兵夾擊的話，天一亮可就麻煩了哪！」

我從車上下來，跟佐伯中佐一起在道路左側的橡膠林蹲低身子商議。

「今晚無論如何，都必須要突破這裡才行！」

我們不約而同意見一致，於是派出幾組斥候，朝著砲聲的方向飛身前去。不久後，其中一組回來了；他們的報告是：「進路上的敵陣地規模不大。雖然有鐵絲網，但是有縫隙，也沒有配屬兵力，可以夜襲。」

在手電筒映照下說著話的這名軍官，是位俊美到連女人也會自慚形穢的青年，名叫大藤少尉。他潛入敵陣，回程途中斬殺了一名站在橋附近的步哨。在他的上衣，還留有對方濺出來的血跡。

「雖然從砲彈來判斷，敵軍應該會做相當規模且有力的抵抗，但從少尉的報告來看，夜襲成功的可能性相當大。這真是千載難逢的良機，在天亮前一定要設法突破才行！」

雖然還是抱持著一絲不安，但這份報告還是推了我一把。或許我也是期待能僥倖成功吧！

我們立刻下達命令，要第一中隊展開夜襲。擔任嚮導的是大藤少尉。永井中隊沿著道路，在黑暗中朝著砲聲的方向前進。這時，敵方砲兵突然猛烈咆哮起來。作為回應，我方戰車和砲兵也從道路上向正面的敵陣地予以回擊，整條戰線頓時爆發激烈戰鬥。

「從砲聲來判斷，敵方的火砲不下四、五十門；僅僅五百名左右的佐伯支隊真能突破嗎？大藤少尉會不會太輕敵了？」

敵方的砲彈不久後便朝著支隊指揮所所在的橡膠林集中。儘管在夜間看不見目標，還是可以對整片地區實施壓制。高大的橡膠樹發出猛烈的聲響，陸陸續續碎裂開來。每當樹木碎裂、砲彈降臨的時候，指揮所就必須不停地轉移位置。戰況似乎沒有太大進展，但我們非打破局勢不可，於是在破曉前將作為預備隊的第二中隊也投入戰線。

現在我們手邊已經連一個兵都沒有了。夜晚的天空漸漸明亮起來。要是這樣一路打到白天，那可就糟了！我雖然沒有說出口，但整個心情已經沮喪到不行。

橡膠林有半數以上都已經被轟倒，我們能夠藏身的地方愈來愈窄。大概到了凌晨五點左右，一名士兵從前線回來報告。他的上半身沾滿了血，在支隊長前站立不動地報告說：「中隊長閣下戰死、小隊長閣下重傷，死傷人數相當多，但大部分部隊都安然無恙！」

報告結束之後，他就整個人一頭栽倒在地。經軍醫診斷是胸部遭到貫穿，沒過多久便殞命了。他頂著這麼重的傷，回來報告……

眼下的情況完全出乎意料。雖然我對大藤少尉的報告半信半疑，但研判還是會有希望，於是在期待僥倖的情況下展開強攻，結果造成了這種無可挽回的損失。

直覺認為敵人很強，但因為覺得等到天亮情勢會更為惡化，所以便一咬牙關發動夜襲，結果終究沒有成功，而夜晚也不等人，天空漸漸亮了起來。

師團主力仍在遙遠的後方，在這種危急時刻完全派不上用場。我應該更加慎重指導才對的啊……自責的念頭不斷敲打著我的心頭。為了補過，只有以身償還了吧！儘管我為了怎麼找出敵人的弱點而焦慮不已，但一旦夜色完全退去，在這條道路上的十輛中戰車與輕裝甲車，全都會變成優勢敵砲兵的靶子。

沿著路旁的排水溝爬過來，渾身染血退下的傷者愈來愈多。

在這當中，有一位滿身是鮮血與泥土的軍官。我看他的臉覺得很面熟，於是靠一看，結果發現是昨天晚上前來報告的大藤少尉。

「喂，這點小傷不算什麼，振作一點啊！」

我不假思索地走向他，握住他的手。

「參謀閣下，真的很抱歉，大藤誤判了敵情……！」

眼淚從他的臉上潸潸落下。他的右肩大概是被手榴彈炸傷了吧，整個肩膀就像石榴一樣，掀出鮮紅的肉在外面。因為出血的緣故，他的臉色蒼白，感覺手也十分冰冷。

「別擔心，我們一定會打贏的！」

我像是在激勵自己般慰勉少尉，同時將圖囊底下剩下的巧克力掰開一塊，放進他的嘴裡。

少尉的熱淚，撲簌簌地直落到沾滿泥巴的手上。

「沒問題的，快退下去治療吧！」

我讓他搭上臨時做好的粗糙擔架，趁著敵方砲轟間斷的空檔，把他送往後方。

昨晚衝進去的兩個中隊，到現在還是音訊全無。搞不好已經受到優勢敵軍的反擊，全軍覆沒了也說不定。但我心想，無論如何都必須設法打破危局，於是隻身穿越橡膠林，朝左翼方向前進。在那裡我看到一些不熟悉的圓形怪物，在草堆裡呈魚鱗狀分布，看樣子應該是反戰車地雷吧！在它們的前方，有兩、三道的帶刺鐵絲網，不限於正面，而是一直往外延伸，看上去是一個不知延續多廣多遠的堅固陣地。我們夜襲的部分，只是沿著主幹道、寬度不足百公尺的狹窄正面罷了。看樣子，這應該是一片花費好幾個月搭建、堅固的縱深陣地。

看這狀況，我們是完全啃不動了。當我帶著焦灼的心情回到原本的支隊指揮所時，佐伯中佐露出沉痛的表情說：「辻君，我已經不能以隊長的身分苟活下去了。我誤判敵情，犯下了此生難以彌補的大錯誤，還讓大部分的部下因此而喪命……我現在要去第一線了。」

「你在開什麼玩笑啊！你是在我這個作戰主任的要求下，跟著我去打這一仗的啊！所以失敗的話，全部責任也應該歸在我頭上才對啊！可是，我們還沒有絕望！一定可以打破困局的！請你再等一下吧！」

我竭盡所能地安慰他。

要是佐伯中佐戰死的話，我自己也不能獨活。無論如何，必須催促師團主力盡早推進才行。但是在這種彈雨下，不管是傳令或是電話都無法傳達。

「車借我一下，我親自去跑一趟！」

「在這種彈雨中，你怎麼有辦法……」

圖五　佐伯支隊從樟侖到日得拉的突破

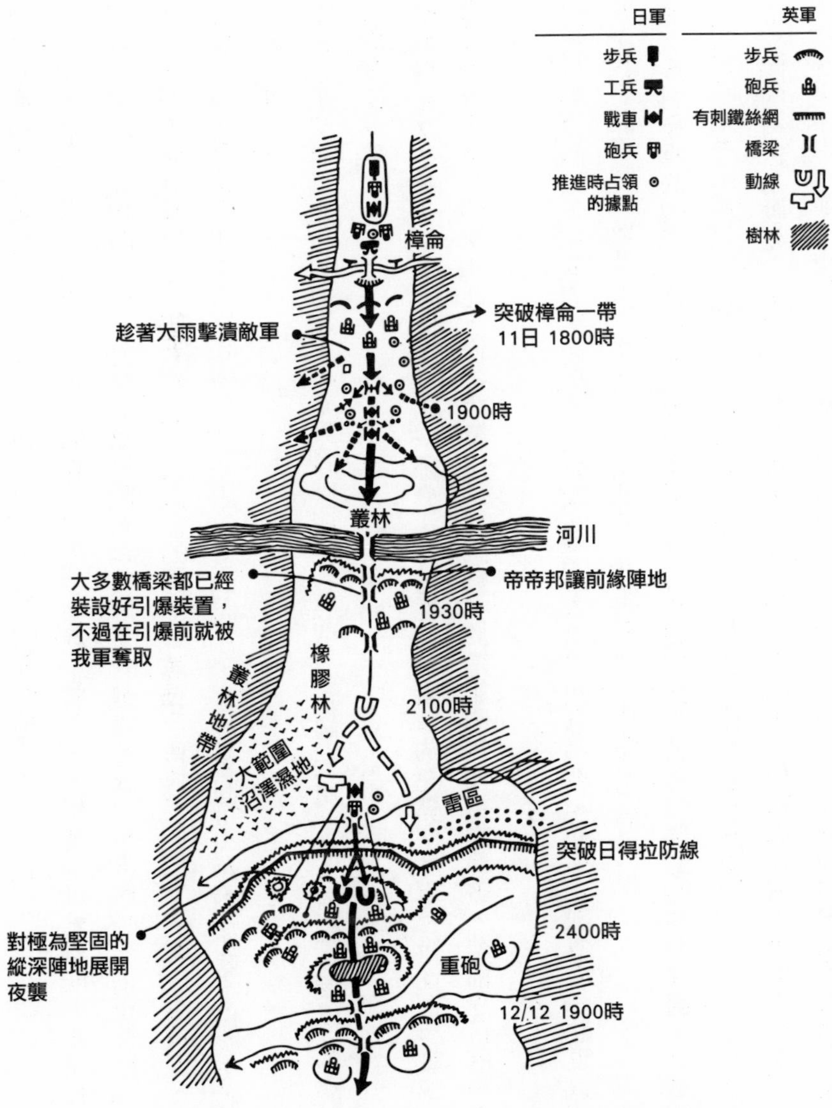

備考　日軍抵達目標時間

我制止了擔心的支隊長，跳上那輛黑色汽車，全速突破彈幕地帶。

前後左右都是緊追不捨的砲彈，炸裂的彈片好幾次彈到車體上，但相當不可思議地，並沒有打中人或是引擎。我突破了大約四公里。河村旅團長聽到昨夜傳來的砲聲，感到相當擔心，正在督促主力部隊前進。我向正在橡膠林裡歇息、剛要打開早餐飯盒的岡部聯隊長，傳達了佐伯支隊的危急情況，同時也敦促砲兵聯隊長，趕快率領主力趕往陣地。在中午剛過的時候，我帶著同車的觀測斥候，再次突破彈幕，回到了支隊指揮所。

我軍一下子又變得充滿活力起來。砲兵將砲口推到敵前百公尺處的第一線，對敵軍饗以必中的砲彈。我們終於脫離了危機。

岡部聯隊不久之後也跟著展開，其中一部分迅速地從佐伯支隊的左翼向敵軍背後迂迴，戰況一時之間變得旗鼓難分高下。即使如此，白晝攻擊還是很困難，於是旅團長便重整部署，準備等日落後全力來夜襲。

太陽終於慢慢西傾，夜襲的準備也已經完成。這時，出乎我意料地，從第一線傳來「敵軍退卻」的報告。於是我們間不容髮地派出兩隊兵力急速推進，迎頭殺向正在崩潰中的敵軍。

根據事後對俘虜的調查，這個陣地大約花了六個月時間構築，且有一個師的兵力守備。英軍相信，他們至少可以在這裡阻擋日軍三個月之久。這就是所謂的日得拉防線（Jitra Line）[4]。

佐伯支隊的損害為戰死二十七人、負傷八十三人，約一一〇人，敵軍則在留下火砲約五十門、重機槍約五十挺、裝甲汽車與卡車約三〇〇輛，以及可供一個師團使用三個月的糧食彈藥等大禮之後，潰敗而去。雖然不明白敵軍直接受到的損害究竟有多少，不過因為他們狼狽地捨棄武器、逃進兩側的叢林之中，所以在幾天之後，便在空腹難耐的情況下陸續出來投降了。這些投降的敵軍，為數超過三千之多，大部分都是印度兵。

日得拉防線的突破，全賴特殊戰法以及斥候的錯誤報告所賜。假使我們正確判斷了這道堅強陣地，以師團主力正面進行攻擊，並認真展開會戰的話，那至少得花費十天，而且還得做好損失一千名士兵以上的覺悟才行吧！

以一個師防守，號稱能夠守三個月的日得拉防線，就在僅僅五百名士兵、花費十五、六個小時的攻擊下遭到突破了。

若是沒有俊俏的大藤少尉那錯誤的報告，不管佐伯支隊長多勇猛善戰，也不會做出這樣胡來的攻擊吧！

這正是所謂的「歪打正著」。儘管是常理所很難想像之事，但這卻是戰場經常存在的實際樣貌。這一戰所獲致的戰果，比起有形的物資，更甚數十倍的是無形的必勝信念。

在追擊途中，我們徹底檢視了敵方的陣地配置，結果更為驚訝。布設好幾層的鐵絲網、深掘的無數壕溝、堆積如山的砲彈、汽油以及糧草……真不愧是英軍足以誇耀的「日得拉防線」。

4 編註：日得拉是距離馬泰邊境南邊約十公里，距離英軍亞羅士打機場以北約十六公里的位置。日得拉防線超過六十公里，是英軍在吉打與柔佛之間唯一有堅強構築的防守陣地。

登陸以來只吃乾麵包和鹽果腹，打了好幾天仗的將士，在橡膠林裡的倉庫，找到了堆得滿倉滿谷的罐頭、餅乾和菸草。很遺憾的是，我們並沒有停下腳步好好享受一下這些物資的餘裕。我們只能把槍扛在肩上、伸手拿一點或是提一點，然後不斷、不斷地往南急進。

「邱吉爾的補給真是美味啊……」

他們這樣讚嘆著，然後忘了疲勞，繼續進軍。

這間倉庫不久後被我們的後勤給接收了下來。如果按照常識來看的話，我們應該在宋卡的登陸點，等待後勤部隊與彈藥、糧食、汽油的登陸才對。但我們卻只讓每個士兵帶了兩三天的米與乾麵包，不待輜重到來便向前突進。這背後的祕密就是，我們已經擬定了「因糧於敵」的腹案。不只士兵的糧食，就連汽車的汽油也大量留下，這都必須感謝白思華將軍（Arthur Percival）。

這種戰法能夠順利實行的話，那打仗的將士們就不用擔心挨餓了。

我問俘虜的英軍工兵隊長說：「這個陣地有多少兵力，打算撐多久？」

「這裡集結了第十一師的幾乎全部兵力，我們認為至少可以撐三個月。[5]」

「理由何在？」

「這邊的兩翼依託著天然的大障礙——濕地與叢林，又部署了三道縱深的陣線，是馬來亞北部最大的防線，花費了半年才完工。我們想說日軍跟支那打了四年，連弱小的支那軍都打不過，完全沒想到會是這麼強悍的軍隊。」

「日得拉防線的概略配備是怎樣的？」

「主要是由三線所構成。第一線利用濕地，透過爆破橋梁阻礙、遲滯日軍接近，我們稱之為『阿丹線』。第二線是主陣地，充分利用了叢林，部署了反戰車壕、地雷和鐵絲網，構造最為堅固。第三線則是設置在後方更深處，充分利用了自然地形。」

「那，你認為這道防線為什麼會這麼輕易就被擊破呢？」

「這問題只有神知道了吧！要攻擊這個陣地，按照常理至少需要一個師團（兩萬五千人）以上。在這種認知下，當我們發現日軍已經開始攻擊的時候，便覺得你們應該是大軍已經登陸、殺到陣線前方，或是從背後迂迴過來了。」

「我們真的只派了五百名不到的士兵展開夜襲而已。」

「怎麼可能會有這種荒唐的事！」

「你們的師長怎麼了？」

「下落不明了[6]。」

成為強攻導火線的大藤少尉，在這之後被後送到西貢的野戰醫院，但終究因為細菌引發的壞疽而宣告不治。聽到這消息，我有種綻放的豔麗花朵在一夜之間被狂風吹散凋零的感嘆。

當戰爭結束，我回到日本的時候，某一天在純屬偶然的情況下，大藤少尉的兄長造訪了我的蝸居。

5 編註：「日得拉防線」的構成，包括主要道路守軍是第十五印度旅；主要道路至西岸守軍是第六印度旅。

6 編註：第十一印度師師長大衛．摩瑞里昂少將（David Murray-Lyon），在日得拉作戰中成功撤退，但北馬也因此失守。白思華在十二月二十三日解除摩瑞里昂的指揮權，最後兩人皆在新加坡投降被俘。

他的容貌和大藤少尉十分相像。他是備後三原一家大酒廠的老闆，帶來了親手製作的清酒。

「我知道因為弟弟擔任斥候誤判敵情，造成許多將士犧牲，為此感到相當不安。請告訴我真相好嗎？」

大藤先生露出憂心的表情說著。我不由得正襟危坐了起來。畢竟我回來得太匆忙，還沒能來得及瀏覽關於此事的新聞報導。

「是的，您弟弟的報告確實出了差錯。這是因為他太過勇敢、且非常輕易地潛入敵陣地中，從而把敵人看得太弱所致。那時候，假使他正確地報告說『前面的防線非常堅固』，那不管日軍有多少，恐怕都不會這樣胡亂發動夜襲吧！可是正因為如此，師團才能以不到一千人的損失，衝破這道防線。」

聽過我這番懇切的話後，他終於能夠理解了。之後我也去拜會了大藤家的母親，在和他的兄長與母親接觸的過程中，我對這位為人弟、為人子的青年，感情更深一層。失去這樣一位令人遺憾的青年，是我始終無法忘記的悲傷事情。

邱吉爾機場

亞羅士打是吉打州的中心。作為馬來亞北部的防衛核心，它原本應該相當堅固才對，但是理應撐上三個月的日得拉防線在十五小時之內崩潰，震撼的餘波讓這個防衛中樞也只多撐了一下便徹底粉碎瓦解。架在流經亞羅士打北邊大河上的橋梁並沒有完全爆破，因此只花了一個小時，就被修復成汽車可以通行的狀態。以我在開戰前搭百式司偵曾經望見的柏油地面大機場為目標，我們派出尖兵中隊直衝該地。結果出乎意料地，那座機場幾乎不曾遭受破壞。作為贈品，在機場裡有著堆積如山的炸彈，兵舍餐桌上的湯都還是溫熱的。在周圍的橡膠林裡，堆積著好幾千個鐵桶，裡面滿滿裝著辛烷值九十二的高級汽油。這天中午，我們的飛機首次在這裡降落成功。到了傍晚，整備結束的戰鬥飛行隊一中隊與輕轟炸機一中隊便立刻進駐，用敵人剩下的汽油與炸彈，向撤退中的敵軍頭上發動果敢的攻擊。

對於捨身護送船團的飛行集團來說，這是我們能給予最好的贈禮了。

當河村旅團長到達亞羅士打市區時，還沒來得及逃走的敵軍佔據了各處民宅，從二樓窗戶進行狙擊，戰鬥於是進入了掃蕩戰。站在夜晚充滿死亡的街角、頂著亂飛的流彈，不停督促喘不過氣的部隊往南、往南，旅團長的戰場指揮實在非常精彩，但也堪稱危險至極。

在流過市街南側的大河上，有一座鐵路橋和一座公路橋。我們希望盡可能在沒有遭受爆破的情況下，完好地佔領它們。於是我們在旅團中，編制出了一支特別挺進隊。這支部隊由朝井中尉擔任隊長，共有十一名成員。他們搭著邊車，越過步兵的先頭急速挺進。十二月十三日的十點十分，他們抵達目標橋梁，結果遭到了對岸敵人的猛烈射擊。小隊長立刻命令金子、中山兩名伍長，朝著橋梁南端乘車突進，然後自己拿起軍刀，企圖切斷爆破裝置的電線。結果就在那一剎那間，轟然巨響大作，小隊長跟著橋一起被炸得血肉橫飛、只剩下一些模糊的肉塊，還黏附在橋墩的殘骸上。金子、中山兩位伍長衝進敵陣，刺殺了幾名敵人，但寡不敵眾，中山伍長首先陣亡，接著金子伍長也受了傷。不過，或許是被他們的氣勢所壓倒吧，敵軍終究放棄了對岸的守備，如雪崩般向南潰退。

另一支挺進隊伴隨朝井斥候一起往上游的鐵路橋前進，相當幸運地在爆破前的千鈞一髮之際突破到了敵岸，並切斷電線、毫髮無傷地佔領了它。我們在那上面鋪上厚板，讓汽車可以通行，這對之後的追擊有很大的貢獻。

連同雙溪大年和太平，隨著我軍從地面殺到的快速進擊，整個北馬設置的四座大型軍用機場，全都在幾乎未曾遭到破壞的情況下納入我軍手中，只花了半天不到的時間就被反過來為我方所用——我們都稱這些機場為「邱吉爾機場」。

這些機場的設施之完善，彈藥、燃料、糧食之豐富，令人驚訝不已。它們的完備程度，和我們在法屬印度支那南部急就章蓋出來的基地完全不能相比。

我們之所以能及早掌握馬來亞戰場的制空權，原因除了我軍在空中兵力上佔了敵方兩倍的優勢以外，「邱吉爾機場」能反過來為我們所用，也是決定性的原因。

按表操課前進

軍司令部在佔領亞羅士打的第二天推進到了此地。明明我離開宋卡才四天，卻讓我感覺到漫長有如隔世。

當山下將軍伸出他的大手，慰勞我說「辛苦了，你幹得很好」的時候，我忘了連日的疲勞，不禁熱淚盈眶。「對不起，我錯判了敵情」，大藤少尉道歉的面容，以及佐伯支隊長說著「終於結束了」的激動表情，再次浮現在我的眼前。我們能成功，都是拜這些可敬之人的犧牲所賜。

登陸之際左腳扭傷的本鄉參謀不顧治療，拿著一根松木拐杖站在鐵路部隊的前頭，一心一意修復遭到破壞的地點。年輕的國武參謀則為了準備從馬來半島西海岸的舟艇機動，而積極將在宋卡使用過的機動艇，用鐵路和汽車運往亞羅士打的準備。朝枝參謀跟隨安藤支隊，正在叢林中作戰。至於杉田和林兩位參謀，則沒日沒夜地透過偵訊俘虜以及擄獲文件，試圖研判敵情，弄得滿眼血絲。

就這樣，我們一邊互相尊重彼此的負責事項，一邊為作戰計畫制定準繩，宛若鐘錶的齒輪般，一絲不亂地向前邁進。以初期戰鬥的經驗為基礎，我修正了一部分的作戰計畫，並獲得軍司令官裁可。這些修正如下所示。

第一　方針

（一）本軍以第五師團及近衛師團主力，迅速向霹靂河一線推進；接著在向吉隆坡發動作戰的同時，第五師團的一部分應迅速佔領檳城。

（二）佗美支隊應盡速由陸路佔領關丹附近地區，整修機場之後，以主力朝吉隆坡以及金馬士（Gemas）[7]展開作戰。又，視狀況應讓第十八師團的一部分（約兩大隊）在關丹登陸，增援

7 譯註：位在柔佛州北端，是馬來亞東西鐵路的交會點。

佗美支隊。

（三）第十八師團主力在豐盛港附近登陸，切斷敵軍退路。

（四）以近衛、第五、第十八師團以及佗美支隊，在吉隆坡以南地區，切斷進入柔佛州以北的敵軍主力與新加坡之聯繫，並加以捕捉之。

（五）以近衛、第五、第十八師團發動強攻，迅速攻打新加坡。

我在腦海中仔細描繪敵方破壞力度、我方修復速度、守禦地形以及攻擊兵力，然後將預計抵達新山的時程寫在日記上。

渡過霹靂河　十二月二十五日前後
攻陷吉隆坡　一月十四、十五日左右
抵達新山　一月底
攻陷新加坡　二月十一日（紀元節）

這份進度表對照後來的發展，幾乎完全一致。唯二的差異就在於吉隆坡早了一點攻陷，而新加坡晚了四天陷落而已。

讓紙上的計畫按表操課實現，真是無上的樂趣，但在這份進度表的背後，其實是我刻骨銘心的結晶。為了它，我必須親自以身試敵，體驗敵方戰力、徹底分析我方戰力，才能得出這份煞費苦心的結果。

有了在紀元節攻陷新加坡的先例後，之後在各地戰場上，其他的軍也屢屢仿效我們的作法，結果出現了不少無視第一線部隊實情，導致失敗的例子。

其中最顯著的例子，就是發生在緬甸戰線的因帕爾（Imphal）作戰。當時我軍欠缺幕僚事前周到的偵察、只憑紙上的計畫就想在天長節[8]攻陷因帕爾。他們於是督促前線部隊前進，結果在毫無準備的情況下攻擊敵方的堅固陣地，從而導致了慘重的失敗。抱持著「神明護佑」的心態，單單因為是國民普天同慶的日子，就認為上天一定會站在我軍這邊、吹起神風保佑我們，這實在是對神明的一種褻瀆。

—·—

取代佐伯支隊，在整個師團最前方、窮追敵軍不捨的是岡部貫一聯隊（步四十一）。他們緊跟在敵方敗軍的身後，晝夜不休地窮追猛打。當他們的先鋒抵達莪侖（Gurun）時，在那裡遇上了堅固設防的敵軍陣地[9]。

從地形上來看，這個地方比日得拉還要易守難攻。在陣地的前方有一整片的水田，為敵方砲兵提供了絕佳的射界，而在這中間只有一條道路通過。敗退的敵軍得到了新來的增援，在此重整旗鼓，企圖拚

8 編註：日本天皇的誕生節日。
9 編註：當地守軍是第十一印度師的部隊，包括第六印度旅以及第二十八印度旅（由廓爾喀兵編成），第十五印度旅擔任預備隊。

死抵抗。

十三日午後開始激戰，到了傍晚仍無法輕易攻陷此地。在前線率領大隊苦鬥的，是我在宋卡登陸的那個早上，相隔十幾年重逢的同學小林少佐。

半夜，我獲河村旅團長的允許搭他的便車，急急趕往第一線視察夜襲，結果在道路上遭到了敵軍砲彈的集中射擊。要是傷到旅團長，那可不得了！當我慌慌張張地跳下車，在路旁的排水溝裡躲避砲彈後，又趕忙回到車子那邊。就在這時，一道閃光直射入我的眼中，接著伴隨一陣天搖地動的巨響，我覺得自己的臀部像是被火鉗燙到一般地刺痛了起來。鮮血流過大腿，沿著褲子汩汩滲出。在月光照映下，我看到暗黑色的斑點不斷擴大。看樣子雖然流血甚多，不過是傷到柔軟的地方，至於骨頭則似乎沒有任何損傷。

雖然是輕傷，但在這裡受傷實在不太妙。畢竟在眾人面前包著繃帶出現，實在有點不好意思。所以我對誰都沒有說，只是用手帕緊緊壓住傷口，不久後血終於止住了。這是我自初次上戰場（日華事變）以來第四次負傷。隨著時間經過，我的褲子下襬變得硬硬的。

看樣子，應該是被血糊給黏住了吧！第二天早上，當我開始徒步前行的時候，感覺右腳尖的底部傳來一陣刺痛。於是我脫下長靴，發現小趾的前端被砲彈割傷，已經變成了一片凝固的血糊。

十四日一大早，我們衝進了莪侖鎮頭。在這裡也堆積著像山一樣高的大量軍需品，路上有好幾輛滿載糧食的卡車，像是要迎接我軍般地被棄置在那裡。在最前方的一輛車上，還留有一具雙手緊握方向盤，但腦袋已經被砲彈削去半邊的英軍屍體。

當一群在戰鬥中被俘虜的印度士兵，正一邊咧嘴笑著，一邊圍坐在地上喋喋不休時，一名白人軍官俘虜被帶了過來，看階級應該是中尉或少尉。下一瞬間，四、五十名印度士兵立刻一齊站起身來，露出嚴肅的表情，向這名白人戰俘軍官敬禮。英國人對印度人的威嚴，竟是這麼強烈嗎？

這種本能地起立、敬禮，展現出一派奴隸作風的姿態，成為戰場的一幅小小風景，屢見不鮮。

我因為想慰勞一下從昨天一直苦鬥到今天早上的同學，於是走訪了大隊指揮所，結果看到小林少佐正在六尺板凳上，整個人睡死了過去。如果這時候叫醒他，那就太可憐了。所以我從圖囊中取出菸草，輕輕放在他的頭旁邊，然後再次驅車，急急趕上替代小林大隊的追擊部隊前鋒。

在這裡我們也擄獲了一些汽車，罐頭和麵包都是邱吉爾的補給品，同時也準備了相當充分的汽油，因此眼下不管是糧食、還是行軍，都是毫無障礙。

—·—

檳城是僅次於新加坡的第二大要塞，也是商港。雖說它的防備尚未完成，但根據情報顯示，應該也有相當的強度。我們最初的作戰計畫是，以第五師團的一部加以監控，並在本軍後方進行掩護，接著再由後續的第十八師團主力進攻。

假使英國本土的增援部隊適時到達的話，敵軍便可以從這邊反過來登陸，並且牽制我軍朝新加坡進軍的作戰。假如敵軍更積極的話，還可以和新加坡要塞南北呼應，讓我軍陷入極大的困擾當中。

因此，在作戰初期首先攻下檳城，鞏固背後之後再南下攻陷新加坡，這是從慎重考量出發、符合作戰常理的戰法。雖然也可以大膽地不採用這種戰法，只是監控它便直接南下。但這樣一來，檳城的敵人就像一把抵住我們腹部的匕首般，始終都是個讓人頭痛的大問題。

我軍對檳城敵軍的大舉空襲，很巧的正好跟突破日得拉防線是同一天。當天，從法屬印度支那南部基地起飛的飛行集團主力，對碇泊在檳城港中的敵船舶展開俯衝轟炸，大部分船隻或是熊熊燃燒起來、或是遭到破壞，整個遭受了致命的損害。

當我們突破日得拉防線，以疾風怒濤之勢攻進亞羅士打的時候，從檳城逃難過來的馬來人告訴我們，當地的守備隊[10]已經往前線（日得拉）出動，還沒有回來。

因為空襲而心驚膽寒、守備隊又在日得拉慘敗，被打得支離破碎，檳城敵軍在實質與心理層面上受到的沉重打擊，實在不難想見。我們決定不放過這個大好時機，派出第五師團的小林大隊（配屬砲兵一中隊、工兵一小隊），向當地展開急襲。十五日早晨，我們利用現有的舟艇發動奇襲登陸，在不損一兵一卒的情況下佔領了全島。往吉打出動的敵軍守備隊主力在日得拉戰敗，又在亞羅士打遭到痛擊，正拖著沉重的身體回歸老巢的時候，在碼頭迎接這群筋疲力盡英軍的，是飄揚的日之丸旗。

作為日得拉閃電勝利的一個重大註腳，這是我在整個行程表當中，唯一估算錯誤的最大例外。

這是一座擁有白色沙灘、檳榔樹與椰子林，宛若水彩畫一般的美麗島嶼。在島的中央，有馬來亞第一名勝——升旗山（Penang Hill）。在山麓的極樂寺裡，過去東鄉平八郎、乃木希典將軍遊歷時簽名的匾額，彷彿迎接我軍到來似地高高懸掛著。

傾盡最後的努力

在北大年方面，排除泰軍頑強抵抗登陸的安藤支隊，為了讓師團主力更容易跨越霹靂河，受命若是有機可乘，應搶先主力奪取那些橋梁[11]。接獲命令後，他們便不分晝夜，沿著叢林間的山道往南急進。

這裡堪稱是世界上最為濃密的叢林，在高聳入雲的大樹間，有著糾結纏繞的羊齒類植物與藤蔓，除了山路以外基本無法通行。但是，安藤支隊卻發現在遠離馬來亞的泰國境內，有英軍設下的障礙物與陣地。從這些陣地的強度判斷，英軍毫無疑問是在我軍登陸之前，就已經侵入泰國領土了。

穿著直足袋[12]、身高六尺多的朝枝參謀，和尖兵隊長一起在縱隊的前方打頭陣。當他們靠近邊境小鎮勿洞的時候，看見前方高地上有一群士兵。

「大概是泰軍吧！泰國已經跟我們停戰了，所以他們應該會防守好邊境，不讓英軍越境才對吧！」

貿然做出這種判斷的參謀，手腳輕快地往高地上爬去。那群膚色淺黑、樣貌怪異的士兵，用不可思議的眼光看著他。朝枝參謀毫無顧忌地走近對方，滿臉笑容地說「各位辛苦了」，然後伸出手，要拍拍這些沒見過的異國士兵肩膀。結果就在這時候，那些不是泰軍、而是印度兵的士兵，沒有瞄準便開槍射

10 編註：檳城守軍是第十四旁遮普團第五營（5/14th Punjab Regiment），部分兵力支援馬泰邊境代號「克羅科行動」（Operation Krohcol）的跨境作戰，其餘則填補第十一印度師在日得拉作戰後的兵力損失。

11 編註：霹靂河分別有道路橋與鐵道橋橫跨。

12 編註：在綿質襪子底下加上橡膠材質鞋底做成，在容易打滑的地方工作時會穿上。不過當年的軍品在設計上沒有現代日本的直足袋般把大拇指分開。一般軍官應都穿軍靴，穿上足袋顯然只是個人習慣，卻也顯得與基層較為貼近。

擊，自動步槍的子彈頓時向著朝枝參謀掃去。

朝枝直到這時候，才領悟到原來對方是「敵人」。他火速斬殺了幾名敵兵後，連滾帶爬地下山和尖兵會合。

在間不容髮之際，他們做好了攻擊部署，把頑強抵抗的印度兵給驅散。同時，支隊也一邊與惡劣的路況戰鬥、一邊以野果果腹，腳步不停地往瓜拉江沙附近的橋梁進攻。

當師團主力攻下亞羅士打、衝進太平之際，安藤支隊發來一通電報，內容是說：他們昨天在隘路口，遭到白人部隊的猛烈反擊[13]。現在只差一口氣，這個支隊就要抵達霹靂河的橋梁了。為此，我們這邊無論如何都必須和他們取得聯繫才行。但是，敵人是絕不會允許我們從地面和安藤支隊聯繫上的。

為此，當我們佔領太平機場後，我便搭乘本軍配屬的直協機（兩人座的小型偵察機），急忙從空中造訪安藤支隊。

在怡保機場（Ipoh Airfield），有敵軍戰鬥機嚴陣以待。就戰場上空的情勢來說，霹靂河一帶是處在敵我勢均力敵的狀況下。

當十幾架敵方戰鬥機從太平上空任務結束回航的時候，我看準了時機，立刻搭著這架小型機飛離了機場。我們就像試圖瞞過老鷹眼睛的小麻雀一樣，一邊趁著敵機的空檔潛行，一邊飛向霹靂河的橋梁。在白天進行這種偵察，不只不易而且危險。我們兩人的眼睛，都像鷹隼一樣散發著銳利的光芒。

駕機的今井少尉專注地監視著敵機動靜，我則是將所有注意力，全部貫注在瓜拉江沙附近的橋梁。橋梁還沒被摧毀。敵人的車輛從橋上頻繁南下，相反地有相當多數量的徒步士兵，正穿越橋梁向北前進。

這到底意味著什麼呢？我們將高度下降到五百公尺，以纖毫不漏的方式進行偵察。

看樣子，距離敵軍爆破橋梁還有好幾天。至少在霹靂河北岸還有強力的敵人殘留，並準備對安藤支隊的正面反擊。所以按照常理想，敵人是不可能捨棄這些部隊，直接將橋梁摧毀的。既然如此，那安藤支隊就不該放過這個大好機會，應該派遣有力的挺進斥候，潛入敵軍的背後才對。

我必須盡早把這些敵情告知支隊和朝枝參謀才行。我們轉向東飛行，在支隊正面的敵軍背後作超低空偵察。在被橡膠樹林與叢林遮蔽的戰場間，幾乎看不見敵軍身影，只有從林地的縫隙間，冒出彷彿四處潑灑細碎舊棉屑般的煙塵，大概有二十來處吧！換句話說，有一支配備超過二十門火砲的敵軍，正在拚命阻止安藤支隊的南進。

我完全無法辨識出敵我的步兵戰線。於是我們將偵察機降低到一百公尺左右，宛若老鷹窺視兔子般睜大眼睛凝視，但仍舊無法發現戰線的所在，而我們的機體也挨了好幾發步槍子彈。不久之後，我看見一個士兵由北向南跳進的身影，從服裝來判斷確實是日軍。跟隨著他的足跡一路前進，我們終於發現了支隊指揮所的位置。不久後，在路旁的一處橡膠林間空地上，我們看到了日之丸的標誌。於是我們以此為目標，投下了通信筒。

辻參謀　致安藤支隊長、朝枝參謀閣下：

13 編註：日軍遭遇的是英軍阿蓋爾郡及薩瑟蘭郡高地團（Argyll and Sutherland Highlanders）。

（一）對於貴支隊連日來的奮鬥，鄙人深感謝意。
（二）第五師團主力已於今早衝入太平。
（三）霹靂河的橋梁仍然健在，在其上可以辨識出北上的步兵與南下的車輛。
為此，請貴部盡可能派遣一部分兵力，從上游向霹靂河南岸挺進，搶在敵方破壞之前，從南方佔領橋梁。

最後，謹祝武運昌隆。

當我最終將裝有菸草和餅乾的包裹投下後，撿起它們的士兵露出依依不捨的表情仰望天空，揮動沾滿泥巴的手帕向我們道別。好幾名軍官從橡膠樹林中探出頭來，裡面大概也有安藤大佐和朝枝參謀的身影吧！以我們現在的距離，對於他們的呼喚，還可以回應才對，於是——「再一步就到目標了，加油！」

我一邊這樣祈禱著，一邊飛回了太平。可是不管這份激勵也好、還是支隊的奮鬥也好，最終都將面對數倍敵軍的拚死反擊，而這並不是那麼好突破的。

從上空俯瞰，霹靂河的障礙現在似乎變得更巨大了。它的寬度超過五百公尺以上，水量豐沛且深不見底。萬一敵方爆破橋梁、據此天險而守的話，那不管用什麼手段作戰，都可以輕鬆相持一個月之久（假使是由我們日軍來防守的話）。

根據飛行集團通報，敵方新的增援部隊，正從吉隆坡陸續北上。在日得拉吃敗仗的敵軍第十一師，正急著將殘兵收攏到這道天險所在，同時也新增添了一個旅的兵力，不論內外都獲得了增援。其中一部分敵軍正投入安藤支隊正面，這已經是明顯的事實。故此，無論如何，我們都必須將敵人在霹靂河北岸一網打盡才行[14]。

遠藤三郎少將率領的輕轟炸機主力，進駐到了雙溪大年機場。

我就佔領霹靂河橋梁一事有沒有什麼新方法可行，向遠藤少將提出詢問。遠藤少將在整個馬來亞作戰期間，是行動最勇敢敏捷、也最積極協助地面作戰的部隊長。對此，他提出了一流的建議。

「敵方的爆破設備恐怕是裝置在橋的南端吧！他們一定是打算等軍隊從霹靂河北岸撤退的同時，對橋梁用電力爆破。明天我們出動所有飛機，用輕型炸彈對南邊一帶集中轟炸、切斷電線，讓爆破裝置失效，接著再繼續轟炸，以便達成持續壓制的效果。」

原來如此，真是有道理！迄今為止，我們都只把飛機拿來當成爆破橋梁的工具，沒想到這次還可以把它反過來，當作妨礙爆破之用呢！

我和遠藤少將約定好從二十二日清晨開始實施轟炸之後，便回到了軍司令部。這晚，我一直祈禱著安藤支隊的挺進斥候能夠成功，並希望北岸的敵人不要過早退卻，結果輾轉難眠。到了半夜時分，我聽見從遙遠的南方，傳來陣陣有如遠雷般的轟然聲。

糟了！那一定是讓我魂縈夢牽的兩座霹靂河橋梁，從橋墩被爆破的不吉之音！英國人居然在印度兵

14 編註：霹靂河渡口是由第十一印度師的殘兵，以及從「克羅科行動」中撤出的部隊，與增援的第十二印度旅組成。

還有好幾千人在霹靂河北岸與日軍交戰的時候，就這樣將他們撇下不理，自己切斷了退路。要是我們日軍的話，一定會等到確定最後一名友軍士兵退卻以後才點火的……

安藤支隊在二十二日早晨，衝進了瓜拉江沙。從北大年登陸以來的目標終究無法達成，徒留遭到爆破的橋梁。看到這幅景象的將士，在失望之中也激起了新的憤怒，於是急急忙忙趕往柏蘭查（Blanja），要佔領那附近的浮橋。但到了二十三日早晨，當他們抵達河岸的時候，聯繫浮橋的粗大鋼索也已經被切斷，就連浮船的底部，也全都被鑿開了洞。

本軍企圖在敵人破壞之前，搶先一步佔領霹靂河橋梁的企圖，就這樣在最後的瞬間功敗垂成。然而，我們對此早有預期，所以已經擬定好了因應這種情況的對策。

渡過霹靂河

在開戰之初進駐曼谷的近衛師團，隨著頌堪首相的應允協助，已經完成了使命。

相形之下，第五師團自登陸以來這兩週間，幾乎是沒日沒夜地在激戰與急追。在將士身上，已經明顯可以看到疲憊的神情。是故，為了支援，必須將近衛師團召喚到戰場上才行。

就像佐佐木高綱與梶原景季[15]兩位英雄在宇治川戰役中爭打頭陣般，我們在橫渡霹靂河時，也想由近衛師團和第五師團一起發動，好藉此增加新的衝力。照理說，當近衛師團從西貢出發之際，就應該已經徹底了解本軍的這種企圖才對，但該師團的高層，卻始終看不見自發性朝戰場急馳的積極態度。

我們好幾次連發十二道金牌，催促他們趕快前進，但他們的先頭部隊一直到十二月二十二日才抵達太平，師團長更是晚了一天才到。

在這種戰況下，師團司令部身先士卒、奔赴戰場乃是理所當然之事，但是近衛師團的高層，不只對上級（軍）抱持敵意，還有對屬下展現出威嚴的傾向存在。

不管怎麼說，我們都得盡速做好從瓜拉江沙朝怡保方面進攻的準備。到了二十四日早上，近衛師團終於集結了步兵一個聯隊、砲兵一大隊以及工兵主力。

「很好，這樣他們就能獨當一面了！讓他們跟第五師團一起發動，一定能讓第五師團的戰意倍增的！」

於是我們命令第五師團從下游的柏蘭查方面渡河，朝金寶（Kampar）長驅直入，接著向吉隆坡突進。近衛師團則從瓜拉江沙方面渡河，在怡保周圍集結兵力。

雖然「在完好無傷狀態下攻佔三座橋梁」是本軍作戰指導的重要目標，但是我們也有考慮到橋梁遭破壞的情況，並做好了相應的準備，以期萬無一失。簡單說，我們做好了第二手的準備，那就是將在宋卡使用的舟艇與折疊機舟[16]（一種可以折疊、由幾名士兵攜帶，在河岸邊組合起來並裝上引擎的舟艇）裝在汽車上，準備隨時用這些船隻渡河。渡河的準備曠日費時，所以往往會帶給敵人起死回生的機會。而

15 譯註：兩人皆是源平時代隸屬於源家的武士。
16 譯註：即日軍九五式折疊舟。

以常理來說，要在敵前渡過像霹靂河這樣的大河，至少需要一週左右的準備才行。如果是第五師團獨力為之，恐怕我也會得出這樣的意見，但現在可是處在高綱與景季爭功的情況下，所以……

當我打電話跟第五師團的作戰主任溝通的時候，他們劈頭就問我說：「近衛師團什麼時候渡河？」而當我問近衛師團的時候，他們則是回問說：「第五師團打算怎麼幹？」在我看來，這應該是連一分一秒也不想落後的決心，與打算盡可能磋商妥當、以求輕鬆渡河的心理相互交錯下產生的效應吧！山下軍司令官就這樣，在掌握住師團的心理以及蒐集到的敵情後，斷然下令：「二十六日二十時，渡河開始！」

這個決定讓兩個師團都頗感意外。不過以打第一仗、立第一功自豪的第五師團，當下便承諾「無論如何一定達成使命」，而想競逐功勳的近衛師團也承諾說「絕對不辱使命」。

這兩匹馬在這道天險之前，已經蓄勢待發，並迫不及待地踢著地面，準備破閘而出了。

下完軍命令之後，自二十五日的晚上起，我相當難得地在司令部的書桌前度過一整天。自從我在宋卡登陸以來，這還是頭一遭。

落腳在太平一間中學裡的軍司令部，不管在辦公氛圍上、或是在物資供應上，都讓我不禁想起西貢，有種心情放鬆的感覺。行軍途中士兵在橡膠樹林裡抓到的小猴子，一邊吃著水果一邊發出奇妙的聲音，形成一幅可喜的小畫面。

當大本營派來的幾名幕僚走訪戰線的時候，我得知菲律賓與香港的攻略都順利進行，不禁由衷為友軍的成功感到喜悅。

整整超過兩週時間與安藤支隊同行、在叢林裡連番苦鬥的朝枝參謀，以及走路一拐一拐的本鄉參謀，趁機會跟我會合。我們在汽油桶做的露天澡桶裡刷掉全身的汙垢，一邊推演將來的作戰計畫。

國武參謀正一步一腳印地準備著西海岸的舟艇機動。當兩師團正對霹靂河南岸的敵軍摩拳擦掌之際，本軍已經搶先一步，針對攻擊吉隆坡擬定秘策了。

二十六日午夜，先是第五師團，接著是近衛師團，陸續用強而有力的聲音，傳來電話報告：「渡河成功！」

僅僅經過兩天的準備，就在敵人面前，強行渡過了這條大河。說是天佑也好、神助也好，總之此刻這兩個師團真的成功了。

回想起來，自登陸宋卡以來，令人手心捏一把冷汗的場面就不斷上演。

邱吉爾在回憶錄中寫說，這個時候日本軍就已經在前線展開了三個師團，但其實這是不正確的。第五師團的一部分（步兵一個聯隊）現在仍待在上海，近衛師團也只有三分之一的兵力奔抵前線，至於第十八師團的主力，這時則還在廣東等待船舶運輸。就算加上東海岸的佗美支隊，這個時期我們也只有兩個師團不到的兵力。相較於此，與我們對抗的敵人則是包括了第三印度軍的近乎全部力量（第九與第十一印度師），再加上兩個旅的增援[17]。因此在霹靂河一線的兵力，反而是敵軍略佔優勢，而且他們還佔據了天險，等待我軍的到來。

另外，在飛機方面我軍雖佔了約兩倍的優勢、幾乎完全掌握住制空權。但是敵方的戰鬥機仍然戰鬥

---

17 編註：指的是第十二及二十八印度旅。

意志旺盛，屢屢趁我方制空的空檔展開奇襲。在怡保，我們甚至遭到了開戰以來首次的夜間轟炸。

在霹靂河對岸未受重大抗擊的近衛師團，挾著首戰得勝的氣勢，一口氣攻向怡保。對沒有戰鬥經驗的部隊來說，能盡量以弱小的敵人為初試身手的對象，這對之後的戰鬥是很有利的。

從下游渡河的第五師團，雖然受到新增敵軍的頑強抵抗，但還是從兩側包圍對方、展開攻擊。到了二十五日早上，主力已經渡河完畢，一面從旁虎視怡保，一面朝著第二期作戰的目標——馬來亞的首都吉隆坡——展開進軍，而敵軍為了防守霹靂河所派來增援的新銳部隊，足足晚了兩天才到達當地。

這場由兩個師團爭先展開的渡河作戰，雖然沒有大量擄獲敵軍，卻爭取到了寶貴的時間。兩師團雖用舟艇把大部分的戰鬥部隊運過了河，不過為了讓本軍的後方補給部隊與重型車輛（戰車等）能夠渡河，不管怎樣都還是得修好橋梁才行。

當鐵道旅團長服部曉太郎少將被問到關於修復的看法時，他回答說：「大概要兩週吧！」山下將軍則是激勵他：「那晝夜趕工的話，應該一週左右就行，幹吧！」

於是旅團集結全力，真的晝夜不休、拚盡全力展開搶修工程。結果僅僅一週左右，這座大橋就已經修到能夠讓重型車輛連續通過的程度。白思華將軍知道了想必也會大吃一驚吧！

原本以為只是腳扭傷的本鄉參謀，後來發現是骨折。然而他拒絕接受治療，始終撐著松木拐杖奮戰到最後，竭盡鐵道主任的使命，這點實在應該大書一筆。

第四章

衝向吉隆坡

託付給愛妻的遺言

自日俄戰爭以來完全沒有實戰經驗的近衛師團，他們的戰鬥能力實在是未知數。這些打從初出娘胎以來第一次接受槍林彈雨洗禮的將士，在霹靂河渡河戰中，偶然擊垮了脆弱的敵人，這對之後的戰鬥產生了非常正面的影響。

從霹靂河到怡保的道路，幾乎沒有遭到什麼破壞——或者該說，敵軍根本來不及破壞。近衛師團的前鋒在排除了少數殘敵的微弱抵抗後，於一月二十六日早上佔領了怡保。我也跟著這支前鋒部隊一起進入該城，沒有受到戰火波及的怡保街景，宛若度假勝地一般優雅美麗。

昨天為止還為敵所用的機場，現在已經由遠藤少將指揮的飛行隊進駐，並且一如往常地用敵人留下來的汽油和炸彈對敗走的敵軍縱隊施以轟炸。我心想接下來應該把軍司令部推進到這裡，於是和一部分先遣人員在這邊的中學紮下營盤，準備轉移陣地。但是，就在二十八日的晚上，極為罕見的尖銳警笛聲，打破了我的夢想。那是敵軍的空襲。對著天空亂槍打鳥的友軍槍砲聲，以及敵機投下的炸彈，讓平靜的怡保街頭，一瞬間整個沸騰了起來。

當然，這次空襲沒有造成什麼重大損害。可是，敵空軍的戰鬥意志仍未衰退，這點就不能不列入接下來作戰的考量因素了。

吉隆坡既然是馬來亞聯邦的首都，那想必敵軍的抵抗也會相當頑強吧！

正當我們這些幕僚在為了如何運用近衛師團，以及對第五師團的指導而傷透腦筋的時候，某個高級幕僚走過來說：「喂，你來幫我起草一份由軍司令官署名的布告。我們從空中把這些布告撒下去，要馬來亞的蘇丹起來協助我們作戰，如何？」

在這種忙到焦頭爛額的時候，還要為這類枝微末節的事情耗磨時間，實在太浪費了！既然你那麼期待蘇丹的協助，那你怎麼不乾脆自己寫一篇文情並茂的檄文算了？反正你既然是少將，應該不會有無法執筆的理由吧！結果卻因為自己思慮淺薄的想法，給我們這些忙碌的幕僚多添麻煩，這實在讓人難以忍受！

「馬來亞的蘇丹不過就是村長等級的地方領袖罷了，就算寫好一篇文情並茂的檄文、從空中丟下去，也只會激起一些不痛不癢的反應而已。比起這個，漂亮地打敗英軍，才是最為有力的宣傳。而且更重要的是，在這麼忙碌的戰爭中，我們根本沒有使用飛機從事這種浪費工作的餘力啊！」

我猛烈地提出反駁。

「如果對這些人扛出軍司令官的名字太浪費的話，那用我的名字也可以。總之，你一定要幫我起草這份檄文！」

對方仍然不依不撓地百般要求。

「這個嘛，若是扛出山下閣下的名號，那些村長們或許還會知道，但若扛出閣下的名號，恐怕沒半個人會知道吧？」

這是相當狠辣的侮辱；若是平常的話，我鐵定會因為侮辱長官而遭到痛責吧！

這個人不只在眾人之間不受歡迎，還經常把自己一時心血來潮想到的某些小把戲，當成是真知灼見大加張揚。除此之外還常對參謀業務瞎攪和，幕僚當中沒有一個人對他有好感。

—·—

我們俘虜了一名受傷的英軍少校，將他抬進了軍司令部當中。他是在霹靂河的戰鬥中，胸口被子彈打穿受了重傷。我們把他收容在醫務室裡，接受軍醫無微不至的治療。

「雖然是敵人但值得敬佩；對於這種勇敢奮戰負傷的人，應該給予跟日軍同等的治療。」這是山下將軍的方針。

我們提供他牛奶和熱湯——當然，這些都是從邱吉爾的補給當中勻出來的。然而，一切都太遲了。當我們透過通譯，聽取他想傳達給家屬的最後遺言時，他露出悲傷的表情，眼眶含淚地說道：「我的妻子在新加坡擔任護士；若是能將我盡了英國軍人的義務、壯烈戰死這件事傳達給她，我就死而無憾了。她的地址是……」

他流著淚告訴我們，然後沒過多久就閉上眼睛，再也沒醒來了。

人情是不分敵我的，因此我們答應他，一定會幫他轉達。在攻陷新加坡後，我們便展開調查，然而相當遺憾的是，他的愛妻已經搭著船離開新加坡，且很有可能已經遭日本海軍擊沉，追隨丈夫身後而去了。像這種無法完成的約定，正可說是戰爭蘊含的悲哀宿命，讓人至今仍然深感悽惻。

—·—

當我回顧本軍席捲馬來亞北部的作戰、並針對敵方整體企圖進行判斷之際，總會覺得有種難以理解的矛盾感。之所以如此，是因為：

（一）敵方若是打算倚靠新加坡要塞，並堅持到最後一兵一卒的話，那他們向霹靂河以北投入的兵力未免過於龐大了。他們不只派出第三軍（第九、第十一師）的主力，在馬來亞北部戰場和我軍屢屢進行決戰，還為了逐次增強戰場，而派遣後續部隊北進。

（二）他們若是想傾全部野戰主力和我軍一決勝負的話，那在抵抗與陣地的準備上，又顯得太過草率而不夠認真。

冷靜觀察大英帝國整體的戰爭指導狀況，這時在北非，英軍與德軍的隆美爾非洲軍團，正環繞著蘇伊士運河展開激烈的死鬥中。

蘇伊士的防衛遠比新加坡優先（這是當然的戰爭之理）。既然如此，那在馬來亞就應該以最少量的兵力爭取時間才對。是故，在毫無準備的情況下，在馬來亞北部戰場逐次消耗兵力絕對是錯誤的。然而眼前呈現的敵情，卻是新加坡方面正持續把主力軍派往北邊。在開戰之初遭受挫敗的敵人，明明處在敗退的風向下，卻還是不顧一切，逐次把新銳的生力軍投入戰場當中，這簡直就像是提油救火一樣，但也是我軍最為樂見之事。面對這種敵人，應該避免過於急切的進擊，反而應該一邊吸引、釘住敵軍，然後將他們在新加坡要塞之外捕捉擊滅，如此才是有利之道。反過來說，面對固守新加坡要塞、打算進行持久戰的敵人，則應該果敢地神速急進，在英國本土的增援趕來之前，搶先一步攻陷這座堡壘。

相當遺憾的是，對於究竟該採取哪一種方針，我到此刻還沒能掌握足以確切判斷的依據——說得更難聽一點，敵方的作戰指導根本就是且戰且走，完全沒有一貫的方針可循。最後我認為不管怎樣，我軍的方針都應該徹底依循作戰開始前策定的計畫——投注全力，對新加坡要塞進行神速的攻勢才對。

為此，近衛師團應該在怡保周圍集結兵力。在此同時，第五師團則不顧一切向南方突進，不給敵軍重整旗鼓的餘裕。若是戰力過於消耗的話，則近衛師團應做好超越第五師團，以新銳之威追擊的準備。

已經放棄霹靂河的敵人，預計的抵抗地點應該是在金寶到丹絨馬林（Tanjung Malim）一線。若是他們展現出打算憑藉這兩個要點認真來一場決戰的話，那近衛師團就必須立刻增援第五師團的右翼，在戰場上捕捉擊滅敵軍。

情況若是反過來的話，則第五師團應獨力追擊到吉隆坡，在這以南則由近衛師團換班，取代第五師團，好讓進擊速度不至於鈍化。

讓敵人膽寒的舟艇機動戰

我軍雖然在關丹海戰中一舉擊滅了英國遠東艦隊的主力，從而完全掌握了馬來半島東海岸的制海權，但新加坡仍然健在，且只要英軍仍能利用蘇門答臘的空軍基地，則馬來半島西部海面就還是掌握在英國海軍的手中。對此，我們千方百計規劃出來的計畫，就是在西海岸展開舟艇機動戰。雖然乍看之下，這個計畫似乎完全無視於戰爭常理，但只要我方飛行集團挺進到馬來半島北部的敵空軍基地並予以協助，就能在這個前提下實施。

為此準備使用的舟艇，是在宋卡登陸作戰中使用的大、小機艇，數量約四十艘。我們利用汽車與火車，將它們運送到亞羅士打河口，再從那裡讓它們下海，在紅土坎（Lumut，霹靂河口）集結。同時，我們又加入了在檳城擄獲的民船約二十艘，讓約一個大隊的步兵搭乘，沿著海岸不斷、不斷地繞到敵軍背後，威脅他們的退路。

至於該選擇哪支部隊出擊，最後我們選定了渡邊綱彥大佐指揮的步兵第十一聯隊主力（一個半大隊）、工兵一小隊、山砲一小隊，來擔任第一波機動部隊。

出發前夕，聯隊長到太平的軍司令部，向我們做最後的訣別：「希望能把軍旗留在軍司令部做保管。」這支部隊不是本軍直轄，而是由師團長節制、隸屬於師團長的管轄之下。既然如此，那要保管軍旗的話，不是應該交給師團長來保管才對嗎？

軍旗是必須要和聯隊主力命運與共的貴重物品。當聯隊背負著全軍期待，實施重要的挺進機動任務之際，要我是聯隊長，理所當然會護持著軍旗一同挺進。就算船要沉，也會寧願跟著它一起沉沒才對吧？在象徵將士生死與共上，軍旗就是能夠發揮如此強大的威力。故此，對於出發前來此進行悲壯訣別的聯隊長，我不禁浮現一抹的疑惑。然而山下將軍卻激勵他說：「很好，我會好好保管它的，你就儘管放心去幹吧！」

儘管有著這樣的激勵，但離去的聯隊長，背影還是莫名地顯得有些寂寥。師團的情報參謀必須隨著這支部隊一同前行。儘管這是理所當然之事，但像這樣的挺進行動，隊長與幕僚的選擇，都是成功與否的重要關鍵。

原本我想派朝枝參謀前去，但不只因為他才剛追隨安藤支隊、歷經無數艱苦回來，再加上他作為軍參謀，也不可能事事插一腳，還有要顧慮到師團長的想法等等，所以最後終究遲疑著沒有提出這個人選。

十二月三十日晚上，支隊從霹靂河口的紅土坎港出發，在海上迎接元旦到來，不久後便被敵機發現，遭到了機槍掃射。支隊也從舟艇上展開還擊，並擊墜了一架飛機，但我方也有好幾名人員負傷。就在這種對前途感到不安的情況下，支隊繼續推進。一月四日，他們進入了宋溪（Sungkai），直接威脅本軍主力當面的敵方退路。

第五師團長年進行登陸作戰訓練，堪稱是陸軍當中的「海上通」。雖然他們對海洋抱持著自信，但在這種超乎海洋常識的冒險上，還是免不了出於專業的慎重。雖然這和支隊長個人的性格也有關係，但也可以隱約察覺出，他們在態度上，其實並不符合本軍實施這種大膽戰略目標的期望。

於是我們將近衛師團往海岸道路方面增兵，並任命他們取代第五師團，繼續進行舟艇機動任務。結果這個完全沒有登陸作戰經驗的師團，卻有如初生之犢不畏虎般一路狂奔猛進，最後終於從吉隆坡的外港——瑞天咸港（Port Swettenham）[1]前面通過，一邊排除抵抗，一邊在敵軍背後深處的要點摩立（Morib）

1 譯註：今日的巴生港。

登陸，並佔領了吉隆坡南方主幹道上的要衝加影（Kajang）。他們無謀的突破，打得敵人措手不及，也成為敵軍放棄聯邦首都的一大原因。

這種無視海洋常識的舟艇機動，讓英軍的前線指揮官震駭不已，並且屢屢以背後遭受威脅為由當成他們過早撤退的動機。邱吉爾首相在倫敦大為光火，頻頻大罵魏菲爾將軍（Archibald Wavell）[2]，又不斷鞭策白思華將軍，但他的斥責其實不無道理。

「讓連一艘軍艦都沒有的日軍支配馬來半島西海岸，這是褻瀆過去英國皇家海軍歷史的最大失策！」

老首相反覆地如此陳述。

英國海軍為何沒有派出驅逐艦、潛艦乃至飛機，對我軍進行徹底的干擾，這點不光是邱翁，對我們來說也是當時戰場最不可思議的一件事。

針對邱吉爾的斥責，達德利．龐德元帥（Dudley Pound）[3]在提到新加坡問題時指出，當時英國皇家空軍處於劣勢，再加上檳城的焦土戰術失敗，才會讓日軍得以利用舟艇進行突破。確實，這是原因之一。假使英國海軍有像我們陸軍將士這種鬥魂的話，那麼舟艇機動要獲得如此成功，恐怕也不太可能吧！

元旦送葬曲

渡過霹靂河的第五師團以安藤聯隊（支隊）和岡部聯隊交互使用，從敵人正面與側面的叢林展開夾擊，勢如破竹地持續南進。但和敵人從南邊不斷增加新血的情況相反，我方只有疲憊的第五師團，且一部分兵力還被分配到海上。於是，隨著時日經過，我方南進的節奏日益趨緩。這是我軍疲勞積累、敵軍新銳增強下的必然結果。

在金寶布陣以待的敵軍抵抗極為頑強，我們從年底到年初，都在不停地與之苦鬥。我在三十日的午後，乘著在怡保擄獲的汽車，帶著隨身蚊帳與一挺輕機槍，和司機兩個人動身出發。

再過兩天就是新年了。不管怎麼說，都要在除夕前拔除掉金寶的敵軍陣地才行。[4]我心想至少要在陣中，為大家獻上一杯祝賀的春酒，於是搭著車，朝前線奔馳而去。當我南進約五十公里的時候，耳畔便聽見了彷彿近在咫尺的槍砲聲。

金寶的敵軍陣地，是在邊境被突破後，由大量苦力與新銳部隊，在十萬火急的情況下，日以繼夜急就章趕出來的產物。

雖然稱不上是多堅固的防禦工事，但因為地形險要，所以攻擊遲遲沒有進展。儘管有飛行集團的主力，以及幾乎所有的師團砲兵支援第一線攻擊，但從三十日早上開始的戰鬥，直到除夕傍晚，還看不見成功的跡象。

---

2 編註：時任駐印度英軍總司令。
3 譯註：時任英國第一海務大臣。
4 編註：金寶守軍是由第六及第十五印度旅殘兵，加上一個野戰砲兵團及戰防砲連編成。第十二印度旅已經在西海岸的安順被近衛師團擊潰，導致直接威脅到金寶的側翼。該旅之後還會在仕林河作戰。

我把車子藏在橡膠林內，獨自一人走向位在幹道上的最前線。當我到達敵前約三百公尺的時候，激烈的彈幕如雨落下，讓我進也不是、退也不是。我以附近的一處土堆做掩蔽，趴著身子仔細觀察敵軍戰線；情況非常明顯，我軍的左翼前線方面正遭到敵軍揮舞刺刀、展開肉搏反擊。在這種處於下風的情況下，這一戰或許會攻守易位也說不定。

就在這時候，越智大尉指揮的中戰車一個中隊，剛好在幹道上急馳而過。這個年輕中隊長出身自伊予松山，是我摯友久門有文的學弟，也是位從幾年前開始就備受期待的年輕軍官。

「喂！越智！那邊，那邊啊！往那邊去，小心砲兵啊！」

讀者聽了這番話或許會感到一頭霧水，但在敵前三百公尺處注視著前線的參謀，與聽命的中隊長之間，已經不需要更多的言語了。

「是的，我知道了。我馬上就去！」

越智迅速回答之後，便親自衝在中隊的前頭，突破砲彈的彈幕，在爆炸的硝煙中，率領幾輛戰車沿著敵陣地的斜坡，像蝸牛一樣爬了上去。

或許是受到他的勇猛身姿所激勵吧，前線將士終於恢復了元氣。但是，敵人的抵抗仍不見衰退。除夕的夜裡，充滿了沉痛的氣氛。

我在汽車裡將蚊帳蓋在頭上，一邊勉勉強強抵擋瘧蚊的攻勢，一邊在第一線正後方的路旁尋求一夜歇息。正當我疲憊不堪，即將進入淺眠的時候，敵方炸裂的砲彈讓車子不住震顫顛簸，也把我搖醒了過來。

「喂，往後退一百公尺！」

司機敏捷地將車子往後倒。我想應該已經到了安全的位置，於是準備再小睡一下，結果卻馬上又被砲彈給搖醒。

「喂，稍微往前一點！」

我們就在這個狹窄的「豪華旅館」裡，整晚不停地輾轉移動著位置。

今晚敵軍或許會出擊也說不定。師團長手邊已經連一個預備隊也沒有，聯隊長身邊也只剩護旗兵，與幹道西側、正從叢林迂迴的安藤聯隊也完全聯絡不上。要是敵軍真的果斷出擊的話，我們恐怕會被一路趕回怡保吧！但在這種緊迫的氣氛當中，我覺得自己無論如何都不能離開第一線。回顧起過去四十多年，像這樣的迎新送舊，以前當然不曾有過，將來恐怕也不會再有了吧！在東京，此刻人們應該正吃著過年的蕎麥麵、聽著除夕夜的鐘響，然後在各地傳來的大戰果中，迎接熱鬧的新年到來吧……但在這馬來亞中部、反覆展開的除夕夜之戰中，我卻只感覺到無盡的苦惱。

我們耳畔聽到的不是象徵「世事無常」的鐘聲，而是告知「劣者必敗」的鐵血吶喊。令人苦惱的夜晚終於過去了。從橡膠林裡探出頭的太陽光芒，今早不知為何，宛若血一般殷紅。

「這也在所難免吧，畢竟是在這種激戰中啊……」

黑夜裡從第一線退下的許多傷兵，或坐在擔架上、或倚著戰友的肩膀，排成無言的長長隊列向北退卻。不管在戰場的哪裡，都聽不到任何一聲「新年快樂」的恭喜。

圖六　金寶附近作戰概況

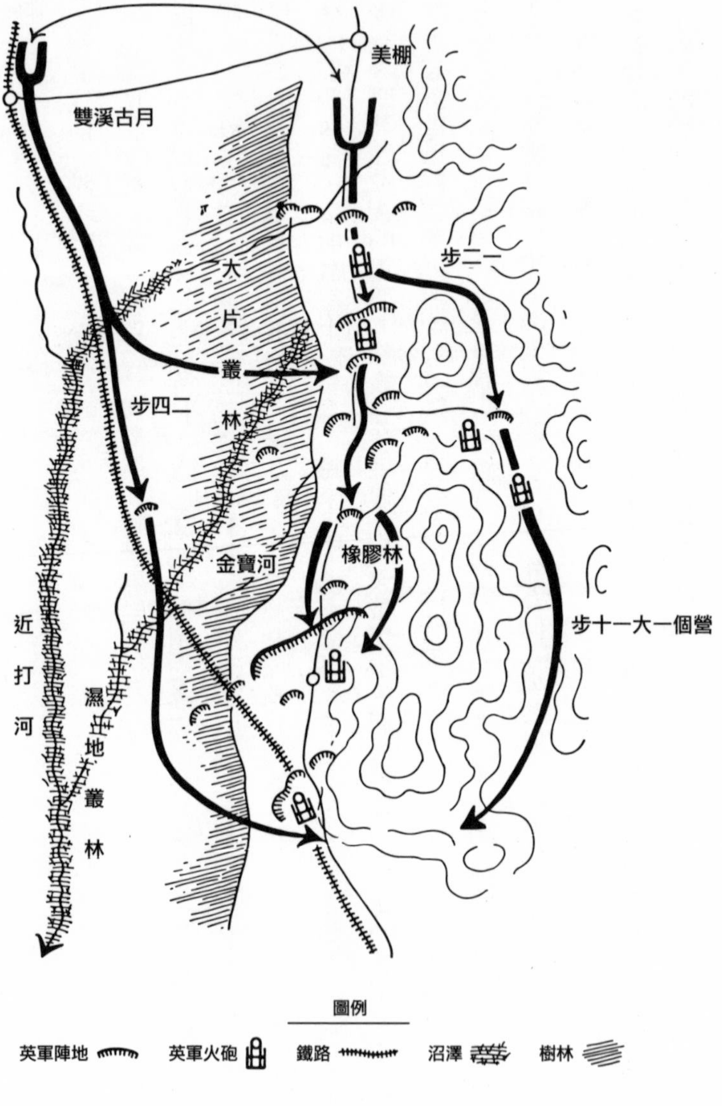

【註記】英軍第四十五印度旅全滅

———・———

為了讓岡部聯隊在正面的攻擊比較輕鬆，安藤聯隊奉命從幹道西側的叢林展開迂迴，他們的艱辛也是筆墨難以形容。他們必須在水深及胸的大濕地與叢林中開山闢嶺而行，前進的速度一天兩公里就已經算很多。胸口以上是四處縱橫、茂密叢生的藤蔓，腰部和腳部則要遭無數的大水蛭吸食，還有絲毫不怕人的毒蛇，昂首吐信伺機襲擊。白天是完全不透風的炎熱地獄，到了晚上濡濕的身體急速冷卻下來，則會讓人感到刺骨冰寒。深入泥沼的雙腳，連肌膚的觸感也會動輒喪失。叢林的夜晚，是一片陰森如鬼域般的靜寂。

筋疲力盡、陷入深深酣眠中的戰友，就連相互勉勵的氣力都沒有。痛苦的夜晚過去後，他們又一步、一步，彷彿滲出鮮血般地繼續跋涉與開山。儘管感到強烈的飢餓，但卻不能煮飯，只好一粒粒啃著生米，就這樣逼近敵陣的背後。

在和叢林惡戰苦鬥三日三夜後，一月二日破曉時分，他們終於繞到了敵軍的背後。一發手榴彈投進了敵人的重砲陣地，戰局自此急轉直下。固守金寶堅強陣地的敵人立刻回過頭，朝安藤聯隊的正面展開反擊，但在展開正面突擊的岡部聯隊強壓下，終於開始如雪崩般的潰退。

在高奏鮮血譜成的凱歌、揚起日章旗的同時，他們還得忙著把纏繞全身、漆黑一片的水蛭給拍掉才行。喜極而泣的眼淚，從被荊棘劃破的臉頰上滾滾落下。

邱翁在他的回憶錄中讚揚說：「日軍不管哪支部隊，都相當熟稔叢林戰。」

然而他沒有想到，第五、第十八師團儘管在中國戰線有相當豐富的經驗，但他們對「叢林」這東西卻是一無所知，是要在馬來亞登陸，才頭一次實際見到它。儘管台灣研究部的任務就是奉命研究叢林戰，但我們在台灣，始終也找不到類似的地形。近衛師團自進駐法屬印度支那南部以來多少有點經驗，但當地也沒有像馬來半島這樣生長於惡質濕地上的叢林。

能夠克服這樣的困難大出英軍意料之外，繞過不可能通過的地方，開山闢嶺截斷敵軍退路，這全是將士忍飢耐苦、充滿不屈不撓鬥魂的緣故。

然而，戰鬥的痛苦，也讓我心中的另一個苦惱與日俱增。

馬來亞作戰展開之初，我為了端正軍紀風紀，強硬主張：「凡是有掠奪、暴行或縱火等行為，不論階級多高，都應該以軍司令官的命令，即刻槍決。」

然而，有很多人抱持著現行法規，反對這樣的提議，結果決定稍微放寬一點，改成「當處嚴罰」四字。自九一八事變（滿洲事變）以來，日軍不管在滿洲和支那作戰時，在對民眾的軍紀上，都發生了不少令人遺憾的事件。

這次的戰爭絕不能再犯下這樣的過失，因此我極力主張要予以槍決。這樣的論點不被接受，讓我心中不論何時，都感覺有那麼一點不滿。

佔領檳城的小林大隊，被檢舉犯下了無法忽視的罪行。根據居民的指控，有三名士兵共謀掠奪與強姦，這是無庸置疑的事實。憲兵隊火速進行了嚴密調查，逮捕犯人並將他們送交軍事法庭。軍司令官也對犯人的直屬長官——大隊長與聯隊長——科以連帶責任，處以嚴重禁閉三十天的責罰。當我走出司令部的時候，接獲了這樣一道命令：「這項處罰，由你直接向聯隊長傳達。」

當我在市之谷台地奉命擔任陸士的中隊長，曾經為了拯救一名被所謂「十月事件」[5]所連坐的學生、並將他要做的傻事消弭於未然，結果遭到當時的教育總監真崎甚三郎將軍突然處以嚴重禁閉三十天的責罰。當時的苦澀回憶，至今仍然鮮明地烙印在我腦海當中。為了端正全軍軍紀，揮淚斬馬謖也是理所當然之事。然而，對現在正在戰場上苦戰的第一線聯隊長，我怎麼有辦法傳達這種「重禁閉三十日」的命令呢？

於是，我打算將傳達延遲到攻擊成功再說。可是，這時候首先該說的，不是應該是「恭喜成功」才對嗎？然而，要是在攻擊頓挫、局勢糜爛的時候傳達，恐怕會讓聯隊長意氣消沉，甚至有可能會害他戰死。

說到底，我根本不該接下這麼苦澀的任務。畢竟以作戰主任的職責來說，我本來就沒有接下它的必要。要不，也應該是命令軍參謀長或副參謀長來執行，這才合情合理。

但我也很能了解軍司令官的心情，畢竟當初強烈主張「明正典刑、槍殺不饒」的是我，所以由我本人來傳達這道最初的嚴罰命令也是理所當然。結果，我自己挖的坑，就必須自己來填才行。

艱苦的金寶之戰，隨著安藤支隊經過叢林的迂迴，自一月二日早上開始好轉，敵軍也開始全線退卻。這時，緊追敵軍的安藤支隊變成第一線，至於岡部聯隊，則奉命在第二線集結，整頓隊伍。

5 譯註：右翼理論家大川周明與一群少壯軍人組成「櫻會」，企圖發動政變顛覆政府，但未成功便胎死腹中。

除了這時候以外，再也沒有任何機會了。我在不讓人發覺異狀的情況下，小心翼翼地把筋疲力盡的老聯隊長叫過來：「您辛苦了。雖然很難啟齒，但因為小林大隊的士兵涉及掠奪強姦事件之故，軍司令官閣下按責任，要對聯隊長您處以三十天的嚴重禁閉處分。」

對於失去眾多部下、好不容易才剛擊退敵人，筋疲力竭的聯隊長，我實在不忍正面看著他的表情。幸好夕陽已經落下，黃昏將盡的黑暗籠罩了我們兩人。聯隊長聽了之後，用沉痛的聲音回答道：「我知道了。部下所犯的一切惡行，都是因為我這個隊長的德行有虧所致。真是萬分抱歉。我謹接受這項處罰。請代我向山下閣下，致上最深的歉意。」

聽到他的回答，我感覺胸口彷彿有種要被撕裂般的疼痛。

「唉，這些犯下不當罪行的部下，竟讓這位聯隊長感到如此歉疚與悲痛啊！但，我們不能對一點蟻穴漠然視之，從而導致千里長堤崩潰啊！在這場以解放東亞為目的發起的戰爭中，區區一人無心的過失，將會造成多麼惡劣的影響呢！」

我的眼淚擦了又濕，幸好暮色掩蓋了我的表情。

「您的心情，我已深深得以體察。我會將前天開始的激戰與貴部奮鬥的狀況，詳盡向軍司令官報告的。」

我只能這樣安慰老聯隊長，然後悄悄把副官叫到樹蔭下說：「注意一下聯隊長閣下，千萬別讓他有個什麼萬一。」

他那望之心痛的身影，讓人不禁擔心他會不會去自殺……

出其不意的密林攻勢

佗美支隊在哥打峇魯強行登陸，急襲敵方機場並攻陷之，這在初期的戰鬥中，確實是相當輝煌的戰績。當我們將這項成功向西貢的總司令官報告後的第二天，他們突然以寺內壽一大將的名義，對佗美支隊頒授了部隊獎狀。原來按常例，獎狀不論針對個人或部隊，都是在慎重檢討戰績後，由所屬兵團長向作為上級的軍司令官提出，並獲其頒授。因此，儘管佗美支隊是直屬於南方總軍底下的部隊，但在關係上還是在山下軍令官的計畫指導下進行作戰，因此自然應該先確認本軍的意向，再由總司令官進行表彰才對。

沒有依循這樣的程序就突如其來向全軍發表公告，這讓軍司令官以下的所有人，都感覺有種受到無視的不快。

「總軍是想刻意擺出乖寶寶的模樣嗎？我還以為他們更愛的是擺出一張恐怖的晚娘面孔呢！」

寺內總司令官對此恐怕並不知情，而是幕僚在欣喜之餘，思慮淺薄地不按程序處置的結果。說到底，仔細調查戰績的話，會發現佗美支隊指揮下的獨立工兵部隊中，有一部分的士官與士兵，因為害怕敵軍的轟炸而不聽部隊長指揮，搭著大機艇擅自逃逸，往東橫越暹羅灣，撤退到西貢海域去。

在戰場上臨陣逃亡，以軍隊來說，乃是應立刻送上軍事法庭處置之事。

當然，這種小小的瑕疵，並不足以抹殺支隊整體的功績，但既然總司令官要向全軍頒布褒獎令，就應該慎重再慎重方為正軌。

在初期戰役中意外受到如此褒獎的這支部隊，在其後的行動中，相當遺憾地並沒有太過出類拔萃的傑出表現。人是渾身弱點的生物；除了少數破格的英傑之外，在獲得向全軍表彰成功的待遇之後，都會盡力想保住自己的名譽不致受損，同時也變得貪生怕死。想到在故鄉等待的妻兒容顏，會有這種心理也是可以理解的吧！

洞察到這種傾向的軍司令官，立刻對佗美支隊下達命令：「沿東海岸急速南下，速速佔領關丹！」而且不允許用任何藉口——包括道路不良或補給困難等——遷延不前。

馬來半島東海岸不論交通或產業，都沒有西海岸來得發達，大小河川幾乎都沒有架橋，只能使用渡船或徒步涉水而行。不只如此，它的叢林密度比起西海岸更是有過之而無不及。在這裡，不只解決小部隊的抵抗很費時，還要面臨猛虎（馬來亞虎）的威脅，這些都是佗美支隊首次碰到的狀況。

關丹位在接近哥打峇魯與新加坡的中間點，是馬來半島東海岸的要衝，也是彭亨州（Pahang）的首府。雖然它的港口既遠又淺、欠缺價值，但在它的郊外有完善的軍用機場。為了瓦解我軍在東海岸的登陸企圖，敵軍集結了大約一個旅的兵力[6]，在海、陸、空三個正面都做好了嚴密的防備，等待我軍的到來。

支隊主力自十二月二十九日起開始對敵人展開攻擊，到了三十一日早上終於衝進關丹市區，並佔領了該地。接下來，他們一邊面對頑強守禦機場周邊的敵人，一邊繞過叢林，從西方切斷敵軍的退路；到了一月三日，他們發動夜襲，殲滅了敵軍將近一個旅的兵力，並徹底佔領了機場。

當我們訊問在這場戰鬥中被俘虜的英軍旅長說：「為什麼英軍這麼輕易就舉手投降呢？」的時候，對方回答說：「為什麼日軍會從我們英軍完全沒有準備的方面，一口氣攻擊過來呢？要是我們守住海岸，日軍就從密林過來；要是我們守住陸地，日軍就從海上過來。為什麼不堂堂正正、跟我們面對面打一仗呢？這根本不是戰爭嘛！到最後，我們不退也不行了……」

這是整場馬來亞作戰期間，各作戰方面都有的一大共通特點。

衝突

第五師團雖然勉勉強強攻下了金寶的陣地，但戰力明顯日漸衰減。自登陸以來將近一個月，他們連一天的休息都沒有。儘管遭受了相當的死傷，卻連一名士卒都沒有獲得補充。不只如此，距離馬來亞聯邦首都吉隆坡還十分遙遠，新加坡更是遠在六百公里開外。雖然我們繼續讓岡部、安藤兩隊輪流打頭陣突進，但若是可能的話，能再多掌握一支聯隊是最好的。

我在為了報告金寶的勝利而趕往太平司令部的途中，順道走訪了位在路旁橡膠林中的第五師團司令部。正好就在這時候，正在進行舟艇機動中的參謀發了一封電報過來，其意如下：

「支隊從前天以來，在海上就好幾次受到敵機的掃射，夜晚又要遭到敵軍裝甲艇的攻擊，稍有損失。這種狀況隨著我們今後持續往南，將會益發增加。是故，在我方無法確保制海、制空權的情況下，我們認為爾後不可能繼續執行舟艇機動。」

6 編註：關丹守軍為第九印度師的第二十二旅。

師團幕僚一致的意見是，有鑑於此刻主力方面兵力不足，應該直接把正在執行舟艇機動的渡邊聯隊召回戰場，截斷敵軍退路；至於要往更遠的吉隆坡方面機動，那是相當困難的。師團長本人更是強烈傾向這種意見。

「關於這點，您的想法是……？軍的意見又是如何呢？」

渡邊聯隊並不屬於本軍直轄，因此我們只能下令給師團長，再透過師團長節制。如今就連師團長都覺得不願執行作戰了，本軍自然也不應強烈要求對方，更何況直接實行作戰的部隊都發來這麼悲觀的電報了，那這仗自然更打不下去。再說，就主幹道方面的戰況來看，我們也確實需要新銳的部隊才行。

於是我經過一番深思之後，開口答道：「這也是沒辦法的事，一切就如師團長您所願吧！」

畢竟我從軍司令部離開的時候，得到的指示是「關於作戰指導方面，盡量依照師團長的期待行事」。

於是我們透過無線電，對舟艇機動部隊下達了新的師團命令。但之後不久，師團方面突然接到軍司令部打來的電話。原來是高級參謀對師團參謀提出強烈要求，要求師團「排除萬難，繼續執行海上機動，朝遙遠的敵人大後方不斷推進」。

「這到底是怎麼一回事？」

本軍原本說好，在這方面的作戰指導按戰況全權交由我負責，而且他們應該也知道我剛從第一線回來，現在人正在師團司令部，結果卻……按正常程序來說，應該是要先把我叫來確認實情之後，再對師團下令才對啊！

「說穿了，就是不信任我這個作戰主任嘛！」

軍司令部正在位於大後方、距戰場第一線超過百公里以上的太平迎接新年。既然他們要在聽不見砲聲的地方、在不知道實際戰況的情形下，只憑一通電話就下命令，那還派軍參謀到第一線幹什麼！因為這實在是太詭異了，所以我立刻打電話給高級參謀，確認他的意思。

「這個嘛，是軍參謀長閣下深思之後，認為必須這樣做的……」

對方把軍參謀長閣下扛了出來，對我如此回應。

「這不等於是完全信不過我這個作戰主任嗎？」

在整場馬來亞作戰期間，我從沒有感到如此憤慨過。當我在元旦戰場迎接將士們染滿鮮血的隊列、對百戰疲憊的老聯隊長傳達嚴重禁閉的處分，然後又連續兩晚沒睡、火速趕回的時候，後方的太平司令部在做什麼？恐怕是在不聞硝煙的氣氛下，暢飲屠蘇酒迎接新年吧！我怒火中燒，驅車前行。半夜到了還沒修復完成的霹靂河大橋，我棄車徒步而過，在大概凌晨兩點左右，抵達了位在太平的軍司令部。

我一進司令部，就把正在酣眠中的參謀部全員挖起來，然後當著自參謀長以下全體參謀的面，狠狠地撂下話說：「請讓我辭去作戰主任一職！」

說完之後，我就把自西貢以來首次感到的混亂與衝擊全部拋到一邊，拖著筋疲力盡的身體跳到臥鋪上，一路倒頭大睡到第二天中午。

後來有人告訴我說，軍參謀長和副長、高級參謀開會之後，向司令官具體提出要求，要撤掉我的作戰主任一職，但山下將軍並沒有答應。

事實上，若從個人情感出發，這時候我確實是希望卸下職務沒錯。畢竟這場作戰接下來已經是任誰都能順利執行的狀態。而且從這起小事件中，也可以窺見同僚和長官對我這種打從一開始就一意孤行的姿態已經頗感反彈。

可是冷靜思考以後就會發現，這只不過是種惹人厭的耍性子罷了。在決定國家命運的這場作戰中，即使只是半天也好，為了一時的情緒而放棄職務，實在是難辭其咎之事。

「看樣子，我果然還是太血氣方剛、也太自戀了。既然如此，那就把這件事一筆勾銷，從頭開始吧！」

就這樣，我重新改變了自己的決意——老實說，這也是為了戰況，不得不為之。

最後，在中止第五師團的舟艇機動、改由近衛師團接替任務的情況下，這場鬧劇總算畫上了句點。

近衛師團在登陸作戰的訓練方面，完全是屬於菜鳥等級。但我們還是用他們取代了老練的第五師團，以大約步兵一個大隊的兵力，逐次在馬六甲、麻坡（Muar）、峇株巴轄（Batu Pahat）等地，更深、更遠地朝敵人背後奇襲登陸，從而達成讓邱吉爾大為光火、白思華意氣消沉的戰略目的。雖然他們並不具備海上的經驗，但比起在炙熱的陸地上滿身大汗行軍，搭乘小舟吹著習習涼風、在風平浪靜的海上航行，反而讓這些將士更覺得心滿意足。至於飛機攻擊或是裝甲艇的騷擾，這些東西在陸地上也一樣會遇見，不是嗎？這種近乎有勇無謀的突擊，完全大出敵軍意料之外，並且打中了他們毫無防備的軟肋，結果收到了超乎預期的豐碩戰果。

讓英軍為之震撼的舟艇機動，就這樣在僅僅派出步兵一個大隊、搭乘著無武裝小艇的情況下，以初生之犢不畏虎的姿態，不斷向前奮勇突進。

兩名年輕勇士

敵軍在金寶吃了敗仗後，在仕林河（Slim River）附近獲得了生力軍增援，再次佔據地利、負隅頑抗。取代岡部聯隊打頭陣的安藤聯隊長，在戰車一中隊與工兵兩小隊的支援下，乘著自行車越過遭到破壞的道路和橋梁，不斷往南推進。相較於其他地方，自金寶以南到仕林河之間的橋梁，其破壞程度乃是前所未見的徹底。

儘管不允許車輛通過，但我軍步兵的主力仍利用自行車涉水渡過河川，完全不曾放緩急追的腳步。當獨立工兵第十五聯隊新加入戰場後，更是以驚人的速度修復橋梁，讓重型車輛部隊能夠追上正以自行車不斷突進的安藤聯隊。最後在地羅叻（Trolak）附近的敵陣地前，我軍步兵、戰車、砲兵的威力終於集結，大展身手。

我一直用充滿信賴與期待的目光，關注著驍猛善戰的安藤聯隊長，而他果然也不負期望，斬獲了超乎想像的重大戰果。

我軍從一月七日上午六點開始攻擊，將步、戰、砲、工四種兵種完全融合為一，發揮出整體性的最大戰力。到破曉（七點）為止，我們已經突破了縱深約六公里、橫跨七線的敵陣地，而站在全軍最前鋒、為全軍打開突破口的，是兩位剛從陸士五十五期畢業的新任少尉。

指揮戰車的前鋒小隊長渡邊定信少尉，一馬當先衝進敵陣。尾隨在他身後的，則是步兵的第一線小隊長諸隈良夫少尉。當戰車正在衝破設置在道路上的網狀鐵絲網的時候，敵軍砲兵為了阻止他們，朝道路上不停灑下彈幕。特別是隱藏在橡膠林中的敵碉堡，他們所發射出的戰防砲彈，此刻更是集中瞄準了渡邊少尉的前導車。幸好中隊長的戰車火速趕到，對那些敵人饗以砲火，終於拯救了渡邊少尉的危機。

突破敵軍第一線繼續往前進後，一座白色的水泥製橋梁赫然映入眼中。大概是因為敵方主力還在前面作戰的緣故吧，這座橋梁還沒有遭到破壞。若要繼續突破的話，毫髮無傷拿下這座橋就變成最關鍵的要務。然而再仔細一看，它在橋墩處已經裝上了大量的炸藥，且電線已經拉到後方了！眼見情況如此，渡邊少尉打開車頂蓋，從戰車上敏捷地一躍而下。在如雨般傾瀉的槍彈之中，他揮舞軍刀，一下子斬斷了電線。就在這一瞬間，有個敵兵像是要投擲手榴彈炸死這位勇士般，逕自衝了過來；這時諸限少尉趕到，一舉就擊斃了這名敵兵。

我軍的十輛戰車，就這樣在千鈞一髮之際渡過了橋梁，往更深入的地方突破。當他們前進約三公里之後，又遇到了第二座橋梁。在這裡，這兩位少尉再度展現了宛若鬼神般的勇猛，於是又突破了第三、第四座橋梁。此時，從道路兩旁射出的子彈，終於隔斷了步兵和戰車。

當我方的戰車中隊獨力突破到第五座大橋的時候，渡邊少尉因為右手受傷的關係，已經無法跳出戰車揮舞軍刀了。最後，他從車子裡面用機槍集中掃射電線，終於把它給掃斷，從而在毫髮無傷的情況下，佔領了這座位於敵軍退路上、長約百公尺的大橋，截斷了敵軍主力的退卻之道。接下來，他不只蹂躪為了奪回橋梁、拚死反擊的敵人，更狠狠輾壓敵軍的砲兵陣地，還奪走了對方的高射砲陣地、襲擊了他們的指揮所。

戰車群就這樣獨力奮戰了大約三個小時。當這十輛戰車被成千上百敵軍包圍、組成圓陣孤軍奮戰之際，步兵或在橡膠林中與敵人進行混戰，或在叢林中開山闢嶺、奪路前進。敵方的十公厘榴彈砲[7]佔據了馬路上的陣地，一直頑強抵抗，於是佐藤中尉代替渡邊少尉，率領三輛戰車向那邊展開突擊。結果當他們抵達砲口前約十公尺的地方時，遭受了敵人從正面全力貫注過來的砲火，打前鋒的佐藤戰車當場遭到粉碎。在戰車的殘骸中，佐藤中尉握著軍刀正坐、長谷一等兵緊握著機槍，各自氣絕身亡，東提軍曹則是身體扭曲，抱著砲身斷了氣。

後續戰車越過他們的屍體繼續突破，最後終於蹂躪了這座敵重砲陣地。暮色終於籠罩了整個戰場；僅僅十輛的戰車深入敵軍兩個旅的陣中，遭到十幾二十重的團團包圍。敵方反擊的子彈從四面八方雲集而來，手榴彈與迫擊砲彈也四處飛舞。

直到半夜，步兵終於排除了敵軍死命的抵抗，突破整個陣地的縱深，追上戰車。從早上開始，這時候已歷經了十九個小時的連續激戰、苦戰、死鬥。經過這場連吃飯喝水都顧不及的大戰之後，我軍終於徹底擊滅蹂躪了敵人這兩個旅，並獲得整場馬來作戰當中最大的戰果。在同一個戰場上，戰車、砲兵、工兵能夠如此緊密配合，從而得到豐碩且徹底的戰果，這在其他戰例中是不曾有過的。

英軍第二十八旅旅長班奈特少將遭到擊斃[8]，戰場上留下無數屍體，還有好幾百名重傷者在哀號求救。他們在橡膠林裡丟下了重砲十三門、戰防砲十五門、牽引砲二十門、高射砲六門、輕裝甲車約五十輛、

7 編註：英軍慣稱二十五磅砲。

8 譯註：當時英軍第二十八旅（廓爾喀旅）旅長應為雷少碧（WR Selby）中校，班奈特少將（Gordon Bennett）是澳軍第八師師長。該師要到金馬士才投入作戰。所以「擊斃敵少將」的說法是不正確的。

汽車約五五〇輛，還留下了足供兩個旅作戰一個月不虞匱乏的彈藥、糧草以及衛生物資。直接在戰場上投降的俘虜約有一千二百名，而逃進兩側叢林當中、數日後因為飢餓而被迫投降的人數，更超過了兩千之數。

如此豐碩的戰果，完全超乎了軍和師團的預期，而箇中功績，大半都應歸於這兩名年輕的五十五期生。特別是渡邊少尉的表現，更是宛若鬼神下凡般勇猛無匹。不管作戰計畫再怎麼巧妙，倘若執行部隊的表現拙劣，那也絕不可能創下種種輝煌的紀錄。自從馬來亞作戰以來，我從不敢以區區計畫指導的卓越而自負，至於接受眾人禮讚，那就更不敢當了。燃燒著解放亞洲崇高理想的第一線將士，發揮出令邱翁也為之驚嘆的鬥魂，才是成功的最大原因。

不只如此，在整場作戰當中最應該被認可與褒揚的，正是那些無一例外、每每身先士卒、奮勇前進的年輕軍官，以及在他們的指揮下，和他們一起奮戰前行的士兵。

啊，各位被冠以「戰後青年」的稱呼、遭到社會冷眼批判的今日青年啊！跟往昔在馬來亞戰場揚眉吐氣的那些青年一樣，你們也是左右國家命運的一群啊！

在持續劇變的社會情勢中，青年並不能單獨置身於混沌的漩渦之外。然而，專屬於青年的無欲、捨身與純真，或許正是在這片混沌當中，擔負起民族明日命運的重要關鍵吧！

但願各位能夠肯定日本青年在馬來亞戰場上展現的意氣，我將民族與國家前途的光明希望，全都繫於這樣的理解和認知上。

圖七　仕林河殲滅戰

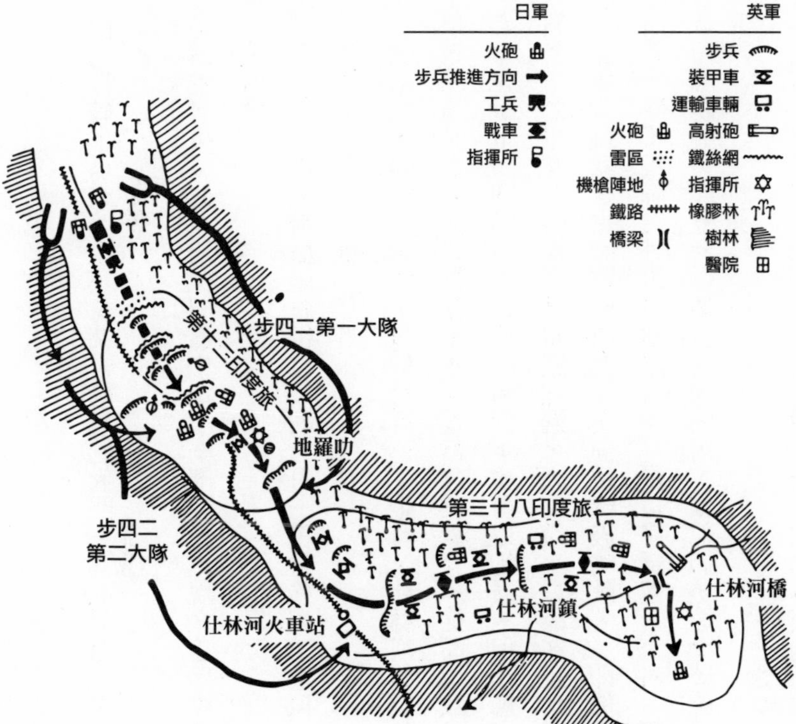

註記

1. 時間點：1月7日，0400時至1400時
2. 英軍陣地全縱深約20公里
3. 英軍兵力：兩個旅，其中一個旅全滅
4. 日軍攻擊部隊兵力：一步兵聯隊、一戰車中隊、師團砲兵、一工兵中隊

攻陷聯邦首都

仕林河一戰，徹底打破了馬來亞聯邦首都吉隆坡的大門。其結果是，單憑第五師團，便足以攻下這座重要城市。

近衛師團在渡過霹靂河後，便在怡保周邊集結了全部兵力。現在正是應當把他們當成新銳的戰略部隊運用，並賦予任務的時機。

位在太平的軍司令部，在霹靂河橋梁修復完成的一月三日轉移到了怡保。而我也在結束仕林河戰役後，為了起草新的軍命令，在此際回到了怡保。

綜觀馬來亞作戰開始以來的主要戰鬥，包括日得拉、金寶、仕林河等戰役，幾乎都不是按照既有的用兵概念對敵人予以包圍殲滅之，而是從狹窄正面進行急襲貫穿，從而導致敵方潰滅。張開大網再步步收緊的捕魚方法，必須在敵軍向四面八方逃竄的情況下才得以施展。但在馬來亞戰場的地形上，一條縱貫道路的兩側，只有各一公里左右的橡膠林有開闢過，因此幾乎只能在正面用兵，至於更外側的叢林，則完全不容許使用大部隊，這就是它的特殊所在。正面被突破的敵人，即使逃進兩側的叢林，過了兩三天也會因為受飢餓所迫，除了投降之外再無他路可走。從這層意義上來看，我們應當增強第五師團的貫穿突破力，同時將近衛師團盡可能配合這個目的來使用，讓他們迅速突破柔佛州的重要關口——金馬士附近的預定陣地。

於是，我主張將近衛師團使用在靠近主幹道北邊、沿著山勢伸展的道路上。各幕僚對此大體上也沒有異議，但山下軍司令官的意見則是要將它用在從海岸方面進行大規模的包圍上。

海岸方面有好幾條河川注入大海，不只構成嚴重的障礙，而且上面幾乎沒有什麼橋梁，必須要使用渡船才能通行。為此，若要實現軍司令官的意圖，我們就必須把大部分的架橋材料、戰車團和工兵，全都配屬給近衛師團才行。我發現山下將軍的心中並不只是基於單純的戰術考量，而是作為統帥的思慮，要給予近衛師團長與第五師團長同等的地位。

近衛、第五兩師團的師團長是同學，因此如果只讓第五師團扮演戰場上的主角，那在情感上必定會讓人難以接受。

我們針對這點，展開了沒完沒了的討論。假使非要按照軍司令官的期望，從統帥兩師團的立場出發的話，那因此衍生出的戰術不利，就非得用其他手段來彌補不可。

最後我們採取的對策是，將駐紮在關丹的佗美支隊火速召喚到西海岸幹線這邊來，視情況沿著近衛師團原本預定要走的北方山路，向金馬士的背後展開突擊。

結果，經過這樣一番調整之後，收到的戰果完全超乎預期。從海岸正面前進的近衛師團，在峇吉里（Bakri）打了一場漂亮的殲滅戰。第五師團也從主幹道這邊予以呼應，並且間接享受到近衛師團的戰略效果，從而得以在突破威力不減的情況下，對敵軍急起直追。

即使在戰術上有意見相異之處，只要虛心團結合作，並盡力補強缺陷，就能產生很好的成果，這個就是最好的例子。

在渡過霹靂河的初期戰役中輕易獲勝的近衛師團，再次與第五師團並駕齊驅，一舉越過吉隆坡，一路朝柔佛州南下猛進。

至於疲態已露的第五師團，則是再次在競爭對手的鼓舞下，馬不停蹄殺向敵軍在丹絨馬林設置的陣地。這裡是保衛吉隆坡的最後陣地與防線，英軍從開戰前就已經在此進行準備。從地形上來看，它也是條相當堅固的防線，因此原本也預期會有場激戰，但因為敵軍在仕林河潰滅了兩個旅，所以在這裡負隅頑抗的兵力幾乎沒剩多少，只剩下散兵坑宛若蛇脫皮後的空殼般徒留原地。

往海岸道路方面增援的近衛師團派出國司支隊，使用第五師團先前所用的舟艇展開海上機動，不停威脅敵軍的退路。配合陸地方面的突破，他們在一月十一日佔領了巴生（Klang），切斷了吉隆坡往海上的退路。

接著，舟艇機動部隊更在南方的摩立附近登陸，佔領了幹道上的要衝——加影。近衛師團積極的行動，自然對第五師團在主幹道方面的突破速度產生了正面影響。一月十一日晚上八點，我軍終於在沒有受到敵人重大抵抗的情況下，攻進了馬來亞聯邦的首都吉隆坡。

這座城市作為馬來亞聯邦的首都，充滿了堂皇且雄偉的近代化容貌。繁華的大街放眼望去，幾乎都是華僑的商店，還掛著寫有漢字店名的招牌，讓人不禁有種彷彿走進中國城市的感覺。

從三亞港出發四十天，由同一個兵團在一天都不曾休息的情況下連續作戰，這在古今中外的戰史上都是極其罕見的。

因為吉隆坡幾乎沒有受到戰禍，復興極其迅速，再加上我軍軍紀嚴整、秋毫無犯，因此在入城的第二天，居民就已經重新開始做起了生意。在第一線苦鬥中的聯隊長被處以嚴重禁閉三十天，這樣的嚴厲處分，對全軍、特別是第五師團的每一名士兵，都產生了徹底的約束效果。

在這裡也有設備完善的敵方大型軍用機場[9]。然而，打算按照慣例迅速反過來利用它的遠藤飛行團，卻陷入了迄今為止所未曾見過的陷阱當中。在滑行道周圍的草叢中，呈環狀撒有肉眼難以辨識的細鐵絲，只要腳一踩上去，就會立刻引爆地雷。不只如此，他們還在滑行道上堆起了空汽油桶，想要清除它的話，就會引燃炸藥，造成想像不到的損害。要將這些東西一個不漏的清除掉，起碼得花上兩三天才行。

這對敵人來說，實在是很難得一見的小手段，大概是他們已經失去堂堂正正對戰的自信了吧！

因為預期敵機會展開報復，所以我們將高射砲的主力部署在剛佔領的機場周圍。果然在第二天晚上，便有二十幾架敵機前來襲擊。儘管探照燈數量並不很足夠，但我們還是接獲報告，說在直接瞄準射擊的情況下打下了五架敵機。

「亂槍打鳥也能打中？根本是謊報戰績吧！」

聽了我們這樣的評論，隊長二宮精一大佐大為憤慨，第二天就拿著擊落四架敵機的殘骸照片找上門來。雖然剩下的一架還在搜索中，不過我們還是脫帽，為自己的不禮貌致上歉意。二宮隊長之前長年擔任砲兵學校的高射砲教官，是這方面的權威。

我們在佔領吉隆坡的第二天，便將位在怡保的司令部推進到這裡。我們在郊外的英軍大軍營裡，設

9 編註：這裡指的是吉隆坡皇家空軍基地（RAF Kuala Lumpur），後稱新街場皇家空軍基地，坐落在今天吉隆坡南北大道旁。目前已經廢置，基地往南搬遷鄰近吉隆坡國際機場。

下了為數僅僅百人不到的軍戰鬥司令所。雖然這座軍營恐怕會成為敵空軍最顯著的反擊目標，但在能容納數萬人的大軍營一隅設立司令部，感覺起來反而相當安全。它不只相當適合辦公，同時也儲備了很豐富的邱吉爾補給品。

大阪兵真的很弱嗎？

獨立工兵第十五聯隊，是一支在太平趕上本軍主力的增援部隊。

這支部隊是在大阪北部的高槻附近臨時編組而成，其主要成員都是出身大阪附近的預備役士兵。一直以來，大阪士兵都被看成是弱雞的代名詞。當戰況嚴峻的時候，他們就會碎念著「哎呀，真是好累、好麻煩啊」，然後自顧自地脫隊落後、甚或逃跑藏匿——常有這樣的傳言出現。然而就事實來看，這樣的情況其實從來沒有發生過。不只如此，作為臨時召集預備役編組而成的部隊，就常理來說，他們的實力應該不會太強。但，若要向這支部隊頒授獎狀、表揚他們在馬來亞作戰中「位居首功」，我想不會有任何人有異議才對。

他們的聯隊長橫山與助中佐，是位陸士二十四期畢業的老中佐。和他同窗的鈴木中將都已經當到軍參謀長，學弟田中新一中將也已經當到參謀本部作戰部長。光從這點可以一眼看出，當時的人事當局對這位老中佐的評價究竟是怎樣。

但這位聯隊長不論何時都騎著自行車，揮灑汗水騎在步兵的最前方，和部隊的尖兵一同奔馳。當他帶頭觀察被敵軍爆破的橋梁、擬定好修復計畫之後，聯隊的主力便乘著卡車趕到現場。接著，他們連一分一秒都不曾歇息，便著手展開修復作業。即使敵軍阻礙修復的子彈不斷集中過來，聯隊長也不曾彎下身子、稍事躲避。配屬給聯隊的二十輛卡車，不論何時都裝滿了橋桁和厚板，和部隊一同前進。他們究竟是在什麼時候、又是從哪裡弄來這麼多材料的呢？軍司令部裡面，沒有半個人知道這件事。於是我們仔細調查，結果更是大吃一驚——原來他們所有的材料，都是從當地乃至於戰場附近就地取材弄來的！

馬來亞的木材資源其實相當充裕，不管哪個城鎮都有為數不少的木材工廠，角材和厚板的儲藏量也頗為豐富。大部分部隊進入佔領的都市時，首先找尋的都是糧食或是落腳的地方，唯有這支聯隊把目光放在木材工廠上。

在聯隊長騎著自行車身先士卒，在槍林彈雨中巍然挺立指揮，並以老練的手腕適切地監督作業下，這些大阪出身的預備役士兵都變成了以一當千的勇士。普通工兵聯隊需要一天時間的作業，到了橫山聯隊手上只需要半天、甚或兩三個小時就能漂亮地完工。他們的能力，是其他聯隊的三倍乃至更多。

仕林河殲滅戰之所以能成功的重大原因，正是這支聯隊以驚異的速度修復了金寶以南遭到徹底破壞的道路，使得戰車和砲兵的威力能夠趕上第一線步兵部隊。

對於這位臨時被配屬到毫無瓜葛的第五師團長麾下，即使面對再無理的命令，也不曾露出一絲厭煩表情，只是努力達成任務的聯隊長，任誰都覺得感動不已。在突破日得拉防線戰役中勇名大振的佐伯中佐也是一樣，和同窗的優等生相比，階級整整差了一級。在這些因為陸士畢業成績不佳、或是沒能進入陸大就學，畢生鬱鬱不得志、無法更上一層樓的人們當中，有不少都是像這些在實戰場合發揮出驚人表現的勇士。

當我們探究過去陸軍失敗的原因時，會發現最大的一個主因就是人事的不公平。如果陸大畢業的優等生全都像橫山中佐或佐伯中佐這樣，不管在哪個戰場，都默默勇敢地打頭陣，那麼這次戰爭應該會有截然不同的結果吧！敗戰後，出現了「職業軍人」這個名詞。且撇開軍人是不是該當作一種「職業」的爭論，至少在把它當成職業、奔走鑽營這方面，我們很遺憾地發現，陸大出身的人還是佔了多數。當時勢承平已久、軍人一心只想在人事行政方面獲得賞識之際，便會產生貪生怕死的現象；而「為了出頭所以念陸大」的心態，也很容易墮落成「留著性命才能出頭」的狀況。

—·—

馬來亞作戰的進擊速度之所以能夠如此令人驚異，究其原因除了上述工兵隊在背後默默付出的功績以外，另一個必須舉出的重要因素，就是我們在步兵裝備和編制上的特別留心。

在支那大陸打了好幾年仗的第五和第十八師團，其機動力主要是仰賴馬匹。然而，當我們決定將它們使用在南方的時候，便將之改變成了汽車與自行車，這點前面也有提過。步兵一個聯隊配屬有大約五十輛卡車，在上面裝載有重機槍、大隊砲、聯隊砲、速射砲等重武器與彈藥。至於沒有搭乘卡車的其他將士，則每人配發一輛自行車。師團的砲兵與輜重隊也進行改編，全力予以卡車機動化。

就這樣，一個師團裝備了五百輛汽車，以及約六千輛的自行車。然而，為了習慣這種作戰而進行的訓練，直到開戰前夕的兩三個月前才開始，因此完全是趕鴨子上架式的做法。

在所有堪稱為「橋梁」的東西幾乎無一例外都遭到大幅破壞的馬來亞戰場，如果全體將士都搭乘汽車的話，就必須等到橋梁修復完畢才能讓步兵前進。不這樣做的話，就必須徒步前行，而行軍速度也沒辦法超出步行的程度。在這種情況下，要靠徒步突破酷熱的一千公里路程，至少需要花上一年以上的時間。

相較之下，自行車步兵就不會有停滯問題。即使在橋梁遭破壞的情況下，也可以扛著自行車，從及胸深度的河水中涉水而過。或者也可以用工兵當作人肉橋墩，在上面架好獨木橋讓自行車兵通過，從而在不給敵軍片刻喘息的情況下，在灼熱的柏油路上緊追不捨。

邱翁在回憶錄中，寫下了這樣一段話：「日軍在開戰之前，甚至在馬來亞各地秘密設置了自行車的倉庫，在侵略準備上可謂十分周到。」

然而很遺憾的是，這並非事實。不過，日本製的自行車因為品質優良、價格便宜，所以是南方貿易的主要輸出品之一，也是當地居民愛用的產品，這倒是事實。也正因如此，不管是零件的更換、還是自行車的補充，在馬來亞當地都能迅速進行。從這層意義上來看，我們倒也能理解邱翁，或是一般英國人所謂「（日本）有計畫地觀察形勢」這種論點的理由何在。只是，日本的貿易商要是真有這麼忠實於國策、甚至超乎我們的盤算，那這場戰爭，恐怕就不會如此輕易一敗塗地了吧！

自行車部隊最感苦惱的問題，是不曾預期到——更正確說是超乎預期——的酷熱。車胎動不動就爆胎。儘管各中隊都配備了兩名自行車修理員，但就算他們每天平均修理二十台車，還是趕不及損壞速度，特別是在追擊戰中，更是沒有修理的時間。在那種時候，我們只能把爆胎的車胎取下，光著輪子[10]繼續奔馳。

出乎意料完善的柏油路面，讓這樣的行軍方式變得可行。當幾輛光著輪子的自行車一起駛過時，便會發出類似戰車履帶的聲響。

在夜間，當這支部隊打頭陣前進的時候，敵軍往往會驚慌失措，大喊「戰車來了！是戰車！戰車！」然後四散奔逃。不過，要扛著自行車潛入叢林，還是一件相當令人困擾的事。在連人的身體都不容易通過的大片叢林中，要扛著上面裝載武器的自行車進行突破，那種艱苦是可想而知的。

一旦戰鬥爆發，整個中隊就必須把自行車和幾名衛兵給留在後方，逕自動身出發。但若是擊破敵軍、要展開追擊的時候，又必須回到後方騎車才行。不過，這點其實不必擔心，因為有很多馬來人、印度人和華僑，會幫我們把空的自行車運過來。一名日本兵指揮著言語不通、膚色服裝各異、包含各人種的幾十名混編自行車部隊，在日之丸的引領下，帶著成千上百的銀輪，在寬敞的柏油路上如風席捲而過，確實是好一副東亞解放十字軍的模樣。

將重達八貫或十貫（約三十至四十公斤）的個人裝備放在自行車後車台上，再把步槍和輕機槍扛在肩上，一天就算持續行軍二十小時，也不會感到太過辛勞。

相形之下，英軍因為全部都是汽車編制，所以一旦橋梁被我軍搶先佔領，或是遭到我軍飛機、砲彈所破壞，就只能捨棄所有車輛徒步撤退。結果，不管英國人的腳有多長，也逃不過搭著自行車進擊的我軍追趕——這就是英國人總是會被俘虜、或是狼狽投降的關鍵原因了。

我軍在馬來亞的進擊之所以如此容易，全都得拜便宜的日本自行車，以及英國砸下大錢鋪設的柏油路所賜。

10 譯著：日語稱光著輪子沒有輪胎為「銀輪」，所以這支部隊又被稱為「銀輪部隊」。

第五章

長驅直入新山

彈藥十基數

隨著馬來亞聯邦首都吉隆坡的佔領，第二期作戰目標也按照預定計畫達成。當前線將士暫且小歇、正在找尋空汽油桶好好泡個澡的時候，我們幕僚則是在本軍的戰鬥司令所裡，為了新加坡的攻略計畫絞盡腦汁、廢寢忘餐。

作戰開始以來這四十天，我們相當幸運地，全都按照最初計畫在進展。按這樣的節奏下去，大概在一月底就可以到達新山了。考慮到攻城準備大概需要一週，我們希望在紀元節（一九四二年二月十一日）前，無論如何都要把新加坡要塞給拿下來。

從航空隊的偵察以及對俘虜的訊問來判斷，新加坡儘管在向海方面的防備，一如預想般極其堅固，但在對陸地的防備（也就是要塞背面），則不過是野戰陣地的程度而已。據被俘虜的英軍軍官所言，守將白思華中將基於作戰上的要求，主張全力強化背面的防禦，但總督卻以「會造成民心不安」為由加以反對。不管什麼時代、什麼國家，總是會有犯下這種錯誤的時候。

是故，對新加坡的攻勢，我們的勝算已是指日可待。我們會從新柔長堤（Johor-Singapore Causeway，通往新加坡的陸橋）西邊的地區，以第五、第十八師團發動攻擊，近衛師團則在第二線擔任預備隊。我從台灣任職時期便開始思考；在參謀本部進行具體研究；在西貢展開準備，並在戰場逐次加以修正檢討的這份攻擊計畫，終於在這個時間、這個地點化為現實，並做好具體發動的準備。

我首先必須面對到的問題是後方的準備，特別是彈藥的蓄積。簡單說：

（一）到一月底為止，我們必須把足以供應整個軍約四四〇門火砲、每門十基數[1]（野砲山砲一，〇〇〇發、重砲五〇〇發）的彈藥，推進到柔佛州內，並在二月八日前到達戰場。

（二）為此，到一月底為止，鐵路至少必須修復到金馬士附近。

（三）為了渡河，應當配給各師團小機艇約五十艘、摺疊機舟約百艘。

（四）糧草和汽油，全部仰賴邱吉爾補給品。

這項計畫的大前提是我們在一月底之前必須將第一線推進到新山，而從目前來看，這樣的判斷還沒有出現太大的差錯（事實也是如此）。

各幕僚基於作戰計畫，埋首熱中於對各自管轄事項的檢討。但當我提出「需要十個基數的彈藥」時，大家眾口囂囂，紛紛發出反對之聲。他們說：「我們有地方放這麼多彈藥嗎？」（後勤）

「我們有必要用這麼多彈藥嗎？」（情報）

「這太無理取鬧了吧！」（鐵路）

整個參謀室一片譁然，一下子沸騰了起來。然而，這些反對完全沒有任何權威的依據，只是基於常理和情緒所做出的反彈罷了。

「我知道這相當困難，可是這是我從長年的戰場經歷中，判斷出的絕對必要數量。所以，不管再怎麼忍耐，只有這點我希望無論如何都能達成。如果沒有做到這種準備的話，攻勢搞不好會中途失敗。作為交換，我們連一斗米、一升汽油都不必運送。後勤單位的一切努力，都是為了這一刻的到來……拜託各位了！」

儘管要塞的背面防禦相當薄弱，但考慮到鐵路被破壞得柔腸寸斷、汽車也已經跑得筋疲力盡，在這種情況下，還要運輸數量如此驚人的砲彈，實在是非常無理。不只如此，這麼龐大的數量還得在二月八日前送到前線。也難怪當後方課長山津兵部之助大佐看到我這種強行的要求時，會整個大驚失色了。

然而，山津大佐只是說了聲「既然你都這麼說了，那就做吧！」接著便一邊勸慰部下的參謀，一邊對我這個乍看無理的要求照單全收了下來。我對同窗的本鄉參謀說：「喂，你們鐵路這邊沒問題吧！要是到一月底，火車還開不到金馬士的話，我可是會把鐵道聯隊整個解散、派去當挖馬路的苦工喔，哈哈哈！」

「雖然你這個要求實在太無理取鬧，但看在同窗的情誼上，我就放過你這次……老子要是辦不到這點，就自己摘掉參謀肩章啦！」

本鄉參謀不只放開心懷傾聽，還為我加油打氣。他仍然撐著那把松木拐杖，拒絕治療。

就這樣，在他親自抵達第一線監工、並對鐵道聯隊指導激勵下，這個超乎常理的要求，終於得以漂亮達成。他們的努力，是新加坡攻勢不致延誤的重要關鍵。

其他參謀也在山下將軍裁決後捨棄了所有異議，全心全意協助此事完成。馬來亞作戰的一大特色，就是十二名參謀能夠在毫無不愉快對立的情況下，同心一致、團結努力。這全都是拜山下將軍的人格特

1 編註：從事彈藥的補給、儲存、使用等計畫時，通常將某一定量換算為單位而方便處理，彈藥的基數是將各火砲所定彈數除以某一定數之值，即為各個火砲的基數。根據日本參謀本部的規定，一基數位大概是一場會戰份的二十分之一。

質，以及鈴木參謀長開朗無私的個性與指導所賜。特別是山下將軍，不管多小的細節，他都能夠絲毫不漏地察覺到，同時還能在無聲無息間，毫不猶豫地驅策難以駕馭的參謀。

不屈不撓的追擊

第五師團將士的模樣，跟近衛師團簡直是天壤之別。他們的衣服上沾滿了汗水和塵垢，臉龐曬得黝黑，眼窩深陷，連鼻子看起來都變尖了。

當我們按照預定計畫佔領吉隆坡後，軍司令官基於人情味，認為在轉入第三期作戰之前，無論如何都應該讓這些將士歇息一下。但從戰略上的要求來說，我們又非得盡早衝到新山才行，於是便陷入了兩難的處境當中。最後我們考慮出來的方案如下：

（一）以向田戰車聯隊[2]為主體，配屬一部分步、砲、工兵組成支隊，急追敗退之敵，並朝柔佛州的鎖鑰關卡——金馬士突破。

（二）第五師團的主力趁這段期間，在吉隆坡暫作歇息，以期恢復。倘若向田支隊遇上無法獨立突破的抵抗時，應急速趕上他們，對敵人展開攻擊。

（三）近衛師團應日以繼夜從海岸方向急追，威脅主幹道方面敵軍主力的退路。

軍司令官在無異議的情況下，核可了這份方案。

我立刻打電話給第五師團的作戰主任，問他說：「貴師團希望休息幾天？」結果對方答道：「一天就夠了！」

不管怎麼說，這實在太勉強了。

「至少要休息兩天。」

當我傳達軍司令官的心意之後，電話那頭的聲音聽起來似乎震顫不已：「好的，真是太感激了！既然如此，那我們就休息兩天。作為代價，我們會以兩倍的速度推進的！」

自登陸宋卡以來，一直在後面鞭策督促、感覺彷彿惡鬼一般的軍司令部，居然說出要師團「多休息幾天」這樣的話，實在是讓人感動不已。其實當他們在回答「休息一天就夠了」的時候，心裡面是很想休息個兩三天的。但是礙於師團的面子，實在是說不出口。在察覺到山下將軍這種隱微心理的寬宏大量，在往後的戰鬥當中，發揮了更勝鞭策數十倍的精神效果。

為了觀察第一線的微妙氛圍，自作戰發起以來，本軍幕僚便輪番上陣，如影隨形地出現在第一線，對將士的狀況密切留心。之前高等司令部派遣出來的參謀，總是習慣等作戰告一段落後，才搭著汽車或飛機慢吞吞抵達第一線的師團司令部，遞上一杯軍司令官帶來的水酒、或是致贈一些禮品。然後當天晚上，他們會在師團長的招待宴會上，聽著同席的幕僚與隊長說些空泛不著邊際的奉承話，或是自吹自擂的誇張勇武事蹟，接著就踏上歸途——一般來說，普遍都是這樣的。可是，我們第二十五軍的家風卻迥

2 譯註：戰車第一聯隊，指揮官向田宗彥大佐。

然不同。

不管怎樣的苦戰、怎樣的危險，在戰場上一定會有某個參謀出現。

不只是因為參謀為數眾多的關係，還因為本軍自編組以來的風氣就是如此，所以年輕參謀總是爭相投身前線。為了規範這種現象，我們也是煞費苦心。在大多數情況下，他們都會跑到第一線大隊長的位置去，甚至還常常與尖兵長同行。因為想直接親眼目睹戰況，所以他們常會利用下達新的軍命令、或是檢閱命令實行狀況的機會前往第一線，然後在回程的路上順道繞到師團司令部，針對第一線的狀況作說明。

雖然在理想狀況下，司令部最好是設在可以聽得見槍砲聲的位置，如此才能靈活應變。但真這樣做的話，通信網就必須頻頻切換才行，因此實際上並不容易。故此，為了彌補這種缺失，幕僚就必須作為軍司令官的觸角，四處奔走。

理解士兵想要什麼、滿足他們的需求、確認敵軍的意圖……在整場作戰當中，軍命令的下達，都必須同時考慮到實行的可行性，以及最大能力的發揮這兩項要求。

在這種狀況下派出的向田支隊，利用其快速與突破力，一舉朝著金馬士奮勇急追。儘管大部分橋梁都從橋墩處遭到爆破，但橫山工兵聯隊會立刻加以修復。當向田支隊在金馬士附近遭到頑強抵抗、無法獨立突破之際，休息兩天、恢復元氣的第五師團，便利用這段期間修成的橋梁，毫無滯礙地向前推進。

第五師團第二波登陸部隊的一個步兵聯隊，在杉浦英吉旅團長[3]的指揮下，於一月十五日在宋卡登陸，並在此刻趕上了戰場。

邱翁在回憶錄中寫道，這波登陸兵力有兩個師團的增援，於是馬來半島的日軍總兵力已經達到五個師團，但這是明顯的謬誤。

總之，和新血會合、又恢復了體力的師團，在受到從海岸道方面齊頭並進的近衛師團刺激下，終於殺到了敵軍最後防線——柔佛州的北方大門。

突破金馬士

當向田支隊在十五日下午三點左右，抵達金馬士西方約十公里處的利民濟河（Gemencheh River）遭到破壞的橋梁時，打頭陣的步兵突然遭到從密林中竄出的猛烈火力射擊。由於地形在兩側都有叢林遮蔽、戰車的行動也受到限制，因此步戰的配合極其困難。新抵達戰場的澳洲第八師（來自澳軍第二十七旅第二團第三十營）憑藉地利，以我軍未曾見過的勇猛態勢展開奮戰。不只如此，敵方由戰鬥機和轟炸機聯合組成的空軍編隊，也相當罕見地在白天飛抵戰場上空展開空襲[4]。我方毫無警戒的車輛部隊遭到急襲，戰況頓時為之一變。

第五師團在一月十五日，將向田支隊納入指揮之下。師團長命令河村旅團長從主幹道方面和向田支

3 譯註：步兵第二十一旅團。
4 編註：由澳軍戰鬥機掩護荷蘭轟炸機所發動的攻勢。

隊會合，並指揮全軍攻擊金馬士的敵人。十六日，增加了後續部隊的我軍繼續向敵人展開攻擊，但並沒有那麼簡單就得手。儘管我軍派遣一支有力的部隊向南方叢林展開迂迴，但在敵軍的頑強抵抗、以及地形的艱難下，攻擊遲遲沒有進展。一直到十九日破曉，我們才利用夜襲突破第一線陣地，並在十九日的晚上佔領全線。

我那位在莪侖苦鬥、又因為部下在檳城的惡行而遭到重罰的同學小林大隊長，這次又擔任向田支隊的前鋒，在金馬士陷入苦戰。

我覺得他實在是太可憐了，心想無論如何都要慰勉他一下，於是便走訪了第一線，結果他一派消沉地對我說：「雖然沒有對任何人說過，不過我想在這裡向你吐露一下——帶出那種部下，我真的很抱歉。」

「事情既然發生了，那也沒辦法。向軍司令官要求給予那種嚴罰的人是我，你要恨就恨我吧！」

我們在激烈的戰場上，一邊置身槍林彈雨間，一邊就檳城事件持續著苦澀的談話。

在市之谷台地一起切磋磨練、共享甘苦、肝膽相照的畢生摯友，卻在這條戰線上為了部下必須被處嚴重禁閉三十天的重罰，這是多麼諷刺的事啊！

「你若要怨恨我，也是沒辦法的事，畢竟我是為了全軍而揮淚斬友，請原諒我吧！」

我打從心底致上歉意，從圖囊裡拿出僅剩的一點餅乾，對我這位受傷朋友的心聊以慰藉。過沒多久，砲彈開始集中在橡膠林裡。沉溺的感傷被爆炸的烈風整個吹散，我們繼續像松鼠一樣，在彈幕中潛行前進。

大概是近衛師團在海岸方面勢如破竹進擊的戰略態勢，對金馬士正面的敵人造成威脅了吧，只見在五天當中一直頑強阻擋我們前進的敵軍，終於向居鑾（Kluang）的方向撤退了。

佐伯支隊取代步兵聯隊展開急追。自日得拉以來一直無用武之地的佐伯中佐還是老樣子，站在部隊的最前方率兵前進。我為了助他一臂之力，急忙驅車前行。

途中，因為砲擊激烈的緣故，我將司機和座車一起藏在路旁的橡膠林裡，然後獨自徒步前往第一線。結果我才剛動身不久，砲彈就命中了那輛被我藏起來的座車，司機也受了重傷。

往前進的人沒事，被藏在後方的人卻反而受了重傷，這也是命運吧！

敵方用新到前線的後續部隊建構起好幾段陣地，並以砲兵為主體，阻礙我軍前進。然而，他們的抵抗已經沒有像在金馬士那麼激烈。我看戰況正在急速好轉，於是便牽了一輛敵軍丟下的高級汽車，向佐伯支隊借了名司機，和先前受傷的士兵一起，坐著車火速趕向軍司令部。結果就在這時，車子引發了巧妙埋藏在路上的地雷——

伴隨著一聲轟然巨響，整輛車和人都往上跳了一呎有餘。玻璃碎片與爆炸的濛濛煙霧，伴隨著沙塵直撲我的臉上。這一瞬間，我忍不住有種萬念俱灰，心想「這次真的完了」的念頭。大概是汽油被火引燃了吧，整輛車裡充滿了紅色的火焰與黑煙。我勉勉強強打開了車門，跳出車外。身體並沒有特別疼痛的感覺，新司機也只有臉上被玻璃割了幾道輕傷。我們趕緊救出受了重傷的前任司機，再從燃燒的車體中取出軍刀和圖囊。最後我們在路旁等待路過的空車，搭著便車回到了軍司令部，但是一天被破壞兩輛高級汽車，實在讓我有點過意不去，儘管那都是擄獲的車輛……

我向軍司令官詳細報告前線的戰況，然後道歉說：「對不起，我弄壞了兩輛車。」

山下將軍聽到了之後只說：「哎呀，至少你撿回了寶貴的生命啊！」平素豪放的將軍，眼中也泛起了淚光。

不久之後，趕到戰場的杉浦旅團和河村旅團換手投入第一線；他們一邊修理遭破壞的橋梁，一邊急追敗敵，在二十一日傍晚佔領了拉美士（Labis）。接下來，他們憑著新來乍到、充滿銳氣的戰鬥意志展開猛烈突擊，一口氣擊破了在拉美士與永平（Yong Peng）之間利用地形障礙負隅頑抗的敵軍。杉田參謀也與這支部隊同行，結果在路上邊車翻覆，鎖骨骨折；他也拒絕入院，只是裹著石膏，繼續埋頭在情報勤務當中。那副姿態跟撐著松木拐杖的本鄉參謀，真是好一對難兄難弟。

制空權

作戰展開以來，協助本軍的第三飛行集團積極果敢、制敵機先，反過來運用敵軍機場與燃料、彈藥援助地面作戰，其功績應當永垂青史而不朽。

川島高級參謀、宮子作戰主任、笹尾情報主任，和我們第二十五軍的幕僚在人際關係上，都彼此信賴且情感甚睦。我們捨棄了航空與地面的立場差別，為了同一個作戰目的全力以赴。

新加坡要塞內有上百門的高射砲、而且也還有戰鬥機，要在白天對其實施轟炸相當困難。因此只能每天晚上，以單機潛入的方式轟炸。川島參謀也常常自己搭著一架飛機，單槍匹馬出擊。

（據後來俘虜所言）這種戰法對於干擾對方的精神狀態，似乎收到了不少的效果。

當佗美支隊攻下關丹機場的時候，因為沒辦法從陸地提供燃料炸彈的補給，所以南方總軍派了百噸級的小船橫越暹羅灣，把物資運到那裡登陸。在前方打頭陣、引領船隊的，是鈴木京參謀。他們在敵潛艦和戰鬥機的騷擾下，冒著狂風巨浪勇敢運補，對助長飛行集團的戰力，扮演了相當重要的角色。

開戰初期英軍使用的戰鬥機，是布魯斯特公司（Brewster）製造的水牛式（Buffalo）戰鬥機，轟炸機則有布倫亨（Blenheim）、博福特（Beaufort）、哈德遜（Hudson）等型號，但性能都比不上我軍的新銳機種。再加上數量方面敵我的比例是一比二，因此制空權很早就掌握在我們手中。但在一月中旬左右，當地上戰鬥終於逐漸逼近柔佛州的時候，空中勢力產生了一項變化——

那就是從英國本土增援而來的颶風式（Hurricane）戰鬥機的出現。英國由於深憂情勢惡化，於是派遣最新型機來馳援。（據邱翁的回憶錄所言）這些飛機突破了處於我軍制空下的馬六甲海峽，成功降落在新加坡島上。迄今為止，敵機都是以十來架的編隊，從高空投下炸彈，再作機槍掃射。這種做法對地上部隊幾乎不會造成任何損害。

但是，颶風式戰鬥機卻會以單機超低空貼著橡膠林頂端飛行，用令人憎惡的豪勇挑戰我軍。我軍的汽車部隊過去總是在大白天大剌剌地走在柏油大道上，從而造成路面壅塞、妨礙交通。對於這個問題，不管我們怎麼訓示責罵，都不容易改正。然而如今拜颶風式戰鬥機所賜，沒有半輛汽車敢隨便停在路上了。

伴隨著警報聲響起——不，甚至連警報聲都不用，停止的車輛就自動默默地躲到橡膠林裡去，完全免掉了整頓交通的煩擾。

只有這點，我必須由衷感謝敵軍。

嫉妒是女性的專利？

南方總軍司令官寺內壽一大將，德高望重、威風凜凜，不論就各方面來說，確實都是最適合統帥麾下各軍司令官的人選。然而，他的幕僚大多抱持著強烈的本位主義、只會紙上談兵，因此無法充分將總司令官的德望傳達給底下的部隊。

他們先是就佗美支隊登陸哥打峇魯的功績，突兀地頒贈褒揚獎狀，從而造成支隊與第二十五軍之間的情感疏隔。接著在第十八師團的運用觀念上，又釀成了令人不悅的氛圍。

根據我們在亞羅士打修正的作戰計畫，第十八師團應該在馬來半島東海岸南部的豐盛港於敵前展開登陸。之所以這樣規劃，是因為敵軍在柔佛北部的抵抗極其頑強，所以希望以東西呼應的方式，在新加坡島外將敵野戰軍主力殲滅。然而，在我軍已經突破金馬士大關的當下，採取這種作法的必要性與效果，再怎麼想都已經降低不少。不只如此，在豐盛港附近有實力強大的敵軍，佔據堅固的既有陣地嚴陣以待，又有從本土增援的空軍，對我軍動輒進行挑戰。在這種情況下，敵前登陸不只不容易，還必須做好有相當程度損害的覺悟，搞不好犧牲程度會不遜於哥打峇魯登陸戰。若是單從沙盤推演來看，讓第十八師團從豐盛港往柔佛方向突進，可以在外線作戰的情況下成功捕捉住敵方，但就現狀來看，我軍已突破金馬士，正以怒濤之勢南進，如此一來不只追趕不上敵軍，還恐怕會讓他們逃入新加坡要塞。因此，我們認為應該修正既有的計畫，讓第十八師團在宋卡登陸，然後以一兵未損的完整之姿，從陸路趕到居鑾，以期他們能在要塞攻勢上發揮突擊的威力，這樣才是對整體最有利的作法。

針對這點，我和海軍聯絡參謀、總是待在軍司令部裡面的永井太郎參謀頻繁商討，從而得出完全一致的共識。永井參謀是位性格開朗的人，在他身上完全沒有陸海軍之間的隔閡，和本軍的全體幕僚也都處得相當好。儘管陸海軍的地盤之爭素來讓人頭大不已，但至少在馬來亞作戰上，我還是希望能留下陸海軍一體的模範，因此在一切的情報與作戰考量上，都會事無巨細地向海軍參謀表明，並且和他商討。

透過永井參謀，我們和南遣艦隊的小澤長官也取得了密切聯繫。結果海軍也表示完全同意，認為應該讓第十八師團在宋卡登陸。儘管如此，總軍幕僚卻堅持原案，頑固主張應該讓他們在豐盛港進行敵前登陸。而且，他們似乎還對前線陸海軍的意見一致感到嫉妒。總軍參謀長[5]就發了這樣一封令人感到很不舒服的電報給本軍的鈴木參謀長，上面是這樣寫的：「你們在和海軍聯繫的時候，內容應當有所保留，特別是對於總軍與第二十五軍正在交涉的事項，更需注意不能事先洩漏給海軍。」

在陸海中央無法達成意見一致的登陸哥打峇魯問題，靠著前線陸海軍的互讓與信賴，得以漂亮地解決。從那以後，我們就超越了陸海軍的意識，建立起深厚的感情，在後來的作戰當中，也幾乎沒有產生任何齟齬和對立，如今更是已經達到水乳交融的的地步。從這點來看，總軍的部分幕僚，恐怕是對我們兩方的合作無間，以及山下將軍的威望，萌生出某種類似妾婦般的嫉妒之心了吧！

收到這份電報時，我們所有幕僚全都啞口無言。我立刻執筆起草，回應對方說：「時值此等左右國家命運的大戰遂行之際，本軍一貫之態度，乃忘卻陸海軍之區別，對海軍方面事無大小，皆秉持誠意、坦

5 譯註：塚田攻中將，原本是杉山元的副手，屬於強硬的開戰派。

然以對，並於事前進行密切聯繫。今後我等亦將秉持此種同心一體、團結合作之態度，不會有任何改變。」

總軍的青木重誠副參謀長，眼見新加坡作戰迫在眼前，總軍和第二十五軍的感情卻日趨冷淡感到憂心不已，於是親自從西貢搭著飛機前往金馬士，到軍司令部拜會山下將軍。這種緊繃的氣氛能夠緩和，全都多虧青木中將的性格。

輔佐總司令官的幕僚，不正應該選擇這樣的人才對嗎？！

只要是立基於現實、根據堂堂正正的作戰原理所提出的主張，就算上級司令部想憑權威橫加阻撓也沒辦法。結果，第十八師團的主力照著本軍與南遣艦隊的意見，於一月二十日從金蘭灣出發，在宋卡登陸，並經由陸路在一兵未損的情況下，集結到居鑾。

然而，在這個問題上大失面子的總軍，馬上又在飛行集團的使用上予以報復——為了蘭印作戰，他們在毫無預警的情況下，突如其來地將航空主力轉用到該方面。

「南方作戰——不，應該說整個太平洋戰役的決戰點就在新加坡。結果在對新加坡的正式攻擊迫在眉睫之際，卻要拔除空軍主力對我軍的協助，這是什麼意思！萬一功虧一簣的話，誰來負責！」

我這樣說道。就連山下將軍，也無法抑制臉上的不快神色：「好吧！看這種情況，我們是無法指望飛機的協助了。既然如此，那就只好從軍司令官本人以下，全體一起拚死攻打新加坡了！」

我們全都下定了這種悲壯的決心。

我們把軍司令部推進到皇家高地（Bukit Timbalan），然後自司令官以下，全體人員一起頂著武吉知馬（Bukit Timah）高地的砲彈挺身作戰吧——我們甚至已經萌生出這樣的念頭。

雖然我們常會認為嫉妒是專屬於女性的心理特質，但其實男性、特別是軍人之間，也存在著不遜於女性的嫉妒心。

相較於看到某個人表現好，就會想拉他一把、盡力協助他的態度，在這支戰敗的陸軍中，更多的是看人好就眼紅、從周圍一擁而上、想拉他下馬的傾向——不，說得更精確一點，這或許是生長在狹窄島國上的日本人所具備的先天性格也說不定……

在戰場統馭的過程中，我們屢屢可以看見高等司令部間相互對立摩擦的情形。然而這種狀況，多半是因「幕僚的嫉妒」所造成的禍害。

峇吉里殲滅戰

當第五師團在金馬士附近苦戰的時候，從海岸方面推進的近衛師團，以國司追擊隊（步兵第四聯隊）朝海岸道路方面、岩畔追擊隊（步兵第五聯隊）經馬六甲西北地區，朝麻坡河（Muar River）一線展開追擊。國司隊以步兵一個大隊進行海上機動，繞到敵軍背後登陸，主力則是在不流血的情況下，從陸路進入馬六甲並佔領之。十五日晚上，他們抵達了麻坡河口[6]。

6 編註：第四十五印度旅負責抵擋日軍渡過麻坡河的企圖。日軍利用小艇選渡河的地點，威脅到整個柔佛州防線的當面與側翼，因此導致澳洲第二十七旅 2/29 營從金馬士抽出，支援四十五旅。同屬澳洲第八師的第二十二旅 2/19 營則從東岸的豐盛港抽調，加強防務。

岩畔隊在十二日從雪邦（Sepang）出發，在馬接（Machap）附近遭遇到一股大約六百名的敵軍，將之擊破後，在十五日抵達麻坡河口一線，做好渡河的準備。

麻坡河口呈現出一副大障礙的模樣，不過幸好在這裡的敵人抵抗並不激烈，於是兩支追擊隊的主力在十六日早上渡河成功。這時候，獲得北上增援生力軍的強勁敵人，在峇吉里西邊佔據了堅固的陣地[7]。岩畔聯隊長以配屬的戰車中隊及聯隊為主力，從正面對敵人展開攻擊，然後又派大柿大隊潛入靠近海岸的密林，來截斷峇吉里的敵軍退路。

五反田戰車中隊冒著敵火向前突進，但在地雷區與砲彈的集火下，十輛輕戰車一下子就陸續遭到破壞。戰車成員於是捨棄戰車、企圖展開徒步突擊，但最後終究在全員圍繞著中隊長的情況下壯烈戰死。

就在這場激烈的正面攻擊完全牽制住敵方注意力的時候，大柿大隊繞到了他們的退路上。慌張的敵軍連忙將主力掉頭，對大柿大隊展開反擊。該大隊傷亡頗眾，包括大柿大隊長也陣亡，但終於擋住了對方的反撲。我軍更進一步從正面猛攻，國司追擊隊也從海岸方面深入，反覆不斷從背後切斷巴力士隆（Parit Sulong）東方的橋梁，完全斷絕對方的退路，最後終於在戰場上殲滅大約一個旅的敵軍，立下赫赫功勞。這是從十六日到二十二日間，連番苦鬥的結果。

五反田中隊全滅後，繼承遺志繼續奮勇向前的戰車中隊，是由三浦大尉指揮的中戰車部隊。他們對塞滿道路的敵軍加以蹂躪，一邊襲擊砲兵陣地一邊向巴力士隆的橋梁突進，徹底給予敵人致命一擊，這份大功和五反田中隊的犧牲，都應永久被銘刻在記憶之中。

三浦大尉是我過去在陸士當中隊長時相當疼愛的學生。當他任官之後，給人的感覺就是個溫順的青年，也沒有任何特別突出的事蹟，但責任心卻比任何人都來得更強。他親眼目睹同僚戰死，在激憤之餘不顧自己身受重傷，宛若修羅般奮勇突擊，那身影至今仍在我眼前歷歷浮現。

在峇吉里被我們「一口吞掉」[8]的敵軍，是英軍第四十五印度旅（45th Indian Infantry Brigade），以及澳軍第八師 2/29 營。曾經有一度，正面攻擊部隊和大柿部隊都面臨令人捏一把冷汗的戰況。殲滅戰在很多情況下，都是從這種千鈞一髮的局面中產生出來的。

當戰役結束、進行戰績調查時，我們查明戰場真相，決定頒發部隊獎狀，表揚為全軍付出寶貴犧牲的五反田中隊與大柿大隊。

突擊部隊抵達

佗美支隊佔領關丹之後向西方轉進，一路沿著叢林裡的山道，跋涉渡過沒有橋梁的河川，最後終於在一月二十四日抵達吉隆坡，並在二十九日將兵力推進到居鑾。總軍原本意圖讓第十八師團的主力在東海岸方面登陸，於是下令木庭聯隊[9]全力在哥打峇魯登陸，追趕佗美支隊。但是在這之後，因為師團主力

7 編註：英軍是澳洲第二十七旅 2/29 營少了一個連及一個排的兵力，加上第四澳洲戰防砲的一個排。在上述接戰之後，突破日軍戰線與 2/19 營會合。雖然兩個營都蒙受重大傷亡，但在結合第四十五印度旅的殘兵，他們成功突破日軍在巴力士隆的戰線，返回澳洲第八師在永平的防線。
8 譯註：日語的「一口吞掉」，其狀聲詞（パクリ）正好與「峇吉里」諧音。
9 譯註：步兵第五十五聯隊，指揮官木庭大。

圖八　峇吉里—巴力士隆周邊殲滅戰

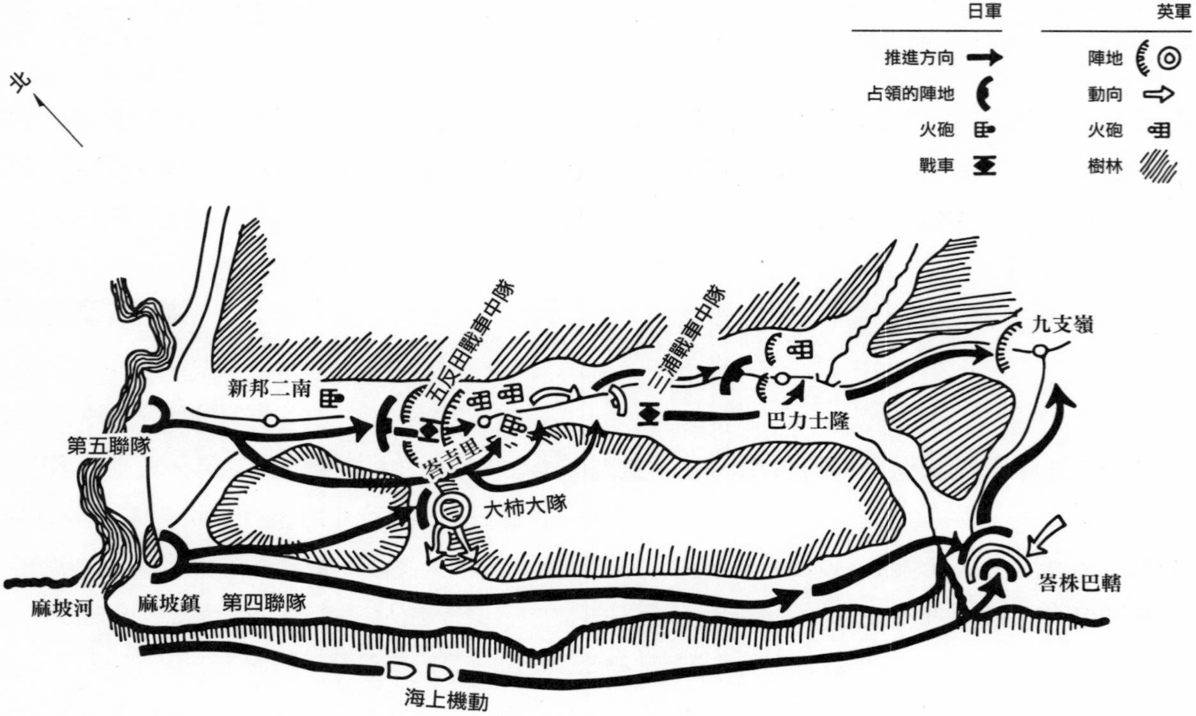

改成在宋卡登陸，所以木庭聯隊便取代了佗美支隊衝向興樓（Endau），然後更進一步南下，攻擊豐盛港的敵軍。

豐盛港是敵軍最重視、也是東海岸最大的據點。這裡由澳洲第八師的一個旅固守，在要點配置了用水泥築成的碉堡，還拉上了兩三道的鐵絲網。然而，它的火砲幾乎全部都面對著海上，於是木庭聯隊便巧妙地鑽過叢林，從它的背面進攻，企圖把對方一舉趕下海。最後，敵軍在驚慌失措下放棄了堅強陣地，大部分陷入潰滅。因為木庭聯隊的兵力僅僅只有兩個大隊，卻要攻擊為數大約三倍的敵人，本軍怕他們有危險，於是命令第五師團長，要他派佐伯支隊從關丹往東北方突進協助木庭支隊。這個指令對於擊破豐盛港的敵軍，產生了很大的幫助。

當木庭聯隊長訊問俘虜的敵軍軍官時，對方用非常憾恨的語氣說：「為什麼日軍會看準那種我們意想不到的地方呢？要是他們從海上堂堂正正過來，我保證他們連一個人也衝不上岸啊！」

在這場戰鬥中耳垂被打穿的木庭大佐向軍司令部報告狀況時，毫不掩飾地陳述了自己的感想：「老實說，那個陣地要是從海上發動攻擊的話，是真的拿不下來的。光是看就讓人覺得有夠恐怖的哪！」

正如前面所想的，如果讓第十八師團的主力，在這個敵軍嚴陣以待的正面登陸的話，那結果會變成怎樣呢？我想應該不只我一個人會感到毛骨悚然吧！儘管因為這個問題，我們和總軍出現了嫌隙，但能因此免去數千死傷，想想還是比什麼都來得幸運。

—·—

牟田口師團長麾下的三個聯隊都被當成支隊給分出去，手邊只剩下一個步兵聯隊[10]和砲兵主力，在金蘭灣成天感嘆髀肉復生。這樣的他每天都發來如雪片般的催促電報，請求讓他盡早趕上本軍主力、參與新加坡作戰，軍司令官都被他給弄煩了。

一月二十日，他終於從金蘭灣出發，並在二十三日於宋卡登陸。但是要穿過約一千公里的陸路，進而趕上新加坡作戰，光靠師團本身的力量是不可能的。他們的汽車只有大約兩百輛左右，靠這些來運輸至少要跑兩趟半，因此說到底是趕不上作戰了。

儘管在鐵路相關人員拚死努力下，到一月底應該是可以把鐵路開通到金馬士附近，但是他們必須投注全力在搬運十基數的彈藥上，因此連一輛鐵路貨車也撥不出來幫第十八師團。故此，補救的方式只有一個，那就是從第五、近衛兩個師團身上削肉下來幫忙了。

按照軍司令官的意思，我們得和兩師團商量，希望能夠盡量從他們手上榨出夠多的汽車來。畢竟這兩個師團自登陸以來，在各地的戰鬥中，獲得了大量邱翁慷慨捐贈的英軍上好的汽車，數量已經膨脹到定額的將近兩倍左右。雖然我們屢屢詢問他們實際數字究竟為何，但他們一直都沒有老實向上呈報。據我們大致估計，他們在定額外，至少還有五百輛左右的車。於是我立刻打電話給這兩個師團的作戰主任問道：「我們要去宋卡迎接牟田口師團，你們師團能夠抽出多少輛汽車？」

結果不出所料，他們兩邊都回答「沒有餘力」。

「很好，既然你們說抽不出來，那我也不會勉強你們出車。不過，我倒要再問問兩位師團長（松井、西村），在同窗牟田口閣下面臨困境之際，他們是不是真要擺出一副不知情的面孔，且毫無想幫忙的意思！」

說完，我就語氣粗暴地掛斷了電話。結果過沒多久，第五師團就又撥電話過來。他們表示，松井師團長願意盡一切努力，來協助第十八師團。

「很好。那我要師團抽出妥善的卡車一五〇輛，配上司機，在一月二十四日早上抵達宋卡。指揮這支運輸部隊的指揮官是誰，也立刻呈報給本軍。」我如此提出要求。

接著，近衛師團也做出了類似的回應，而我當然也做出了跟前面同樣的指示。

就這樣，我從原本堅持「沒有的東西就是沒有」的兩個師團嘴裡，讓他們吐出了合計三〇〇輛的汽車。在宋卡登陸後，正陷入寸步難行、窮途末路窘境的牟田口中將眼前，突然出現了意想不到的三百輛卡車前來迎接，這讓他不禁流下了男兒淚。

加上師團原本持有的車輛，一共五百輛汽車滿載著幹勁十足的將士，抵達位在居鑾的軍司令部。一月二十八日，他們和先一步抵達的木庭、佗美[11]兩部隊會合，集結了師團的主力（除了派遣到婆羅洲的川口支隊[12]以外）。

當滿臉通紅的牟田口中將在這天向軍司令官報告的時候，提到本軍的關懷以及兩位師團長的援助，

10 譯註：步兵第一一四聯隊。
11 譯註：步兵第五十六聯隊。
12 譯註：步兵第一二四聯隊。

忍不住又感激地流下了眼淚。

在期待已久的新加坡攻勢之前，這支擔任突擊部隊的戰力能夠趕上戰機、且毫髮無傷地集結在戰場上，這份喜悅不要說牟田口中將，就連所有人都是一樣的吧！

在新加坡攻略戰中，牟田口中將始終站在師團的最前方，屠殺武吉知馬、攻陷吉寶（Keppel）軍營；之所以如此，正是因為感激山下將軍的知遇之恩啊！

令人感動的新山進城

在杉浦旅團佔領拉美士的同時，第五師團長也派遣河村旅團，朝鐵路沿線展開追擊。旅團的一部分在二十五日晚上七點攻佔機場[13]，主力則從東方往南方迂迴，在同日的午夜佔領了居鑾。

杉浦旅團從主幹道地區猛追敵軍，在二十五日佔領位在第一線的亞依淡（Ayer Hitam），呼應河村旅團。他們一邊修復遭到徹底破壞的橋梁，一邊擊破敵人頑強的抵抗，將兵鋒的重點指向了居鑾——令金（Rengam）幹道方面。

他們突破在令金南方盤踞數線陣地的敵軍，在二十八日佔領賴影賴影（Layang-Layang），三十一日早上佔領士年納（Sedenak）近郊，俘虜了正沿著叢林往附近橡膠林逃走的一千五百餘名敵軍（英軍第九印度師二十二旅），解除他們的武裝。

在一月三十一日凌晨三點半，師團的前鋒終於衝進期盼已久的新山。

我們當初原本考慮以近衛師團朝南方發動攻擊，截斷位於第五師團正面之敵軍主力的退路，但當他們在峇吉里、巴力士隆附近耗費數天戰鬥的時候，第五師團已經獨力突破了居鑾附近的敵軍陣地並繼續南進。因此我們改變最初的預定計畫，讓近衛師團的一部分去對抗永平的敵軍，至於主力則更加深入，從沿岸地區對峇株巴轄附近的敵人展開攻擊，從而救出先前以舟艇機動在新加蘭（Senggarang）附近登陸、此刻正在孤軍重圍中奮戰不懈的挺進大隊。

當國司追擊隊的一個大隊以舟艇機動方式，在遙遠的新加蘭附近奇襲登陸的時候，敵軍的慌張實為筆墨難以形容。他們趕緊從各方面抽調拼湊兵力，進行了持續約一週的反擊，但在擊破我軍之前，就遭到了全軍瓦解的命運[14]。

以豐盛港為右翼，捨棄居鑾、在峇株巴轄一線設置柔佛河最後抵抗防線的敵軍，就這樣在近衛、第五兩師團果敢的追擊下，陷入了敗退的境地。

就在近衛師團的第一線逼近新山的時候，第五師團也幾乎同時抵達。

雖然從宋卡登陸、突破日得拉防線到進入亞羅士打之際，我們都有按照預定時程達成任務。在新山這裡更是連一天都不差，徹徹底底地準確命中計畫時間點。

我臉上洋溢的感動淚水，怎麼擦也擦不盡。我搭著汽車，飛也似地前往仍有殘敵出沒的新山，走訪

13 編註：加亨機場（Kahang），位於三板頭（Jemaluang）西邊。
14 編註：英軍撤退到龍引（Rengit）周邊。小部分部隊經由陸路與英軍主力會合，其他主要約二千人，則是由皇家海軍的協助，在連續四個晚上經過海路往後方撤退。

最先入城的部隊。看哪，在皇家高地上，日章旗正隨著海風飄揚，眼下所俯瞰到的，正是新加坡的土地啊！

從泰國南部登陸以來，在僅僅五十五天的時間，我們在地面突破了一千公里，其長度足以匹敵東京到下關的距離。在這當中，我們共歷經了大小九十五場戰鬥，修復了二五〇多座橋梁，最後終於留下了戰史上前所未見的快速進擊紀錄。換句話說，我們平均一天突進二十公里、戰鬥兩次、修復四到五座橋梁。同時，我們也以無武裝的小艇，在敵人勢力範圍內的西海岸，果敢推進了六五〇公里，從而創下不遜於地面的優秀實績。

百年來支配東亞的英國核心堡壘，如今正在眼下垂死掙扎。

冒著驚濤駭浪在泰國南部登陸、潛入酷熱的叢林、擊破頑強的敵人，將被視為不可能的馬來亞縱貫作戰完美達成，這一切都得歸功於第一線將士的勇敢奮鬥。

可是，真正的戰鬥從現在才開始。以難攻不落自豪的一流近代要塞，如今正在疲憊不堪的我們眼前，展現出它那大膽無畏的驕傲面容。

寬度達到一千五百公尺以上的柔佛海峽，在滿潮的情況下漲滿了水。在它的左前方，有令人毛骨悚然的實里達軍港（Seletar Naval Base）盤踞著，登加空軍基地（Tengah Air Base）仍然有好幾十架的敵方戰鬥機不停起降。在橡膠林的各地，不停冒出直衝天際的黑煙。

為數將近一千門、擁有近乎無限彈藥的敵軍大小火砲，正嚴陣以待我軍的進攻，林立的高射砲也以濃密的彈幕阻止我軍的飛機。儘管背面防禦仍然是弱點，但要在紀元節（二月十一日）前攻陷這座大要塞，真的必須竭盡一切神算鬼謀才行。

我站在皇家高地上，就著地圖對照前線狀況，進行詳細的觀察。針對攻城重砲的展開、師團的攻擊準備位置、前岸的防禦配備等，我逐一進行具體檢討，並將在吉隆坡擬定的攻擊計畫腹案更進一步地具體化——不過在我看來，並沒有從根本上進行修正的必要。

我回到居鑾的軍司令部後，當晚便徹夜起草新加坡攻略計畫，以及立基於此的本軍命令。朝枝、國武兩位參謀作為我的左膀右臂進行輔助、後方各參謀為了將十基數彈藥如預期集結而竭盡全力、杉田情報主任則絞盡腦汁，判斷從英國本土增援的兵力。

從東京前來的富永人事局長與田中作戰部長，攜手拜訪了軍司令部。我們三個老朋友在參謀長室內盡情暢談，一直持續到夜深。

——·——

作戰開始以來，我軍在人力物力各方面的戰果主要如下：

（一）以三萬五千多的兵力對八萬敵軍，擊潰敵方五個旅（約二萬五千人）。

（二）擄獲的主要物資包括了：

飛機十三架、各類火砲約三三〇門、輕、重機槍約五五〇挺、裝甲車約五十輛、汽車約三千六百輛、火車頭、貨車約八百輛。

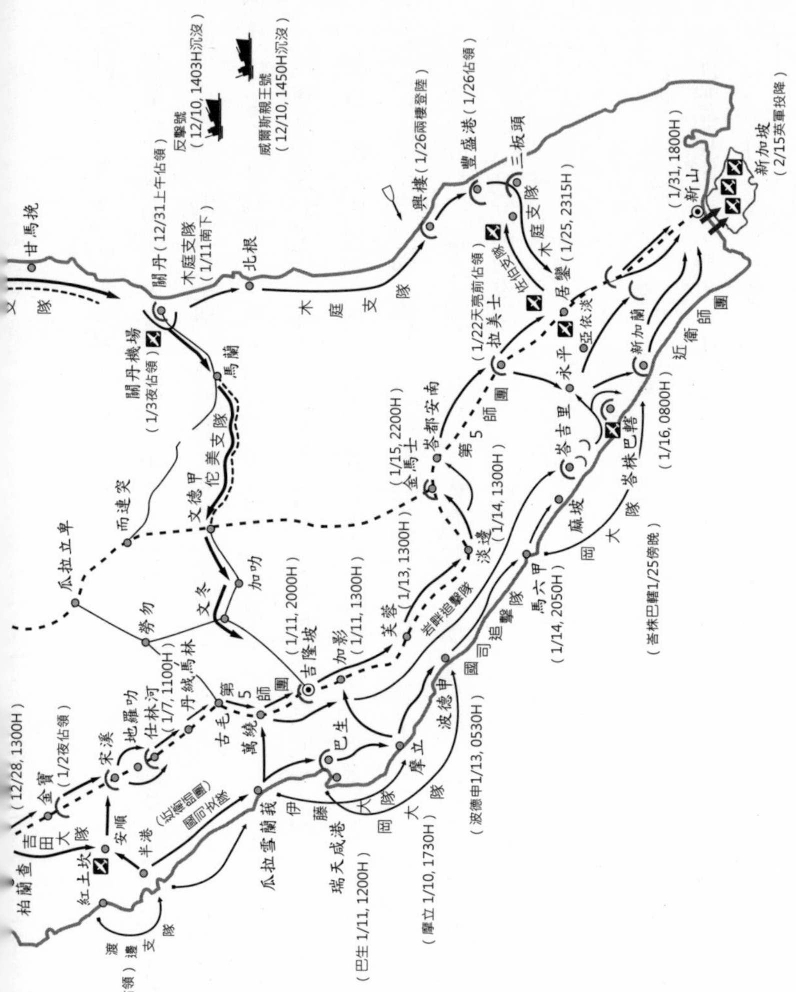

柏蘭查
紅土坎
吉田大隊
金寶
（12/28, 1300H）
（1/2夜佔領）
安順
半港
宋溪
地羅叻
仕林河
（1/7, 1100H）
丹絨馬林
古毛
萬撓
第5師團
渡邊支隊
（安順1/2天亮前佔領）
（近衛師團）國司支隊
瓜拉雪蘭莪
伊藤大隊
瑞天咸港
（巴生 1/11, 1200H）
岡大隊
（摩立 1/10, 1730H）
巴生
摩立
波德申
（波德申1/13, 0530H）
國司追擊隊
吉隆坡
（1/11, 2000H）
加影
（1/11, 1300H）
芙蓉
（1/13, 1300H）
岩畔追擊隊
淡邊
（1/14, 1300H）
馬六甲
（1/14, 2050H）
金馬士
（1/15, 2200H）
岩都安南
麻坡
岡大隊
峇株巴轄
（峇株巴轄1/25傍晚）
（1/16, 0800H）
峇吉里
永平
亞依淡
新加蘭
近衛師團
拉美士
（1/22天亮前佔領）
佐伯支隊
居鑾
（1/25, 2315H）
木庭支隊
新山
（1/31, 1800H）
新加坡
（2/15英軍投降）
三板頭
豐盛港（1/26佔領）
興樓（1/26兩棲登陸）
北根
木庭支隊
關丹（12/31上午佔領）
木庭支隊
（1/11南下）
關丹機場
（1/3夜佔領）
馬蘭
佗美支隊
文德甲
而連突
瓜拉立卑
勞勿
文冬
加叻
甘馬挽
反擊號
（12/10, 1403H沉沒）
威爾斯親王號
（12/10, 1450H沉沒）

圖九　日本第 25 軍馬來亞作戰

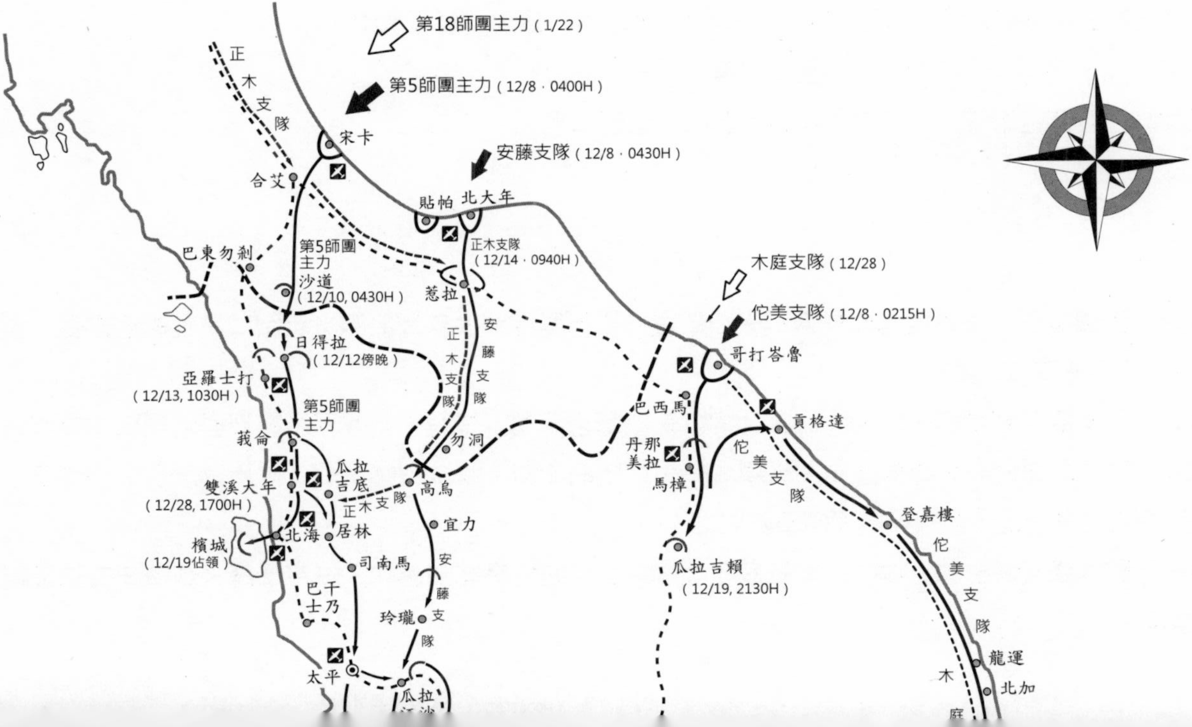

為此付出的寶貴犧牲為戰死者一千七百九十三人、負傷二千七百七十二人，合計四千五百六十五人。不過出乎意料的是，在戰役中罹患疾病的人相當之少，特別是先前認為無法避免的瘧疾患者，更是幾乎連一個都沒有。之所以如此，理由大概包括了以下幾點：士氣旺盛、軍紀嚴正、作戰順利，沒有出現極端勉強的狀況，即使在戰鬥部署的情況下，也能逐次讓第一線將士輪調休養。

不只如此，還有數字所無法呈現的重大戰果——

那就是「時間的縮短」，以及「對敵必勝信念的強化」。

—— · ——

邱翁在回憶錄中，這樣評論我軍的馬來亞作戰：「在戰前便針對地形與條件進行了詳盡的研究，是一場準備周到的大規模計畫。」

確實，從我們的閃電戰來思考，是很容易得出這樣的結論。可是，在參加這場作戰的指揮官以及幕僚中，戰前曾有旅行馬來半島經驗者，找遍全軍也是屈指可數。就算是我，也只有在短短的一小時中，在泰國南部與馬來半島北部上空實施過偵察而已。

如果我們真像邱翁所言，有長期且周到的計畫準備的話，那我敢斷言，這次作戰大概還可以再縮短一個月時間。

當山下將軍走訪德國，跟戈林元帥（Hermann Göring）私下會談的時候，德國的軍事專家預測說，「攻打新加坡需要五個師團，且至少須要花上一年半的時間。」

第六章

新加坡爭奪戰

遠東的鎮海石

新加坡是英國支配亞洲的鎮海石。它不只是保衛印度的東大門，也是防衛澳洲的北方鎖鑰。從歐洲往東洋的航路以新加坡為軸心，北通上海、香港，東抵澳洲與蘭印的寶庫。這兩條動脈，乃是數世紀以來英國支配太平洋的關鍵，而其心臟正是新加坡。

一八一九年一月二十九日，新來乍到、充滿銳氣的英國人萊佛士，率領若干軍隊在這裡登陸，並揚起了聯合傑克旗。接著在二月九日，他透過巧妙的外交手段籠絡了柔佛蘇丹拉曼（Abdul Rahman Muazzam Shah），僅以少量金幣便獲得了當地的永久租借權，開始著手建設貿易港。當時新加坡的居民僅僅只有一百五、六十人，還是零星散布的原住民部落，堪稱是一片荒涼寂寥的蠻野之地。之後在一八二四年，這座島又正式讓渡給英國東印度公司。

新加坡在軍事設施上進行強化是始於一九二三年，也就是華盛頓會議的兩年後。究其原因，乃是對於英日同盟廢棄的回應。在英美聯合起來，以五：五：三的比例強壓日本、限制日本海軍膨脹的同時，他們也巧妙地把此地劃分到防禦限制的範圍外，並訂立了一項十年計畫，投入高達一千幾百萬鎊的預算，要在這裡築城。一九三八年，喬治六世船塢（King George VI Dock, KG6）落成[1]，新加坡呈現出一派近代要塞的姿態，和直布羅陀、珍珠港、馬爾他並列為世界四大要塞，以豪壯的聲威而自傲。

1 編註：位於今日三巴旺海軍基地內，可以容納當時新銳的無畏級戰鬥艦（Dreadnought Class）作維修。

隨著支那事變的發生，日英勢力在東亞的對立日益尖銳，於是英國在這裡設立了遠東軍總司令部，在樸芳上將（Robert Brooke-Popham）的統帥下，意圖將東亞殖民地軍隊統合為一。他們以英印軍、澳軍等強化其防衛力，更在美國的援助下，將軍備前所未見地增強。在開戰前夕、日美交涉達到最高潮的時候，新加坡號稱「全島披上精鋼鎧甲、固若金湯的城池」，又有「威爾斯親王號」、「反擊號」兩艘精銳戰艦不辭千里進駐此地，用以威嚇日本。日本人至今對此應當記憶猶新才對。

在地緣政治的位置上，新加坡已經自然形成一座易守難攻的要塞，再加上設備強化，更是具備了近代大要塞的威容。在面對海岸的方向，它裝備了為數眾多的十五吋砲，特別是在扼守柔佛海峽東口的樟宜角，更是構築了有巨大軍營群環繞、以鋼鐵和水泥加固的強大要塞設施。世界最大的十八吋巨砲，令人毛骨悚然的砲口正對著這邊的海面。登加、加冷（Kallang）、實龍崗（Serangoon）等軍用機場，都相當適合當作大規模空軍的根據地，實里達軍港也有可以收容五萬噸級戰艦的兩座船塢。

喬治六世船塢長一千英尺、寬一三〇英尺、深三十五英尺，使用的混凝土總量達到九十萬立方碼。不只如此，它還有一座規模不遜於此的浮動船塢。這座船塢是在英國本土建造，再分成兩節拖曳至此，被繫留在全長一千英尺、寬三〇〇英尺、深七十英尺的泊地當中。

在大約一百座的大型油槽裡，滿滿儲備了足以供應全英國一二五萬噸艦隊半年的燃料，以備有事之需。

這座耗費十年歲月、投資一千幾百萬鎊鉅資的港口，在一九三八年二月落成。在盛大的軍港開港儀式中，英美陣營的各國軍艦排列成行，展現出對日本南進的威嚇態度。

一九三八年五月，美國為援護英國，向議會提出「一九三八年海軍法案」（Naval Act of 1938）。但在這項法案還未開花結果之際，這座要塞便以「沒有雞的雞舍」之姿，投入了太平洋戰爭。儘管它是座號稱「不管任何來自海洋正面的攻擊都無法攻陷」的巨大要塞，但還是有重大的弱點。那就是如前所述，它在面對陸地（柔佛方面）的直接防禦設施還未完成。與其說這是要塞設計的缺陷，還不如歸咎於防衛作戰計畫的不夠完善。簡單說，他們按照常理，判斷從泰國南部登陸、冒著酷暑越過一千一百公里的遠距離，潛過密林展開攻擊，應該是不可能的事情吧？就算萬一日軍展現出這種企圖，他們也可以利用長遠的空間，爭取一年以上的作戰時間。在這段期間，陸地正面的防禦措施也得以完成。對於他們這樣的期待，其實不難想像。

我們能以僅僅五十五天席捲馬來半島，這是凡人的腦袋所無法想像的狀況。邱翁在回憶錄中表示，他相信新加坡的背面防禦理所當然一定擋得住日軍。按常理想，這確實是無誤之事。他在一九四二年一月十九日，才初次從魏菲爾將軍的報告中得知，新加坡不只在背面防禦不曾設有永久性的要塞設施，而且自開戰以來，面對日軍在法屬印度支那南部日益站穩腳步的情況，不管哪個司令官，居然都沒有考慮過要構築野戰防備設施——不，說得更精確一點，這樣的設施根本不存在。當他得知這項事實之後，不禁為這難以饒恕的怠慢感到痛憤不已。

邱翁的痛憤也是理所當然。英國在馬來亞的司令官，就連一個具備邱翁十分之一熱情與責任的人都找不到。這對英國而言是大不幸，但對我們日軍來說，則是出乎預料的幸運。

籌備攻略計畫

我們把人力所及範圍內盡可能蒐集到的所有資料全部集結起來。然後以此為基礎，針對新加坡防衛的敵方兵力與企圖，做出以下的判斷。

（一）開戰前，我們判斷新加坡與馬來半島的守備兵力應該是野戰部隊五、六個旅，義勇軍兩個旅，但是根據之後對戰俘的訊問，我們判定到一月底為止，要塞守備的兵力大致如下：

第三印度軍（第九、十一師）——實力損失過半

澳洲第八師——實力損失三分之一

第四十五印度旅——潰滅

第五十三印度旅——潰滅

從英國本土增援的新進約一個旅

馬來人及華僑義勇軍約兩個旅

總計……實力約兩個師、純戰鬥員約三萬（但實際大約是這個數字的兩倍）

（二）敵軍以上述兵力固守要塞，照理說抵抗應當會相當頑強，但因為包含眾多非戰鬥人員的緣故，並沒有辦法抵抗到最後一兵一卒。特別是加上開戰後逃入島內的避難民眾，整個新加坡的人口超過百萬。儘管軍糧的準備可供一兩年之需，卻無法籌到足夠的糧秣來養活百萬居民，這是防衛上的最大弱點。

（三）他們將防禦重點都指向海岸，至於背面防禦，則只是開戰後兩個月急就章趕出來的東西。雖然有掩蔽良好的陣地還有鐵絲網，但沒有永久性的防禦工事，野戰陣地也只是略為堅固的程度，只要十五公厘以下的火砲，就有辦法破壞壓制。

（四）由於他們配備防禦的重點主要是軍港，所以都集中在長堤以東。防禦新加坡市的最後抵抗線應為武吉知馬高地，水庫易手將會成為他們的致命傷[2]。

（五）柔佛海峽漲潮和退潮的水位差約為兩公尺。雖然潮流相當湍急，但還是能使用折疊機舟泅渡。儘管在海峽西口處有敵砲艇、殘存的部分空軍會作騷擾，從而使得渡海多少有些困難，但我軍大勢仍然莫之能禦。又，水雷除了在海峽入口處有布設以外，其他地方似乎沒有。預估他們可能會採取所謂的「火海戰術」，在局部水面上放流重油後點火。

讓我魂縈夢牽的新加坡，此刻已被站在柔佛皇家高地上俯瞰的我盡收眼底。從很早以前就已經研究立案的攻擊計畫，其根本方針即使在我立足於第一線、獲得直接目擊的情報後，也沒有作任何改變。若是照理想來說，本軍的攻擊計畫照順序，應該是先命令各師團、重砲兵隊蒐集情報，然後針對結果進行統合性檢討立案，最後再基於此下達軍命令才對。可是按照這種正規做法的話，只會延誤攻擊時機而已。

2 編註：新加坡水庫只是做為儲水用的水庫，食用水是通過新山連結新加坡的新柔長堤的水管輸送過來的。由於長堤已經被炸斷，水庫及輸水管也被轟斷，剩餘的水資源僅能供星島百萬居民使用幾天而已。

我們必須趁在馬來半島的撤退行動中疲勞困憊、士氣沮喪、倉皇逃入要塞當中的守備部隊還來不及喘過氣來的時候，盡早發動攻擊才行。

在整體地形、目擊敵情，以及我方戰力都已經獲得充分判定的情況下，接下來我們所該做的，就是盡速將本軍的意圖向各部隊明示，以提供他們備戰以及行動的準則。至於在這之後因為敵情判明而導致計畫、命令有部分變更，那也無損於軍命令的權威。

我回到居鑾的軍司令部，徹夜起草攻略計畫，並在第二天早上獲得軍司令官的認可。在二月一日早上十點，我們將大約四十名的各師團長、獨立部隊長，集結在砲聲隆隆的士姑來（Skudai）[3]橡膠林中，由山下將軍本人親自下達嚴格的軍命令。

朗讀命令的山下軍司令官因激昂而脹紅了臉，底下聆聽的受命者，則是不停讓感激的淚水滑落臉頰。我想，自宋卡登陸以來犧牲的一千七百餘位英靈，此刻一定也在我們身旁共同聆聽著吧！

我們用水壺的蓋子斟起一點御賜的「菊正宗」清酒，靜靜地乾杯。

「真是一個適合犧牲生命的好地方。我們一定會贏得勝利的！」

因為不打算活著回去，所以我把唯一的一個小行李箱放在西貢的總司令部裡，自己則只帶著一個圖囊，一身輕便地打了兩個月的仗，連內衣褲都長滿了蝨子。但為了今天，我特地換上了一身全新的衣服。

「生」乃人之所欲，「死」乃人之所惡，然而此刻站在這裡，我卻深深感覺到，若能在這個戰場上迎接人生終將面對的「死」，那是多麼幸福的事啊！

— · —

我們的攻略作戰計畫如下所述（以下僅擷取要點）。

一、方針

本軍若是擊破柔佛海峽以北的敵人，則須做周到的準備。一方面將敵軍牽制在長堤以東，另一方面則全力強攻長堤以西的地區，首先迅速抵達武吉知馬附近的重要戰線，繼而攻陷全島。

二、指導要領　第一期（攻擊準備期間）

（一）若是擊破新山附近的敵軍，則各師團以一部分兵力佔領河岸，掃蕩海峽北岸的敵敗殘兵，並將海峽大約二十公里以內的居民全數遷走。同時一面掩護砲兵展開，一面把敵情地形的蒐集交給他們，主力則如下述集結，為爾後的攻勢做準備。近衛師團應努力、積極、廣泛地實施佯攻，以期牽制長堤以東之敵軍。

3 編註：新山西北邊的小城鎮，距離新山不到十三公里。

主力集結地點如下：

近衛師團　地不佬（Tebrau）及馬西（Masai）附近

第五師團　士姑來東側地區

第十八師團　水源地高地東側地區

（二）軍砲兵隊（十五公厘榴彈砲四十八門、十公厘加農砲十六門、氣球一中隊）將主力部署在新山北側地區，一部分於五七二高地附近佔領陣地，和師團砲兵一起阻撓敵軍使用機場，主要則針對克蘭芝河（Kranji River）以東地區的敵軍重要軍事設施進行破壞，並適時制壓敵砲兵。為達成上述目的，第五、近衛兩師團砲兵，應針對各自作戰區域內的油槽、機場，及其他緊要目標進行射擊，軍直轄砲兵隊則對登加、三巴旺（Sembawang）兩座機場，以及巴西班讓（Pasir Panjang）油槽加強火力。

為了對抗敵砲兵，軍砲兵隊與師團砲兵的戰鬥區域，應以登加河—萬禮（Mandai）車站—實里達機場北端—實龍崗及實龍崗河下游一線為準。

本攻擊之彈藥使用標準如下：

試射準備及攻擊準備間之射擊　一基數

突擊（渡海）準備間　四基數

至奪取武吉知馬高地為止　二點五基數

爾後之戰鬥及預備　二點五基數

合計　　十基數

（三）進駐柔佛海峽後，至攻擊開始的準備日數預定為五日，視狀況得以變更。

第二期（攻擊新加坡時期）

（一）當攻擊新加坡島的準備完成後，與航空部隊的轟炸協同，全體砲兵於「X」日早上開始，實施攻擊準備射擊。在破壞敵軍沿岸防禦設備的同時，也壓制敵軍砲兵，若能破壞則盡量破壞之。軍砲兵與師團砲兵分配之任務如下：

軍砲兵隊——壓制敵砲兵，並應需求破壞敵第一線要點

師團砲兵——直接協助第一線步兵

自「X」日下午四點至六點這兩小時間，由軍砲兵司令官基於統一計畫，對敵砲兵進行壓制。實施之要領依當時之狀況，特別是敵陣地之狀況，得有若干變更。

（二）第五、第十八師團主力於「X」日晚上，進入柔佛海峽北岸地區，在攻擊準備射擊的掩護下完成準備。此時，自水上飛機場至柔佛州馬來由河（Sungai Melayu）第一道河彎及其上游一線以南，因為攻擊準備之需，應盡可能將進駐兵力抑制到最小限度。

（三）近衛師團於「X減一」日的晚上，依舊持續執行佯攻，在「X」日的半夜留下一部分兵力，一邊隱蔽企圖，一邊逐次集結在水上飛機場和地不佬河之間的地區。不過要集結約兩個大隊

的步兵於馬來由河北岸。

（四）各部隊於「X」日日落後開始行動，首先由砲兵隊的突擊支援射擊和對方短兵相接。接著在午夜零時三十分，由第五、第十八師團的第一波登陸部隊一齊登上敵岸。第十八師團以一部分兵力朝海峽西端方向，阻止敵艦艇的強大攻勢。登陸第一晚的部隊為第五、第十八師團主力，第二晚為近衛師團、軍砲兵、戰車及第五、第十八師團剩下的部隊，第三晚為其他部隊。

（五）登陸敵岸的部隊，應努力擊破所在位置之敵，向前方確實擴張，力求於「X加一」日早晨抵達登加機場南端一線，並接著往裕廊河（Sungai Jurong）—萬禮高地一線進軍。在這一線集結戰力，做好對武吉知馬高地攻擊的準備後，應發揮步戰砲兵的威力，在航空隊緊密配合下突破敵陣地，攻進水庫高地。近衛師團應集結到第五師團的後方，適時從萬禮方向朝水庫東側進軍。

（六）抵達前述戰線後，倘若敵軍仍未降伏，則第十八師團應往市區南半部、第五師團往市區北半部，接著朝樟宜要塞前進，近衛師團則是向實里達以及樟宜要塞進攻。此時，第十八師團應以一部分兵力警戒絕後島（Pulau Belakang Mati）[4]，以及亞逸拉惹要塞（Ayer Rajah）的敵人，若有必要則加以攻陷之。

（七）以下省略。

自南方作戰開始準備，至今剛好滿一年。這把急急磨出來的劍，如今正指向歷經百年打造的要塞頭上。

這樣一想，此事堪稱是日本有史以來的壯舉。在曼谷戰死的摯友竹內君的容顏、受傷橫躺在病床上的學生三浦大尉的容顏，以及在日得拉訣別的大藤少尉的容顏，一一浮現在我的眼前。

「我絕不會讓你們丟臉。接下來就交給我吧！」

我打從心底，如此深深期待著。

話說回來，按照自古以來攻城的慣例，在攻擊之前都要先勸告敵將投降。而勸降的時間點，大多是選定我軍攻擊開始的前夕為之，香港就是一個例子。這可說是一種正規的戰法。

但從開戰以來，一直採用非正規戰法奇襲敵軍的馬來亞作戰，即使到最後仍然不採用正規戰法。英軍是很堅持傳統的軍隊，若要他們一槍不發就投降，怎麼想也不可能。故此，我們絕不能讓對方有機會察覺最重要、也是最困難的渡過柔佛海峽的時間點。等到佔領制敵死命的武吉知馬高地，將匕首指向新加坡的咽喉之際，再來勸降也不遲。正因如此，我們延後了勸降的時間點，而這也是奇襲成功的一大原因。

4 編註：現稱聖淘沙（Sentosa），二戰時是英軍西羅索砲台（Fort Siloso）所在地，是保護吉寶港航道的主要砲台。

要死，也要死在皇家高地上

在這場決定日本命運、乃至整個亞洲解放的戰役中，統帥全軍的軍司令部，關於其位置的選擇，其實有著很複雜的來龍去脈。但是，最後我們斷然選定了皇家高地。迄今為止，我們選定司令部，主要都是重視交通便利、便於通信，且不至於成為敵機目標等條件，但唯獨這仗另當別論。

柔佛蘇丹耗費鉅資建造的這座建築，不只在新山北側高地以宏偉美觀著稱，同時也能俯瞰整個新加坡島。

當然，它也位在敵人砲兵的最佳射程內，甚至不時有機槍子彈射過來（畢竟和敵人的距離只有兩公里）。實里達軍港就在眼下，登加機場也在伸手可及之處。這裡還有友軍的步兵陣地，以及軍砲兵隊的觀測所。

若是從純粹戰鬥原理上來看，當然應該反對這種選擇。但是，讓軍司令官搶先各師團司令部，身處遙遙位在他們前方、能夠直視第一線渡海戰的位置，這樣的做法有助於消除各種不利與反對，並且在精神上發揮充分的效果。

這項決定，甚至連部分幕僚也有強烈的反對聲浪。他們的反對其實也有道理。但是在這一仗，我們必須捨棄道理。如果要死的話，這塊皇家高地正是最適合的處所，不是嗎？最後，我們終於統一眾人的論調，將軍司令官以下最小限度的人員推進到這塊高地上，其餘人員則留在後方的橡膠林中。

這棟位在如茵的草坪上、有著紅磚藍瓦的美麗建築物，正是敵方眼中最明顯的目標。砲彈不時落在草坪上，每次落下都會掀起泥土，並留下宛若傷疤般的彈痕。

在建築物的東端，聳立著一座五層樓高的望樓[5]。攀上狹窄的螺旋狀鐵梯抵達五樓之後，便會出現一座四張半榻榻米大、四周玻璃環繞的房間，讓人不禁有種彷如小型天守閣的感覺。軍艦的司令塔四周包覆的是鋼鐵，這裡卻是包覆著玻璃的戰鬥指揮所。或許是遭到敵方流彈命中的緣故，有好幾面玻璃都已經破損。

這實在是個跟「強固」完全無緣的場所。我們就選這裡做為作戰室。

在準備攻擊的大約一週間，我幾乎都關在這座天守閣裡面。我拿著雙筒望遠鏡，清楚看著對岸敵軍的一舉一動。

我在這座望樓上，起草了最初的電報案：「我已在本日（二月一日）將戰鬥指揮所推進到柔佛皇家高地，直接觀望各師團的奮戰。山下中將」

位在敵彈下的軍司令部，帶給全軍將士無言的激勵。軍司令部總是人來人往、混雜喧囂，但在這裡完全無須擔心，因為來到這裡的人，都是置生死於度外的人……

我們的伙食，幾乎全是乾麵包與罐頭，畢竟在這裡也無法生火做飯。

或許是因為軍砲兵隊的觀測所與我們同在的緣故，敵方砲彈也會像記得這點般，不時朝高地上傾瀉。

5 編註：這棟名為「蘇丹依布拉欣大樓」（Bangunan Sultan Ibrahim）的建築物，是當時馬來半島的最高建築物，是要做為柔佛州行政大樓而建。一九四二年尚未完全完工，雖然建在皇家高地，但並非蘇丹皇宮。

但是這座玻璃作戰室因為高懸在空中，所以反而成了安全地帶。當敵人投降的時候，我們問對方說：「為什麼不轟擊皇家高地？」對方的回答是：「我們覺得，那麼明顯的建築物不可能是軍司令部。」對這場直到最後都出乎敵人意料的作戰來說，這座戰鬥指揮所是最適合不過了。

流血流汗的準備

隱藏自身的企圖，是成功的祕訣。我們把除了敵情蒐集與準備渡海所必須的斥候、監視員，以及幹部以外的全軍主力，都放在和海峽有相當距離的位置。所有人員、車輛都藏在橡膠林中，以防暴露在敵軍耳目下。與此並行——不，應該說在這更早之前，我們已經把海峽約二十公里以內的居民全部遷走了。在這種情況下，很難想像敵軍偽裝成民人的斥候和間諜，還能帶著小型無線電或信號彈潛入橡膠林或叢林中。這樣做不只是因為間諜和一般居民幾乎不太可能區分開來，也是因為我們必須避免戰火殺傷無辜的民眾。

將長年居住的家園拋在身後，無分男女老幼、扛著家當避難的人們，排成了漫長的行列。有個母親牽著五、六歲的女孩，肩上重重扛著裝有一升飲水的瓶子擠在長長的人龍，赤著腳蹣跚走在滾燙的柏油路上。我看見那副景象，想起自己還在國內的孩子，不禁無法正視她們。

「暫時委屈你們了，請再忍耐一下吧！」

我硬起心腸，轉過臉走了開來，接著下令往北開的空汽車，無條件地開放給避難民眾搭乘。

一週間，各部隊全都滿眼血絲地進行準備。主要的準備包括了砲兵的測地作業（透過測量在紙上把握正確的敵情，修正地圖的不完善處，並決定砲兵射擊的必要諸元），聚集高達十基數的龐大彈藥量，以及工兵的渡海準備，特別是舟艇的整頓點檢，以及從部隊集結地到水邊之間，叢林道路的開路標示。跛足的本鄉參謀負責鐵路；加藤參謀負責彈藥集中；解良參謀負責舟艇準備；朝枝、國武兩位參謀負責各師團的攻擊準備；杉田參謀則負責觀察敵軍動向。大家各自傾盡最後的力量，連片刻的休息都沒有。

特別值得大書特書的是，工兵和鐵道隊將一千一百公里遭到破壞的道路，於一月底修復來到柔佛。並在一週間，將十基數的彈藥完全運輸到集中點。這都是看似不起眼的後勤各部隊，流血流汗的努力結晶。

各師團與軍砲兵隊，為了將在柔佛州北端下車的彈藥推進到第一線而各自使出全力，結果使得汽車的運行極其混亂擁擠。

在路上，恐怕有將近三千輛的車在奔馳。為此，我們只能將海岸道規定為去程、中央道規定為回程，並且將士姑來以南的運行限定為只能夜間行駛。一輛汽車違反規定，就會對全軍的準備造成影響。但是監督、規範交通，並不是件容易的事。

我們對戰車旅團長下令，要各兵團的汽車運行一律受他管制，同時還在要點配置了好幾十組交通管制人員負責這項困難的任務。

工兵在渡海準備方面，也作出了驚人的努力。精選出來的將士，一面防備鱷魚的襲擊，一面在水邊的叢林裡連夜不休的監視。不只是對岸敵人的動向，以及水上敵軍砲艇的行動，他們還要有系統地調查潮流狀況的每刻變化、測量水深、偵察水中是否有障礙物，並為主力開往前線的通路設下隱密的開路標示。

新加坡島儲藏的燃料，相當於整支英國艦隊的半年之需。

萬一在渡海開始後，敵軍有計畫地一齊打開輸油管，向柔佛海峽或是島內的低地、河川放流點火，那戰場就將化為火海。在作戰將始之際，最擔心這個問題的就是山下將軍。他在訪問德國的時候，曾經聽德國將軍講過類似的戰例。因為他屢次提醒，所以幕僚在戰場後方的小池子裡，用把汽油從油桶倒進水裡的方式來做實驗。在波浪很少的平靜水面上，這種作法確實可行，但眼前所見的柔佛海峽，漲退潮的潮流格外湍急，要在整個海峽上鋪上一層油，基本上並不容易，所以任誰也不會認真去考慮這種對策。可是山下將軍直到最後都嚴格要求此事，所以我們只好在攻擊開始時，命令砲兵直接攻擊視野所見的全部儲油槽，將它們全部點燃。結果，整座新加坡島被黑煙所遮蔽，射出去的砲彈不要說從地面觀測了，就連空中觀測也沒辦法穿透這陣煙幕。

接下來的問題是，在面對從海峽西口侵入的敵軍砲艇時，該如何掩護主力渡海？這項任務就交給右翼的第十八師團。他們採取了秘密的對策，將一部分的大砲偽裝之後藏在水邊，形成能夠直接攻擊砲艇的配置。然後又組裝了大型的木筏，在渡海開始的同時，將外側的水面加以堵塞。

這些形形色色的準備，都得在這一週間設法完成。將士們的勞苦，絲毫不遜於戰鬥。

軍命令要求在二月七日中午前完成所有準備，但除了軍砲兵以外，不管哪個師團都沒傳來「準備完畢」的報告。

我們用電話督促師團，結果得到的回應是，「在七日傍晚必定可以準備完畢」。軍司令官深思之後，決定延期一天進攻。

各師團雖然沒有說出口，不過心中對於可以延期一天，應該都是感到相當歡喜的吧！山下將軍是位很能體察人情機微、站在受令者立場著想的人物，堪稱是天生的將德。

我們針對本軍攻擊計畫的內容，與這一週間各部隊詳細偵察準備的結果進行綜合性的檢討，不過並沒有發現需要修正的地方。

唯獨近衛師團長對於擔任第二線兵團，在「X減一」日晚上實施佯攻，然後才從第五師團後方渡海這點感到相當不滿。他們向軍司令官直接提議，要修正已經下達的部分軍命令，讓他們能在「X加一」這天和第五師團的左翼連成一氣，沿著長堤正面並肩展開渡海攻擊。山下將軍接受了師團長的請求，命令我們盡速修正軍命令（然而，這件事卻在後來惹出了大麻煩）。

牽制、佯攻

我們對近衛師團下達命令，要他們盡一切手段，設法將敵人牽制在新加坡島的東邊。這個任務也相當適合該師團的性格。我們只提出目標，至於方法則一切委交給他們自行處理，結果他們也不負期待，提出了巧妙的方案。那就是在軍主力渡海的前夜，也就是「X減一」日（七日）的晚上，以一部分的兵力奇襲登陸烏敏島（Pulau Ubin）。

烏敏島是扼守實里達軍港出入口的要衝，是座標高兩三百公尺的島嶼。英國將它當成防衛新加坡的重要據點，投注大力加以要塞化，自一九四〇年以來，除了和軍港相關的人士以外，禁止所有閒雜人等出入，如火如荼地展開築城工事。這座島原本有生產鋁土，全島幾乎都是岩山，海岸的泥濘甚深，登陸相當困難。可是佔領這裡的話，就可以俯瞰樟宜要塞。

看穿這點的近衛師團，決定以一部分兵力，在軍主力出發之前提早一晚登陸該島。

實在是絕妙的方案。但是說到底，要攻陷該島，在準備上沒問題嗎？為了謹慎，我再次確認，結果師團幕僚顯得自信滿滿，只要求本軍提供他們二、三十艘折疊機舟。動輒把頂撞本軍當成擅長把戲的近衛師團，在這項被託付的任務上能表現出如此積極的態度，實在是值得欽佩。

七日傍晚，汽車抵達師團司令部，接著又抵達擔任渡海部隊的騎兵聯隊長處。

眾人扛著二十艘折疊機舟，在黑暗的橡膠林裡不出聲音地將它們運到水邊。八人座的船隻由八個人扛，在水邊組合後再裝上引擎。

我感覺，這噪音真是該死的有夠大聲。但我也只能一邊祈禱敵方不會察覺，一邊目送他們出發。約四百名的將士，需要分三趟渡海。當第一波部隊前去攻島的時候，我一邊祈求「但願他們平安登陸」，但又有種矛盾的心態，覺得「但願來一場激戰就好了」。雖然我希望能夠盡量減少犧牲，但又希望無論如何，能夠多牽制一點敵人在這方面。為此，我們必須要有苦戰與損害的覺悟才行。賦予佯攻任務的部隊愈是艱苦，對主力的作戰就愈有利。就在我帶著矛盾與緊張感注視對岸的時候，幾發槍聲響起，接著紅色信號彈沖天而起。

登陸成功了，可是敵方的反應出乎意料地小。隨著時間推移，戰況一直沒有什麼變化。這天晚上，我們也平安將兩門山砲送到了島上。

二月八日早上開始，近衛師團的全體砲兵，一齊向烏敏島對岸的樟宜要塞投注猛烈的火力。野砲三十六門，再加上步兵聯隊砲十二門、野戰重砲四門，大約五十門的大砲，以一到兩門為一組的方式，分散布置在廣正面的陣地當中。按照普通常理，都是一個中隊（四門）佔據一處陣地。而我們之所以採用這種一至兩門砲為一組，廣正面的分散配置，是為了欺騙敵人，讓他們以為我軍的兵力有兩倍以上。在橡膠林中，敵軍的空中偵察幾乎不可能發生，只能憑著發射聲，判斷我軍的位置。

敵軍一開始似乎吃了一驚，於是從八日早上起，也以多過我方數倍的砲兵加以還擊。

「實在是有夠厲害的反擊啊，這種回應算是相當充分了吧！」

時間來到中午左右，敵方的砲擊益發激烈。遭受無妄之災的，是那些可憐的橡膠樹。它們露出悽慘的姿態，樹幹斷裂、枝葉飛濺，讓人感覺它們是不是也會血肉橫飛。可是，在這片橡膠林裡，廣範圍分散兵力的近衛師團將士，則幾乎沒有遭受任何損傷。

我在下午四點剛過時，帶著爭奪戰最初的快報，回到了皇家高地。

第五、第十八師團在昨晚，已經沿著準備好的秘密林間道路，將部隊推進到水邊，並從今天早上開始，就一直忙著準備渡海。幸好深邃的叢林與橡膠林，直到最後都掩蔽了他們的行動。

不久之後，軍砲兵（重砲）也展開了射擊。他們的陣地位在新山一帶丘陵的背後。以通往新加坡島中央的長堤為中心，布陣妥當的軍砲兵，全將砲彈指向了它的兩側。

為了隱藏本軍的攻擊重點，除此之外別無他法。砲兵觀測所和軍戰鬥指揮所是一起抵達皇家高地的，敵人的砲彈益發猛烈，聳立在草坪中的大樓牆壁，彈痕也不斷增加。

在軍砲兵歷經一週的正確測地準備下，我們第一彈就命中了敵陣地的要點。柔佛州對岸的掩蔽陣地，陸陸續續被轟上了天。可是，要抑制敵軍砲兵，並沒有那麼容易。油槽燃燒的黑煙，從幾天前開始就在天空中張起了一面煙幕。它對我軍砲彈觀測的妨礙，乃是非比尋常的嚴重。

新山的高地一帶也立刻變成了敵砲彈的集中點，建築物、椰子樹、橡膠樹，全都連根拔起、倒落在地，甚至連地形都被打到產生了變化。然而，敵軍對州行政大樓的砲擊卻相當之少。大概是英軍也不忍心把這座美麗的建物狠狠破壞掉吧！

這段期間，作為我軍重點方面的第五、第十八師團，則是盡力裝出平靜的樣子，只有極少數的砲火，在那裡進行試射而已。

根據邱翁的回憶錄，英軍在二月八日早上，便已經接獲哨戒艦艇的報告，說日軍正在島西北的橡膠林中集中兵力，不過從海上當然不可能窺知正確的兵力。敵軍的戰鬥機也不時會以超低空從橡膠林上空飛過，不過被我軍打下了一架。

從整體態勢來看，敵方明顯認為我軍的重點是放在長堤以東的地區，也就是近衛師團的正面。白思華中將的兵力配置，就是最清晰有力的證明。

他在長堤以東，以第三印度軍全力守備，但在西面，則只有澳洲第八師在做防備而已。

他真正得知我軍的企圖，已經是武吉知馬高地被奪取後的事情了。乍看之下近乎兒戲的這種欺騙佯攻，卻對遭到打擊的敵人產生了意想不到的效果。近衛師團的將士素質優秀，最適合從事這種需要細心規劃的作戰了。

公平來看，我們的作戰能取得超乎預期的效果，確實應歸功於該師團才對。

藍色信號彈

在不見天日的叢林中潛伏一個星期之久的第五、第十八師團，在二月八日的傍晚時分終於開始行動。為各師團準備的約五十艘小機艇與百艘折疊機舟，從一星期前開始進行點檢調整，到這時候業已告一段落。儘管道路都已經做好了標示，但因為是在叢林內臨時開闢出來的路徑，要扛著沉重的舟艇行軍好幾公里並不是件容易的事。

在步兵與工兵動身之前，砲兵已經搶先一步抵達水邊的預定陣地，並以夜晚十一點為期限，對敵軍位在對岸的碉堡發動一擊必中的轟擊。全線同時射出的砲彈，會讓敵方難以判斷究竟哪個正面是主力攻擊、哪個正面又是配合攻擊。

當四四〇門火砲將每一門各約兩百發（重砲約百發）的砲彈同時集中到敵陣地之際，我軍砲兵的威力讓人不禁望之讚嘆。鐵絲網被切斷，掩蔽陣地被轟上天，能對水邊直接射擊的敵方武器全都頓時啞了火。

搭載著兩師團第一波突擊部隊、約四千人的三百艘舟艇，在九日的午夜零時，按預定計畫駛離了海峽的北岸。飛越靜默無聲前行的船隻頭上、直擊對岸的砲彈，宛如無數流星般拖曳著光芒。引擎的聲音全被砲擊聲所掩蓋，直到抵達敵岸為止，敵軍都還渾然不覺[6]。

由於對岸陣地的敵軍在我軍的猛烈砲擊下，全都慌慌張張地趴下身子躲到壕溝深處去了，所以敵軍在面對第一波渡海部隊時，可說是遭受了完全的奇襲。儘管如此，在深及腰部的泥濘中，由糾結纏繞的紅樹林所形成的天然障礙物，同時敵陣地上鋪設的鐵絲網也還沒完全切斷殆盡。在這種情勢下，登陸敵岸的第一線部隊攀上斷崖，一面剪開鐵絲網、一面躍入敵軍陣地——

皇家高地的軍戰鬥指揮所裡儘管充滿了緊張的氣氛，然而卻沒有任何人懷疑，勝利必將屬於我們。我們已經做完了一切自己該做的事，接下來只剩人力所不能控制的部分。這是一場無怨無悔的戰鬥，勝負分曉只是時間問題而已。

當我透過天守閣的玻璃窗俯瞰柔佛海峽的時候，兩岸一帶竄起的火光，看起來就像是兩國[7]的煙火一般，完全分不出哪邊是我方，哪邊又是敵軍。

轟隆聲、爆炸聲、閃光，以及紅蓮般的烈焰，將整座新加坡島籠罩其中。

二月九日零點十分，先是在第五師團的正面，接著在第十八師團的正面，相繼射出了直衝天際的藍色信號彈。

登陸按照預定計畫，成功了。

軍司令官和幕僚，沒有一個人開口說話，只有兩頰流下的淚水，在月光映照下隱隱閃爍。

第二波登陸部隊在零點三十分左右抵達前岸，不過旋即就傳來激烈的機槍聲。步兵與步兵相互廝殺的嘈雜聲，也陸續在整個正面擴展開來。

配屬在第五師團麾下的橫山工兵聯隊，除了在地面突進之際，以史無前例的速度修復眾多橋梁，展現出冠絕全軍的武功之外，在柔佛海峽的渡海戰中，他們也以水上工兵之姿，樹立起不遜於地面作戰的優異功勳。他們操縱著約百艘的折疊機舟，在敵軍砲彈橫飛的柔佛海峽，身手矯健地將渡海的步兵送上敵岸。兩趟、三趟、四趟……整個晚上，他們都在彈幕下不顧生死操舟。

山本兵長也是這支部隊當中的一員。身為舟長的他，挺立在門橋（三艘機舟並排綁在一起的統稱）的船頭，冒著如雨般的敵砲彈與四處狂亂飛濺的水柱水花，滿載第二波突擊部隊火速趕往對岸。結果在途中，一枚砲彈在舷側炸裂開來，山本兵長的胸部頓時受了重傷。左右兩邊的舵手也被擊中，跟舵機一起被炸得血肉橫飛。

門橋上的舵手現在就只剩他一人。他不顧胸部受到重傷，為了達成將大約五十名突擊步兵平安送上對岸的使命，奮力操縱著中央的舵機。

當他忍著傷，終於將第二波部隊送上敵岸的時候，只見他的身軀有如大樹傾頹一般，倒落在門橋上。眾人大為驚訝，趕緊將他抱起來，結果發現他的肺臟已經被擠出了肋骨之外。

6 編註：日軍在莎琳汶海灘（Sarimbun Beach）登陸，與澳軍第八師二十二旅在灘頭鏖戰。
7 譯註：東京地名，為日本納涼煙火大會的發源地。

在這種重傷下，他到底是怎麼操縱舟艇的呢？當他被趕過來的班長抱在懷裡時，只聽他呼喊了聲「陛下萬歲」，然後說出最後的遺言：「長久以來承蒙您照顧了，很抱歉，我先走一步了……」

接著便斷了氣。當兩旁的戰友陣亡之際，山本兵長憑著「若是自己在這裡死去，便會讓五十名步兵一同沉沒」的責任感，奇蹟似地延續了幾分鐘的生命。

我們不只對橫山工兵聯隊全體部隊頒授褒揚獎狀，同時對山本兵長也授予個人獎狀，並向全軍公告，對他給予戰死後特進二階的榮譽。

——·——

在第十八師團的正面，也爆發了不遜於此的激戰猛鬥。在右翼方面，為了阻擋我軍渡海而展開突擊的敵軍裝甲艇，與嚴陣以待的我軍砲兵，首先開啟了戰端。雖然我們擊沉了一艘裝甲艇，但敵軍仍然執拗地反擊，因此我們整夜都受到他們不停的阻擾。

雖然他們和第五師團幾乎同時完成第一波渡海，但在第二波渡海的時候，水邊的戰鬥變得益發激烈，因此一直到九日清晨，他們都還在奮戰苦鬥當中。

被賦予渡海重任的，是小池工兵聯隊。他們做了不遜於橫山聯隊的準備，也打得非常漂亮。在這當中，有一位叫做福井久光軍曹的分隊長。

福井軍曹在先前一週的渡海準備中，一直待在水邊的叢林內，對敵情進行監視偵察。他對敵陣地特別是針對側翼的機槍陣地、潮汐相關事宜等做了確認，並為制定渡海計畫，提供了相當有利的情報。渡海開始的那晚，他擔任舟長，引導第一波登陸部隊，成功地從他老早偵察到的敵軍陣地弱點登陸上岸，接著便為了迎接第二波登陸部隊而回程，但在途中卻被敵軍機槍射穿腹部。儘管如此，福井軍曹仍然佇立在船頭，一邊用指揮手旗揮舞著前進訊號，一邊將舟艇平安帶回到我方岸上，然後才氣絕身亡。

他和山本兵長的功勳堪相匹敵，因此也獲頒了個人褒揚獎狀。

—・—

當九日的太陽從黑煙間探出頭來之際，我們從皇家高地放眼望去，可以看見兩師團的所有步兵以及部分砲兵，都已經登上了敵岸。我們還可以看見步兵正穿越矮橡膠林的縫隙間，一邊掃蕩殘敵、一邊朝登加機場挺進的身影。直到昨夜為止還飛個不停的敵機，今早已經看不見蹤影。之所以如此，正是因為我們已經衝到了機場附近。

日章旗陸陸續續在佔領的敵軍陣地上揚起，這是用來做標示，要求友軍砲兵延伸射程之用。

在從油槽不斷竄出、高聳粗黑的濃密煙柱之間，細微低矮的零星煙柱也不斷增加。那是遭到我軍步兵肉搏攻擊，燃燒起火的敵戰車所冒出的黑煙。

九日傍晚，在等到近衛師團開始渡海的報告後，山下軍司令官以下的主力幕僚便跟在第五師團的後方，搭著門橋渡過柔佛海峽。敵砲兵依然不願輕易屈服，不時仍將砲彈投向海峽。月亮照在水面上，映出一片美麗的波光粼粼。明明是悽慘至極的戰場，但唯獨在這個地方，卻呈現出一種難以言喻的美感。這正是所謂動中取靜之美吧！往遙遠的近衛師團渡海正面望去，克蘭芝河口正被大火映照得宛若白晝一般通明，看樣子恐怕是對方放流了石油並加以點火吧！當我們登上前岸的時候，一群被俘虜的白人戰俘，用嘖嘖稱奇的眼光眺望著山下將軍的魁梧身軀。

我終於在新加坡島的一角，親身踏上了第一步。

唯一的醜態

時間來到了十日清晨。軍司令指揮所已經前進到登加機場北側深處的橡膠林裡，並且和皇家高地間透過水底線路接上了電話線。後勤幕僚的主力還在對岸，就剩下的彈藥、重砲與戰車登陸進行指導。據他們的報告指出，不管從各方面來看，渡海都進行得相當順利。

第五、第十八師團的第一線已經佔領登加機場，並在該地西側整理隊伍，準備對武吉知馬高地的最終抵抗陣地展開進攻。當我們正圍著軍司令官，在橡膠林裡張開帳篷，吃起乾麵包的早餐時，解良參謀突然頂著那顆禿頭，七竅生煙地衝了進來。這位平日總是笑臉待人、充滿幽默感的參謀，現在卻情緒激動地向我們報告。原來昨天半夜，近衛師團長和參謀長突然來到皇家高地的軍司令部，怒氣沖沖、大吼大叫地抗議道：「我們近衛師團從八日晚間開始轉進，在九日日落後從之前期望的方向（長堤正面）開始渡海，結果遇上敵軍的石油戰術，第一線聯隊在水上遭到火攻、幾乎全滅。小林步兵團長（少將）在火海中泅渡上岸，但至今生死不明。這責任全都應該歸咎於軍部。你們在沒有充分準備的情況下就魯莽渡海，結果造成這麼多的死傷者，這到底要怎麼交代！」

這真是意外中的意外，而且是令人懊悔不已的意外。本軍最初的攻擊命令是要近衛師團擔任第二線兵團，在第五師團的後方安全渡海，但因為師團長自己強烈要求，堅持一定要從長堤正面和其他兩師團並肩發動攻擊，所以我們才在不得已的情況下修改了命令，不是嗎？結果，你們要求更改命令的口水都還沒乾，現在卻大談本軍的責任，這到底算什麼！雖然不管好壞，本軍對於所有的行動都該負責沒錯，但是我行我素、硬是要求變更軍命令的，到底是誰啊！

總是不動如山的山下將軍，聽到因為石油戰術導致一個聯隊全滅的消息時，也忍不住臉色大變。

過沒多久，近衛師團的參謀垂頭喪氣地出現在我們面前。

「喂，你們是怎麼得知對方用石油戰術殲滅了整整一個聯隊的？」

「這個嘛……是送小林旅團渡海的工兵當中，有一個士兵死裡逃生，回來向我們報告的。」

一聽這話，我忍不住朝對方破口大罵：「你白癡啊！你們肩上掛這個（參謀肩章）是做什麼用的啊！你們連半個師團參謀都沒有跟著第一線一起渡海嗎？給我回去再調查清楚！要求變更修正軍命令的是誰啊！聽了一個逃回來的工兵報告，也沒有加以查證就照單全收，這種腦袋混沌的態度又是怎樣啊！現在馬上給我回去，重新確認戰況！」

這就是以歷史悠久自豪的近衛師團所呈現出來的真實面貌嗎？

山下軍司令官當場向我問道：「你看，今後我們到底該怎麼使用這個師團才好？」

我回答他說：「我們現在沒有理由變更軍命令。對新加坡的攻擊，只靠第五、第十八師團就足以取勝了。」

軍司令官深思之後，用從未有過的高分貝聲量對師團參謀說：「你趕快回去對你們師團長說：『近衛師團就照自己喜歡的方式去做吧！』」

在這場就算多一兵一卒也好的大決戰中，欠缺積極進取、意志薄弱的近衛師團長，恐怕做夢也想不到，自己竟會遭到如此強烈的痛責吧！這天午後，從軍司令部撥來了一通電話：「近衛師團的報告是錯誤的。經過確認狀況後，他們的損傷很少，目前師團的第一線正在攻打長堤南側的敵陣地當中。師團長會按照軍命令，於今夜從長堤方面渡海。」

這件事是我在整場馬來亞作戰當中唯一的誤算。

屠殺武吉知馬

武吉知馬高地是整座新加坡島的決勝關鍵地。它位在新加坡市區西北方約十二公里處，標高一七七公尺，是島上的最高點。

「武吉知馬」在馬來語裡的意思是「錫山」，在它的山麓間有著大約三〇〇戶左右的聚落。在這裡除了有橡膠精製工廠、賽馬場、高爾夫球場以外，還有英國陸軍的大型儲藏倉庫。

養活新加坡百萬市民的水庫就位在武吉知馬的東北方，受到這座高地的保護。

根據諜報指出，在這座要地似乎設有用水泥強化的堅固陣地，故此，如果要卯起勁認真攻佔它的話，恐怕非等到重砲趕來才行。不管怎麼說，我們不能給予敵人準備時間，一定要一舉攻陷它。這樣的念頭，始終在我腦海裡揮之不去。然而，據我判斷這恐怕是不可能的事情，所以根據前述的攻擊計畫，我還是決定等做好充分準備之後，再來佔領這座要地。

近衛師團的醜態，實在已經到了令人不忍卒睹的地步。沒辦法，我只好在沒有他們的情況下，單單由第五、第十八師團發動攻勢。

為了巡視兩師團的戰況，我徒步向南前進。在登加機場，來不及逃走的幾架敵機遭到主人捨棄，只剩孤零零的身影殘留在空蕩蕩的滑行道上。我走進軍營一看，餐桌上還擺著新鮮的麵包和熱湯。將士的衣服與行李箱，也都還擺在原地……

「沒錯，他們毫無疑問是落荒而逃了！這樣看來，本軍主力的渡海，完全出乎敵人的意料之外。既然如此，那我們就必須趁他們驚魂未定的時候，一舉拿下武吉知馬高地和水庫才行！等待重砲渡海再發起攻擊，這是下愚之策！」

我頓時產生了這樣的直覺。

過沒多久，暴雨以猛烈之勢，洗刷過整片戰場。

我一邊讓這陣及時雨沖掉身上濡濕的汗水，一邊跟第十八師團的士兵們一起，急急忙忙趕往位在橡膠林中的第一線。過了一陣子之後，我赫然注意到，跟我同行的士兵，臉龐和衣服全都變成了一片黝黑：

「喂，你看看你的臉，怎麼全變成一片黑壓壓的啦？」

「參謀閣下您也是一樣啊，哈哈哈！」

原來在我沒發覺的時候，我自己的臉也跟士兵一樣變得黑糊糊了。橡膠樹的樹葉幾天來因為油槽燃燒的黑煙，早就被燻得一片漆黑，這些黑灰被剛才的那場大雨打落下來，結果就把人的身體和軍裝全染成了一片黑。我們就以這副怪異的模樣在橡膠林裡一路避雨，最後趕抵了第十八師團司令部。師團長、參謀長和橋本參謀，全都無言傾聽著前方激烈的砲聲。

「恭喜你們大功告成，辛苦了！」

我打完招呼，仔細端詳牟田口中將的身體，發現在他上衣的左肩處，有一道發黑的血痕；再仔細一看，甚至可以看到上面有一個子彈穿透的小孔。

「哎呀，你受傷了！」

「沒什麼，不用這麼大驚小怪。事實上這是在第三波渡海的時候，被敵軍的機槍給射中的……第一波登陸的時候幾乎沒受到什麼損傷，但在第二、第三波登陸時，射擊反而變得很猛烈……」

旁邊的橋本參謀也補充說道：「第一波登陸的時候，在我方砲擊的壓制下，敵軍幾乎都躲在壕溝底部，但在第二、第三回的時候，他們就全都抬起頭來，作激烈的抵抗。我們司令部人員親上火線，對一座碉堡展開突擊並且攻陷了它，但伊野參謀的兩腳也被手榴彈給炸斷了……」

師團長負傷、幕僚也被手榴彈重創，看樣子真是場不簡單的激戰哪！

「話說，本軍究竟有何打算呢……？敵砲兵的火力就如您所見的這般猛烈，但我們這邊不管是砲彈或砲兵都還沒抵達，這可真是傷腦筋啊！」

師團長的臉色看起來憂心忡忡。

「我知道你們相當艱苦。可是，從登加機場敵軍倉皇而逃的情況來看，我們已經達成了完全的奇襲。故此，軍司令官的期盼是，希望能在敵人尚未喘過氣來的情況下，盡早攻陷武吉知馬高地。若是沒有砲彈的話，那就用刺刀在今晚發動夜襲……」

我斷然表達了自己的意見。

「原來如此。若是本軍認為非這樣不可的話，那今晚就由我親率先鋒，全力夜襲……」

牟田口將軍展現了悲壯的決意。

「沒問題的，若是今晚的話，敵軍應該還沒來得及重整旗鼓才對。我們一定能成功的！」

接著，我又走訪了第五師團司令部。當和松井中將作一番同樣的問答之後，我告訴他說：「牟田口閣下今晚將身先士卒，全力對武吉知馬高地發動夜襲。」

「是這樣啊？我的師團本來也想等軍砲兵推進的，但既然牟田口都這樣做了，那我也幹下去吧！」

兩位師團長終於都下定決心要夜襲。當我離開軍司令部的時候，山下將軍給我的指示是：關於對武吉知馬高地的攻擊該在何時展開，應視狀況判斷，再配合兩師團的實情來加以指導。而從結果來看，這時候的這種決心，可說是完全地發揮到效果。

然而這時候，我手邊其實還沒有任何足夠的材料能讓我下定決心，到底是要夜襲，還是要等重砲渡海趕上來再進攻……

或許是被近衛師團的佯攻所牽制住了吧，敵軍的主力幾乎全部都守在檣宜要塞到實里達軍港之間，在面對我軍主力的廣大正面上，只有澳洲第八師在守備而已，就連關鍵的武吉知馬高地，也幾近是唱空城的狀態。而對這座空城展開急襲的靈感，則是來自於登加機場軍營的那張餐桌，給我心血來潮的啟示。

就這樣，第十八師團從主幹道南側的地區，第五師團沿著北側地區，在十日晚上，決定全力展開夜襲。一整夜，戰場都陷入了極端的喧囂當中。

窮鼠逼急了也會咬貓？

命令兩師團展開夜襲的軍司令部，此時已經將位置轉移到登加機場南端的叢林內，一處敵軍棄置的高射砲陣地當中。在這裡包括軍司令官在內，僅有不到四十人的兵力。

這處陣地似乎是敵軍在開戰後才匆忙趕造出來的產物，擁有臨時建造的營舍，在其四周則有塹壕和鐵絲網環繞，是處能充當軍營使用的據點。

整個十日的晚上，敵我的槍砲聲都激烈地響徹全島。儘管我們預計亞逸拉惹要塞還有大約一個旅的兵力守備，但第十八師團已經將這股敵人放在一邊，全力對武吉知馬高地展開夜襲。第五師團也傾全力，從主幹道方面展開強攻。

就在我們一邊聽著夜半激烈的槍聲、一邊小憩之際，突如其來的狀況驚醒了我們的睡夢——在司令部周圍，好像有大軍正在蠢蠢欲動。雖然我們對於還有殘敵在各處蠢動這件事早有充分預期，但我軍已經沒剩任何預備隊了——不，更正確地說，我們從一開始就沒有留下任何預備隊。司令官唯一的心念，就是讓各師團全力以赴，除此之外再無他想。

突然間，激烈的爆炸聲搖撼了整座臨時軍營，窗戶碎裂的破片、發出駭人的聲響四散飛濺。看樣子，我們不只被敵人的大軍給反包圍，還挨了迫擊砲彈的轟擊。可是，在這裡保護這座據點的，只有包括司令官在內的不到四十人。

「喂！趕快從兩師團那裡要一個步兵中隊來擔任預備隊吧！」

有人這樣出聲說道；是那個高級幕僚。

我裝出沒聽見的樣子，在臥鋪上刻意鼾聲大作。

「喂！快一點去要一個中隊來啊！」

他再次向我催促。我無可奈何，只好爬起身來，但卻峻拒了他的提案：「兩位師團長現在都身先士卒投入夜襲了，你要怎麼找他們搬救兵？」

「那你就要坐視司令部被踹掉嗎？這太胡來了！」

「我們全都做好了戰死的心理準備，更何況是失去退路的敵人，有什麼好怕的！我們這裡可有鐵絲網和壕溝，二十名衛兵也很多了。」

不久後，遠處便傳來高級副官指揮這二十名衛隊的聲音。司令部再次被作戰開始以來的那種緊迫氛圍所籠罩。

敵人的迫擊砲像是心血來潮般，不時落下幾發到軍營當中，將焦灼的氛圍弄得益發高漲。然而，我卻只是和朝枝參謀面面相對、露出笑顏，在混亂當中等待著時勢轉移。

圖十　新加坡爭奪戰

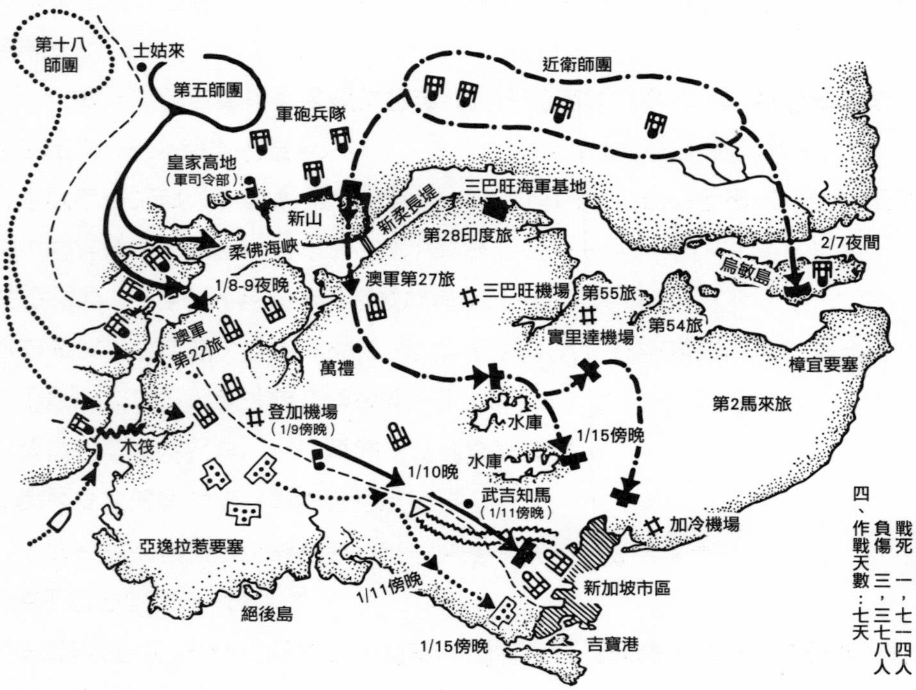

戰果

一、俘虜：約十萬人（包含五萬白人）
二、戰利品：
火砲　約七四〇門
輕重機槍　二，五〇〇挺以上
步槍　約六五，〇〇〇挺
火車頭、貨車　約一，〇〇〇輛
戰甲車　約二〇〇輛
飛機　十架
三、我方損害：
戰死　一，七一四人
負傷　三，三七八人
四、作戰天數：七天

果然，隨著黎明將近，威脅也跟著解除。

「武吉知馬高地，佔領！」

強而有力的報告，隨著徒步而來的傳令軍官，首先從第十八師團，接著從第五師團傳了過來……不久後，紀元節的朝陽靜靜地，從化為激烈戰場的森林上空探出頭來。

迎接紀元佳節

正如前面所述，我們預定好要在奪取武吉知馬高地那天，對敵將發出投降勸告。而我在夢中所見、於紀元節攻陷新加坡的景象，如今看來似乎也將成為真實的預知夢。被掐住脖子的敵人，或許會聽從我軍的勸告也說不定。懷抱著這樣的希望，我們讓杉田參謀起草了一篇空投的勸降文。這篇勸降文的內容是這樣寫的：

日軍司令官基於武士道之精神，對英軍司令官提出光榮降伏之勸告。對貴軍基於英國傳統之精神，堅守孤立至極的新加坡，勇敢奮鬥、弘揚英國之名譽，本人在此表達衷心的敬意。然而，戰局大勢已定，新加坡的陷落已迫在眉睫。今後的抵抗，只是為百萬非戰鬥人員徒增無益之危害，令其為戰火所苦，而對英軍之名譽，並無更添一分光彩。故此，本人深切期待閣下能順從我軍之勸告，放棄無意義之後續抵抗，速速命令全線立刻停止戰鬥，並如下列指示，派遣軍使前來。若是閣下不遵此意，依舊持續抵抗，則為人道所不能忍。屆時，我軍將在不得已的情況下，對新加坡繼續展開徹底的攻擊。最後，謹再向閣下表達敬意。

（一）軍使的前進道路為武吉知馬公路。

（二）軍使應高舉大白旗及英國國旗，並得派遣若干護衛兵同行。

昭和十七年二月十一日　大日本軍司令官　山下奉文中將

致英軍最高指揮官　白思華閣下

敵軍的高射砲，仍舊以激烈的彈幕迎接我軍軍機。在機群當中潛藏的一架偵察機，漆著鮮明的日之丸徽記在戰場上空盤旋，最後在新加坡市郊投下了通信筒。

紅白交織的悠長彩帶隨風飄揚、慢慢落下。

接著，我們向大本營及南方總軍發出報告電文。

喜迎紀元佳節，我軍強襲奪取武吉知馬高地，眼下已俯瞰整個新加坡，並對其發出投降勸告。

—・—

昨晚一整夜，我都在槍砲聲中輾轉難眠。到了早上之後，為了視察武吉知馬方面的戰況，我帶著一名傳令，搭著擄獲的敵方小汽車，朝幹道上急馳而去。當我離開登加機場東南端的時候，迎頭就看見路面被大口徑砲彈或是炸彈給炸出了一個大洞。因為射擊猛烈的緣故，工兵還沒開始修復這邊的道路。不得已，我只好捨棄車輛，繼續徒步前進。就在這時，我感覺屁股後面突然傳來一陣猛烈的震動，接著彷彿要震破鼓膜的強烈爆炸聲、以及直射眼中的閃光也傳了過來。爆炸的氣流將我不由自主地掃向路旁的排水溝，我連忙將頭埋進水泥管裡。

一發、接著又是一發……

這是我迄今為止從未有過的經驗。那砲彈實在太大了，一發下來就挖出一個直徑十五、六公尺，深四、五公尺的大洞，整片道路都被它給炸得稀巴爛。那大概是四十公厘口徑的要塞砲吧！看樣子，它應該是從原本對準的海面調轉了一八〇度，以登加機場為目標在實施破壞射擊吧！

我一邊像螃蟹般在水泥管裡趴伏著，一邊想像著遭到這種巨彈直接轟中的景象。要是真被打中的話，恐怕連一點肉片殘渣都不會剩下了吧！明明我是抱著必死的決心登上這座島的，但此刻卻不由自主地，整個人往水泥管裡又潛得更深了一點。果然，這砲彈實在太可怕了。總之，得趁沒人看見的時候……

我抬起沾滿塵埃和泥巴的身子，從水泥管裡爬了出來。這時，我也察覺到了這門巨砲的發射間隔。從前一發砲彈落下到下一發射擊，中間有好幾分鐘的空檔。就算一發、兩發得以倖免，但接下去就不保證了，所以必須趁這個空檔，趕緊起身逃走才行。我迅速動身，朝前方突破了危險地帶。

「還好沒讓人看見哪……」

拍了拍頭上黏附的蜘蛛網，我不由自主地羞紅了臉。

我抵達了武吉知馬的三岔路口。突擊過後、依舊活生生血淋淋的戰場上，不時傳來敵我負傷者交錯的哀號聲。

遭到破壞的敵方汽車與裝甲車，橫七豎八塞滿了整個道路，讓人舉步維艱。我找到在敵人建造的防空壕中躲避砲彈的松井中將，向他道賀成功後，便急急忙忙衝上了武吉知馬高地。

第十八師團和第五師團的士兵犬牙交錯，還沒來得及整理隊伍。

從戰場的氣氛來判斷，敵人應該不會立刻投降才對。

我到最前線觀察狀況。武吉知馬的聚落在敵軍砲彈的猛烈集中轟擊下，已經徹底毀滅。然而在那片廢墟中，卻有一名士兵正躲在水泥管裡，探出頭啃著乾麵包。看到他的模樣，我想起了剛剛的自己，不由得露出苦笑。到了接近中午時分，砲擊變得更加猛烈。在這片彈幕掩護下，無數的敵軍宛如海嘯般，朝這片高地湧了過來。

戰車和裝甲車全力出動，而且是白人親自領軍打頭陣。看樣子他們是鐵了心，要發動孤注一擲的反擊了。

「真是勇氣可嘉哪！」

看了這幅畫面，我不由得發出讚嘆之聲。

在隔著山谷、應該是第十八師團司令部所在的方向，隱約已經可以看見短兵相接的景象。再這樣下去是不行的。軍司令部要趕快往前移動，重砲和戰車也得趕快渡海才行……

我火速趕了回去。

雖然長堤因為近衛師團的出乖露醜而尚未開通，不過我們已經命令工兵聯隊，在敵前展開強行修復。同時，我們也不等修復結束，就督促所有舟艇，載運砲兵、彈藥和戰車在白晝渡海。最後，軍司令部在二月十一日傍晚前，也已經推進到了登加機場與武吉知馬高地中間的山腰上。

那裡是第一線部隊的正後方，視野相當良好，掩護也很充分，只是面對敵軍重砲彈的襲擾，仍然得做好覺悟才行。我們把兩師團的作戰主任用電話叫來，要他們逐一報告戰況。

原本爭相進擊的第五、第十八師團，在這天敵軍的大反攻下，顯得有點意氣消沉。現在我們手上僅餘的棋子，就只剩近衛師團了。

「隨你們便吧！」

大概是被我們這樣怒斥的緣故，面目無光的近衛師團在十日晚間全力渡海。但是萬禮高地上仍有敵軍盤踞。也正因如此，該師團看起來並沒有那麼簡單就能抽身。

然而，現在督促他們盡速往水庫東側進軍，衝擊正朝武吉知馬反攻中的敵軍側背，已經變成了打開軍主力方向戰況的關鍵。

副參謀長飛車前往近衛師團，對他們督促鼓勵，卻收不到成效。接著參謀長也反覆視察，向他們說明整體戰況。但很遺憾的是，心懷不滿的該師團司令部，仍然沒有動身拯救其他師團危難的打算——他們只想抓住能夠不費工夫賺取功名的機會而已。

前面說了「隨你們便吧」、將他們一時捨棄，現在又要反過來哄騙這些嬌生慣養的任性小孩，把他們捧得高高的，不管是性格溫厚的參謀長，還是擅長謀略的副參謀長，感覺起來都顯得有些棘手。

在這個對攻陷新加坡滿懷期待的紀元節夜裡，這樣的氣氛令人不禁捏一把冷汗。

「喂，朝枝！把年資履歷表拿來一下好嗎？」

「你拿年資履歷表要做什麼啊！」

即使是一向直覺敏銳的他，這時候也不免吃了一驚。

「這個嘛，其實也沒什麼大不了的。只是松井、牟田口、西村三位中將是同窗，萬一出了什麼事的話，該由他們當中的哪一位來指揮本軍，我想調查一下這個先後順序而已。」

旁邊的參謀長和副參謀長聽到這話，臉上都露出嚴峻的表情。

這天半夜，一發落下的重砲彈擊穿參謀部的屋頂，破片和瓦礫造成兩三名電報班的士兵受傷。

正在小憩中的某參謀，慌慌張張抱著枕頭衝出來說：「喂，太危險了！讓司令部稍微往後退一點怎樣？」

「就算要死的話，也該和第一線死在一起。除了這裡之外，再沒有更適合的葬身之所了吧！」

在這種激戰的漩渦中，也有一名神態自若繼續工作的少年。

那是一位名叫森田、年僅十八歲的可愛勤務兵。他總是一邊露出燦爛的笑容，一邊趁著砲彈落下的空檔，在簷廊底下泡茶。

在這裡也有超越階級、不問功名利祿，純真無瑕的青年啊！人只要一上了歲數，就會貪生怕死；只要階級提升，想要的東西就會更多。因為餘生所剩不多，所以對於僅限的生命就更加依依不捨，難道不是這樣嗎？

十二日破曉，第五師團在飛行集團主力的協助下，對水庫附近強行展開攻擊。放棄武吉知馬高地的敵軍，理所當然採取了死守最後生命線——水庫周邊高地的策略。他們將能夠使用的火砲全都集中到這個地區，像是要用盡彈藥庫裡最後一發砲彈般，不計一切代價傾盡最後的火力，死命堅守。我軍則以戰車旅團的全部力量配合第五師團，再加上逐次渡海的重砲，為了在這仗中徹底殲滅要塞的守備兵力，將最後一兵一卒全部投入戰線當中。

這是賭上日英兩軍——不，該說是兩國名譽的一戰。從十三日到十四日，死鬥一直延續下去。

第十八師團也呼應第五師團，從海岸沿線的高地猛烈楔入，攻擊敵軍的左翼。

近衛師團也終於開始行動。他們在水庫的北方迂迴，繞到敵軍主力的右側背；至此，大勢已定。這段期間，飛行集團對企圖從海上逃脫的敵方船團施以猛攻，在海軍的配合下，從十三日到十五日間，共在新加坡近海擊沉了大約八十艘左右的大小船隻。邱翁在回憶錄中，對此也有悲痛的紀錄。

就在令人喘不過氣的戰況在各方面展開之際，我們從南方總軍那裡，接獲了一封電報：「陛下預計將在十五日派遣侍從武官[8]抵達戰場，不過視貴軍的戰況可以予以延期，請提出你們的意見。」

擺在我們眼前的，當然只有「歡迎之至」與「還是暫時延期比較好」這兩種截然二分的選擇。

8 編註：常時奉侍天皇、擔任有關軍事上的上奏、奉答的轉呈、或命令的轉達，在閱兵、演習、行幸以及其他祭儀、慶典、宴會、謁見之際陪侍左右的陸海軍武官。

我想起先前在日華事變時的往事。當時我與板垣兵團一起在山西作戰，就在我們為了攻陷太原城而苦戰之際，十一月七日，四手井侍從武官[9]抵達了戰場。而就在那一天，我們也終於攻克了閻錫山（蔣介石系軍閥）的老巢。

「以陛下赫赫神威之力，二月十五日，我們必定會讓敵軍舉手投降……」

就這樣，眾人一致決議「謹迎侍從武官」，而我也立刻起草回電的文案。此時是二月十四日的傍晚，近衛師團已經出現在水庫的東側高地、長堤已經修復完畢，而重砲業已陸續推進到南方陣地。

這一天，本軍首次將全部戰力渡過柔佛海峽，在新加坡島上集中火力。

真實的樣貌

十五日早上，第十八師團的作戰主任橋本參謀打了通電話給我，並且提出了一個令我雀躍不已的邀請：「我們師團今天要全力朝吉寶軍營展開突擊，你要不要偶爾也過來我們這裡看看？」

我常到第五師團那裡露臉，幾乎已經到了讓他們討厭的地步，但我確實還沒去第十八師團觀戰過。

「我現在就去！」

我簡單回應後，便做好了最後出動的準備。

我在司令部內，已經沒有任何事可做了。在恭迎侍從武官之前，無論如何一定要把新加坡攻下來才行。於是我帶著傳令，冒著敵方砲彈的空檔，一路驅車奔向海岸道路方向。我原本盤算要繞到師團司令部一趟，但在不知不覺間開過頭了，所以就直接衝到第一線去。在那裡有木庭聯隊的本部。因為我們在地勢上，處於被丘陵連綿的敵軍陣地居高臨下俯瞰的狀況，所以就算只是一名士兵有所動靜，也會遭到集中砲擊。聯隊長帶著軍旗，蹲在狹窄的散兵坑裡——或者稱之為「章魚壺」還更加貼切一些，只探出頭觀察敵情、指揮部下。每當敵方砲彈炸裂的時候，將士們就像蝸牛一樣，把頭躲回「章魚壺」當中。他們就這樣一邊躲躲藏藏，一邊準備按照師團命令，於下午兩點展開突擊。

擔任第一線的大隊長是我在陸士的同學伊藤耕次郎少佐，至於協助他的砲兵，則是由大我們一屆的學長串戶中佐指揮的山砲大隊，以及田中中佐指揮的八門臼砲。

在木庭聯隊右邊，小久聯隊[10]也進入同樣狀態，做好了突擊準備。

敵我第一線的距離雖然只有大約兩三百公尺，但因為他們的砲擊實在相當厲害，導致我們幾乎沒有辦法找到著力點。當初我們為了發動攻擊，硬是累積的十基數砲彈，在歷經渡海開始以來約一週的激戰後，已經消耗了大部分，現在只剩下一基數左右了。光靠這些砲彈能不能壓制住敵軍砲兵，我實在沒什麼把握。唯一能倚仗的，就是田中中佐的九八式四十公厘臼砲。這門臼砲的砲身被分成幾個段落，用手推車運送，並趁夜在第一線散兵坑布下了陣地。砲彈也分成好幾個零件運來，在戰線上組合後再行射擊。

不久後，這門巨砲便發出地鳴般的轟響，對吉寶軍營的敵人施予迎頭痛擊。敵我雙方全都被它猛烈

9 編註：四手井綱正，歷任緬甸方面軍參謀長等職務。一九四五年在台北松山，與印度獨立領導人錢德拉・鮑斯（Subhas Chandra Bose）一同因飛機失事而罹難。

10 譯註：步兵一一四聯隊，指揮官小久久。

的威力給嚇了一跳。但它有一個缺點，就是發射速度很慢，十分鐘才能射出一發。在這段期間，敵方早就回過神來，而我方則是等得超不耐煩。利用它發射的瞬間，伊藤大隊化整為零，一步一步地匍匐爬出了散兵坑。

或許是發現這門怪物了吧，數十門的敵方火砲，一齊向聯隊本部投注猛烈的火力。

戰場充滿了爆炸的煙塵與飛濺的土石，讓人感覺幾乎要窒息。師團的武田參謀長剛好來這裡，為最後的突擊進行指導，可是他看了這情況，也只能死心斷念地說：「這樣根本什麼都沒辦法做啊！」

預備突擊的步調全都被敵人的猛烈砲擊給打懵了。士兵的手、腳還有頭部，全都被打得四散飛舞。

我躲在淺淺的壕溝中，像是螃蟹一樣試著趴低身子。在我頭頂遮蔽的一棵老樹中了砲彈、炸裂開來，碎片簌簌不停落在我的頭上。

「今天真應該戴鋼盔來的哪！」

就在我這樣想的時候，一名士兵爬近我身邊，將自己的鋼盔脫下，戴在素昧平生的我頭上：「參謀閣下，這樣太危險了！」

「你在做什麼啊！你自己的頭盔，就應該自己戴著啊！」

我硬是把鋼盔塞回去給他，但他終究是沒有把它戴上。面對這個素不相識士兵的一片真心，我不由得潸然淚下。

聯隊本部的壕溝，在敵軍的砲擊下變得愈來愈淺，最後終於整個被掩埋起來。抱著軍旗的聯隊長和士兵捨棄了被掩埋的壕溝，躲到一棟毀壞民房的磚牆後面，像壁虎一樣緊貼牆面，艱苦萬分地躲避砲彈。

待在我身旁的一名士兵，整個頭被拽了下來、當場斃命，臨近的區域頓時化為整片血海。這時，有兩名戰士拿著毛毯，從血海中站了起來。

「你們要做什麼，在這種彈雨當中……？」

我驚訝地看著他們，結果只見他們把剛剛被砲彈擊斃的戰友屍體用毛毯包起來，然後一前一後地扛起了它，將它運往約二十公尺後方，一處崩毀的壕溝當中。

「喂，太危險了！這種事等下再做啊！」

聯隊副官怒吼的聲音被砲聲徹底掩蓋，兩名士兵的身影也好幾次被爆炸的煙塵所籠罩。他們死了嗎？正當我這樣想的時候，煙塵散去，卻發現他們仍然若無其事地在揮舞著鏟子。那動作，真的一點都不正常。

不久後，他們終於將戰友埋葬妥當。只見他們從雜囊中拿出兩三塊應該是乾麵包的東西，放在土上供奉，又從水壺裡倒出水。這中間，砲彈又好幾次將他們掩沒在沙塵中。最後，他們脫下鋼盔，對被埋葬的戰友致上最敬禮，然後才踏著沉穩的腳步，回到第一線，準備踏上最後突擊的征途。我來不及問他們兩人的名字，大概是伊藤大隊的士兵吧！看樣子，他們是不忍將死去的戰友就此捨棄才有此舉動的。

「啊，這是多麼可貴的同袍情誼啊！」

我感覺眼前出現的彷彿不是兩個人，而是兩位尊貴的神明。旁邊聯隊長以下的人員，也都不由自主發出感嘆的聲音。

這種狂暴至極的砲擊在下午四點左右，終於暫時稍微收斂一點，於是我告別了伊藤大隊長，往司令部前進。

「若敵軍以這種態勢持續抵抗的話，那恐怕還要費上一番力氣才行。恐怕敵人企圖要逐丘逐戶的抵抗。既然如此，那就非得費上莫大的工夫不可，但是事先準備好的十基數彈藥，已經快要用完了……」

我踏著沉重且疲憊的步伐，沿著來時路退下。

直到開戰前夕一直都隸屬於本軍參謀部的的場少佐，後來轉任小久聯隊的大隊長，但在這天的戰鬥中，他的胸口被一發子彈打穿，滿身是血地被扛上擔架送往後方，而我也在那裡遇見了他。

「喂，的場少佐！這是御賜的天杯喔！」

我在他耳邊輕聲呼喚，然後將水壺的水倒進他的口中。

我非常清楚讓重傷患者飲水是極大的禁忌，但我還是想著，「這恐怕是最後了，至少讓他喝點臨終的水吧！」完全失去意識的少佐聽到「天杯」兩字，微微睜開眼睛，動了動嘴唇，從眼中滑落大滴的淚水。接著他發出輕輕地「咕嘟」一聲，將這口臨終的水一飲而盡（不過，之後他奇蹟似地撿回了一條命）。

我原本藏在樹蔭下的座車，已經被炸得不成形，只剩下一些鐵片殘留。這是作戰開始以來的第三輛了。我只好徒步返回師團司令部。

當我把自己目睹的戰況詳細向牟田口師團長說明後，橋本參謀忽然拉了拉我的袖子，悄聲對我說：

「喂，你過來一下、過來一下！」

他把我拉離師團長身邊之後，小聲問我說：「喂，老爹（牟田口）又要往第一線衝了，我們該怎麼攔住他啊？」

在這種猛烈砲擊下，不只前往第一線的途中會遇到危險，而且現在也不是師團長該出面的時候。於是我當面阻止牟田口將軍說：「閣下的部屬都在盡最大努力奮鬥當中。若是您這時候到第一線的話，會讓兩位聯隊長以為是來督戰，並因此展開勉強的突擊，結果反而徒增損傷。所以無論如何，請您等到晚上吧！」

但師團長只是用力握住我的手，眼眶含淚地說：「辻君，我並不是為了督戰才要去前線的啊！我是因為今晚的夜襲，恐怕會讓兩位聯隊長喪命，因此想要至少在死前再見他們一眼、跟他們握握手啊！我的部下就算看到師團長出現在第一線，也絕不會心懷『督戰』這種疏遠想法的啊！所以，你就閉口讓我去一趟吧！」

師團長和站在旁邊的參謀，臉上都潸然淚下。

「啊，這是何等的情誼啊！」

第十八師團的強悍，不在於他們身為九州礦工的粗暴，而是這種上下之間的情誼，以及對身旁戰友的同袍之愛所致啊！

希望能在死前至少再次握握對方的手的將軍心意，還有在彈雨之中埋葬亡友的同袍情誼，化成比冰冷的鐵鞭更強大數千倍的力量，讓人們忘記家園、忘記自身，不顧一切朝死地突進，這就是在馬來亞戰線奮戰的日軍真正的樣貌。

走筆至此，我閉眼回想，才發現自那時起，已經驟然流逝了十年的時光。在這當中的種種變遷，至今仍讓我不勝感慨。

啊，那正是日軍的真正面貌……

在祖國戰敗，關於軍隊的一切都遭到否定之際，在我忍辱潛伏數年懺悔之間，我無論如何忘也忘不掉的一點，就是軍隊的這份真實面貌。

當然，在這當中也有不少犯下令人忌諱、違反軍紀罪行的事實存在。但是遠遠更多的，則是在無數戰場上呈現出的情誼。就算我閉上眼，也無法將這些東西，輕易地拋棄到否定與忘卻的彼端啊！

正是在勝利的馬來亞戰場上，人性的真實與情誼這種軍隊的真正樣貌，才得以徹底呈現出來。然而反過來說，在失敗的戰場背後，也潛藏著無恥與汙濁。

當今的世態，因為敗戰的緣故，從而疏遠了那些基於對民族永恆生命的自覺、奮勇犧牲的無數英靈，甚至對那些把丈夫、父親、孩子犧牲奉獻出去的遺族，還冷酷地將他們掃到社會的一角、不聞不問。這真的是憧憬文化的新日本所該走的方向嗎？

那些朝朝暮暮面對身故親人的牌位流下不曾乾涸的淚水，任誰看了不都會說，這正是對於連人性真實與情愛都加以否定的冷酷社會，所呈現的一種悲傷無力的抵抗嗎？當我們在責備背德與不實之前，難道不該先追究事情的真相，並且讚揚那份即使國家失敗，仍然動人的情感嗎？

白旗飄揚

在感動的淚水中，這一天終於走到了黃昏。就在我辭別第十八師團司令部，在橋本參謀的揮別中走下山坡的時候，突然傳來一陣高分貝的呼喊聲：「有軍司令部傳來的緊急電話！」

「發生了什麼事，那麼緊急？」

當我把話筒放到耳邊的時候，林參謀激動到顫抖的聲音傳了過來：「敵人投降，投降了啊！」話筒不自覺地從我手中滑落。啊，七十天的激鬥……吉寶軍營的死鬥……還有日得拉的血戰……這些景象宛若走馬燈般，一瞬間在我腦海中掠過。

當國民從收音機中得知這個消息時，心中不知會多麼激動呢！這該不會是夢吧？畢竟直到剛才，我們都還身處在激戰之中呢！

「我真的不是在做夢吧？」

我隔著褲子，用力擰了一把自己的大腿，發現自己的意識十分清楚。

「不是夢啊……」

從戰線的各處，揚起了「萬歲」的呼喊。

接著，在某個角落傳出了《君之代》的合唱。歌唱的聲音宛若海浪般，擴散到整個戰場。

——・——

這天，第五師團也同樣陷於激鬥之中。

費盡艱辛抵達水庫南側山稜的我軍第一線，遭到前所未見的猛烈砲擊，只能勉勉強強躲在像章魚壺般的散兵坑中。

雖然我們發動一路保存下來的戰車旅團全力朝主幹道正面突破，但終究被敵軍砲彈的彈幕給遮斷。結果在我軍第一線無法越雷池一步的情況下，整支部隊卡在道路上動彈不得。就這樣到了下午三點，我們發現在第一線前方，突如其來地高高揚起了一面大白旗。緊接著，英軍參謀懷爾德少校（Cyril Wild）帶著三名士兵，以軍使身份前來。

這項報告立刻像閃電般，傳入位在武吉知馬的司令部當中。很早之前就已經預料到會發生此事的情報主任杉田參謀，不顧左肩還裹著石膏，立刻搭車直奔第一線。

他將反覆研議準備的文件直接交給軍使後，對方便返回新加坡市。

（一）十五日十八時，兩軍司令官在武吉知馬會面。
（二）英軍應全面且立刻停止抵抗，並解除武裝。
（三）行政及經濟機構應暫時維持現狀，各自維持現行業務，並順應我方要求，逐次移交給日軍。
（四）關於船艦、飛機、車輛、武器、彈藥、糧食、燃料、建設用物資、以及其他一切軍用土地建物、交通、通信、港灣設施、機場設施、地圖、文件等，應嚴禁毀損、破壞、湮滅，以及其他對日軍有害之行為。
（五）為期徹底避免與日軍之衝突，各地發生之局部戰鬥，應立刻予以終止。
（六）對於英、荷、重慶方面的重要人士，應立刻予以監禁，並將其納入日軍的保護下。

（七）遭監禁之日本人，應立刻移交給日軍。

（八）任命以下委員，以便立刻回應日方的指示要求：委員長、陸軍、海軍、航空、經濟、行政、衛生、戰俘、聯絡等各委員。

—·—

一輛在車頭交叉掛著白旗與聯合傑克旗的流線型汽車，在武吉知馬三岔路北方的福特汽車工廠前停了下來。英軍司令官白思華中將，在參謀特蘭斯准將（K. S. Torrance）、行政官紐比金准將（T. K. Newbigging）以及懷爾德少校的陪同下，隨著杉田參謀的引導，來到會面的座席上。大約五分鐘過後，山下將軍也在幕僚的陪同下入席，並和對方握手。

戰敗降伏於敵軍麾下的英國將領，內心的想法究竟如何呢？只見他們四個人臉色蒼白，眼中滿滿都是血絲。山下將軍將用英文繕寫的文件拿給白思華將軍過目，接著兩人展開了這樣一段問答。

「我想簡單問一些問題，希望你能坦然作答。我提出的要求，是要英軍無條件投降，你明白嗎？」

「Yes.」

「你手上有日軍俘虜嗎？」

「一個都沒有。」

「那有日本人嗎？」

「日本人都已經送到印度去了，他們的人身保障，也交給印度政府去處理。」

「你是否無條件同意這份文件？」

「請容我明天早上再做回應。」

「這樣的話，我們到明天早上為止仍然會持續展開攻擊，沒問題嗎？還是你要現在就同意無條件投降？」

「Yes.」

「好，那我們就以日本時間晚上十點為停戰時刻[11]。今晚，日軍不會進入新加坡市內。請派遣一千名英軍行使警察權、維持秩序。」

「Yes.」

「如果破壞這項條件，我們將會立刻向新加坡市區發動總攻擊。」

「請務必保障還留在市內的英人、澳人，以及士兵的生命安全。」

「沒問題，這點我絕對會保障，請安心。」

就這樣，新加坡爭奪戰落幕了。非常巧合地，侍從武官正好也在同一時刻抵達武吉知馬。

一八一九年一月二十九日，英國人萊佛士率領士兵登陸這座島。正好一二三年後，英國在東亞建立的支配霸權，完全畫下了休止符。

—·—

在滿臉春風的牟田口中將等師團人員送別下，我火速趕回了軍司令部。不過這時，這場歷史性的儀式已經告一段落，敵將也已經回去了。

今早我動身出發時，還四處攤滿作戰室的地圖和文件，如今已經收拾得乾乾淨淨。在鋪著事先準備好的白布桌上，並排陳列著乾魷魚、勝栗以及御賜的清酒。看樣子，大概是某人在不知何時準備妥當的吧！

軍司令官和軍參謀長，也都齊聲慰勞我們：「辛苦了，你們幹得很好。今天就喝一杯吧……」我高高舉起相隔百日再度斟滿的酒杯，和大家一同向皇居所在的東北方遙拜後，一飲而盡。

軍司令官的寒暄不知何時變成了嗚咽聲，熱淚不停落在酒杯當中。

自奉命擔任第二十五軍參謀以來，我便向神明起誓戒菸戒酒，如今宿願終於達成，照理說正是應該滿足期待、徹底痛飲的時候，但我卻覺得酒喝起來一點都不美味。

「感覺味道有點苦澀，像是整個哽在咽喉裡一樣……」

無從分享這份喜悅的三千幾百名前輩、同僚還有士兵，他們會用怎樣的心情看待今天這幅景象呢？再想到那些遺族的心情，這杯酒確實是杯苦酒。

開戰當天在曼谷犧牲的竹內君不只是位劍豪，也是位酒豪。我斟起一杯酒，對著他的照片說：「原

11 編註：新加坡當地時間晚上八點三十分。

諒我，竹內！你為什麼沒能在武吉知馬等我，只留下我孤單一人呢……」

——·——

這天晚上，我起草完給大本營和南方總軍的電報報告後，便像死去一般倒頭大睡。累積一年的疲倦，彷彿一下子全都爆發出來。第二天早上，我們一起淨身，恭送侍從武官離去。這天傍晚，大本營透過電報，發來陛下的詔敕：

馬來亞方面的作戰，在陸海軍部隊緊密適切的配合下，斷然執行困難的海上護衛與輸送任務，並果敢地展開登陸作戰。接著又甘冒炎熱與瘴癘，如雷霆般長驅直入，不斷摧破勁敵，最後終以神速攻克新嘉坡，從而徹底覆滅英國於東亞之根據地。

朕對此深表嘉許

就這樣，這場世紀的偉業——新加坡要塞爭奪戰，以輝煌燦爛的方式畫下了句點。在此，謹再次計算其戰果：

（一）日英兩軍兵力比為一比二。

（二）主要戰果如下：

敵俘虜　約十萬人（當中白人約五萬人）

擄獲火砲　約七四〇門

擄獲輕重機槍　約二千五百挺以上

擄獲步槍類　約六萬五千挺

擄獲火車頭、貨車　約一千輛

擄獲戰車、裝甲車　約二百輛

擄獲輕型飛機　十架

擄獲汽車　數萬輛

（三）我軍損害如下：

戰死　一千七百一十四名

負傷　三千三百七十八名

合計　五千零九十二名

若是將登陸宋卡以來的犧牲也合計在內的話，則戰死人數總計三千五百零七名，負傷六千一百五十名。

（四）敵方死傷人數不明，但至少是將近我軍的三倍。

第七章

以力服人？

爭相留影

在山下將軍與白思華將軍會面之際，英方提出了這樣的請求：「因為今晚（十五日）市內必定會陷入大混亂，萬一日軍進城，我們很難保證不會發生什麼出乎意料的事情，所以無論如何，請等到明早再進城吧！」

「好，就這樣辦。」

對於他們的要求，我方爽快地予以應允。

十六日早上，為了確認十萬英軍到底會不會溫順地聽從主將命令，我和從大本營前來聯絡的岡村參謀，以及總軍的鹿子島參謀同乘一車，在車上掛起一幅沾滿汗水的大日章旗，單槍匹馬在市區中急馳。

到處都可以看見激戰過後的鮮明痕跡。我們一邊憑弔著留下無數彈痕、燃燒殆盡的戰車卡車廢棄的殘骸，一邊駛進了正陷入混亂漩渦中的新加坡市。

我們是第一批踏入城內的日軍。一進入街頭映入眼簾的，是身穿卡其色軍服的人潮。他們有的手上還拿著槍、有的一邊步行一邊啃麵包、有的蹲在路上抽菸、還有些成群結隊，不知在高喊些什麼……

但是很不可思議地，不論是誰，臉上都看不見敵意，只剩下宛若歷經激烈運動後，那種完事的空虛表情。我拿出一台老舊的相機，將這初次見到的人海收入鏡底，結果一大群白皮膚、黑皮膚的士兵看到，頓時一邊叫嚷著、一邊朝車子湧來。據翻譯的說法，他們都在喊著「幫我拍張相！」

為什麼會這樣？當我向他們詢問理由時，他們毫不掩飾地這樣說：「這張照片很快就會在日本，乃至世界的報章上刊出來吧！既然如此，那故鄉的妻子看到我的模樣出現在上面，一定也會為我還活著而開心吧！」

他們現在的模樣，全都是那種做完了薪水份內的工作，總算可以安心喘口氣的神情。當中甚至還有些士兵，對著他們理應憎惡的「小日本（Jap）」舉手敬禮。

英軍的倉庫和英國人的住宅，全都遭到了華僑和馬來人的掠奪海嘯所襲擊。婦女小孩全都集體出動、趁火打劫。這些值得憐憫的居民，彷彿要在今天一洗百年壓迫的怨恨般，爭先恐後要把戰爭中受到的損失，加倍給強搶回來。

真是些沒有陛下詔敕規範的可憐民族啊……

大門深鎖的遠東軍司令部，仍然有兩名持槍的步哨在守衛。看到我們前來，他們臉上頓時露出激動的表情，但還是打開了厚重的大門。在那裡面只剩下幾名低階軍官看守，不過四處倒是看不到凌亂的景象。不論室內、室外，全都清掃得一乾二淨。我爬上四樓的屋頂，可以看見武吉知馬高地上的日之丸，正宛若君臨全島般地迎風飄揚。

熊熊燃燒的油槽黑煙，仍然在各地直衝天際，將新加坡島的大半掩沒在其中。

我轉而環視市內的景象。掠奪的人群到處為了爭奪獵物，正展開血腥的爭鬥。不趕快處置的話，戰後的經營將會難以收拾。

之後，我們精選出一批部隊，歸屬在河村少將的指揮下擔任警備隊，負責維持市內秩序。

除此之外的全部軍隊，都駐留在市區以外，即使是軍官，只要沒有軍命令，全都徹底禁止入城。這是戰後軍紀維持的根本。

戒絕慶祝

位在武吉知馬的司令部於二月十七日，搬遷到了萊佛士書院（Raffles Institution）。戰爭期間，這裡被充作醫院之用；遭到砲彈轟擊的牆壁，至今仍留有不久前沾上的斑斑血跡，不過現在裡面已經沒有任何傷患了。我們清掃過後，便火速開始執行業務。

要讓因勝利而驕傲的全軍上緊發條，唯一的辦法就是由軍司令部開始以身作則。軍司令官以下的全體幕僚，都住進了這所學校周圍的小小教職員宿舍。大家在屋頂因砲彈而破損的房間裡擺了幾張臥鋪擠成一團，然後用汽油桶燒水、泡個露天的熱水澡，好好地把久經戰陣的征塵給洗個乾淨。一天三餐也都是在參謀室的桌上，由少年勤務兵森田負責張羅。

大本營發來電報，要我們報告準備舉辦入城儀式的時間。在內地似乎也要相應配合，舉辦全國性的慶祝提燈遊行。我問過山下將軍的意思後，做了這樣的回應：「由於戰爭不過才剛開始，因此我軍不會舉行任何慶祝儀式。不過作為入城儀式的替代，我們將會在二月二十日舉行慰靈祭，之後立刻展開下一階段，也就是蘇門答臘的作戰。」

二月二十日早上十點，各師團、各部隊軍官、士官、士兵的代表人員，群集在萊佛士書院的校園中庭，在莊嚴肅穆的祭壇前，告慰自奧村少將（第十八師團兵器部長，戰死於武吉知馬）以下的三千五百餘位英靈。

香煙裊裊繚繞，朗讀弔詞的山下將軍，幾度哽咽不成聲。

戰功彪炳的十一面軍旗，此刻也靜靜低垂不語。並肩站立的將士們，臉上全都流滿了淚水。活下來的我們，必須要繼續打出無愧這些英靈的戰鬥才行。

慰靈祭結束後，接著在靈前舉行褒揚獎狀的授予儀式。

重新檢視日得拉突破戰、仕林河、峇吉里殲滅戰，對死者的褒揚重於生者，同時對通信、工兵以及直屬偵察飛行隊等幕後英雄也予以重視，這些都是出自山下將軍的想法。

在整個作戰期間，近衛師團自聯隊長以下，其戰鬥之勇敢與積極，絕不遜於第五、第十八師團。不管是在西海岸的海上機動、峇吉里殲滅戰，還是烏敏島的牽制作戰，他們都完全沒表現出一開始讓人擔憂的弱點，真不愧是自全國選拔出來的精兵，也是一支擁有傳統、驕傲的隊伍。統領這支部隊的高層不得其人，不只是近衛師團的將士，也是全軍的一大遺憾。

共享喜悅

海軍——特別是南遣艦隊——的捨身相助，是這場作戰能夠獲致如此輝煌戰果的重要關鍵。

就在佔領新加坡的幾天前，大本營海軍部的平出英夫大佐（海軍公關課長）透過廣播，發表了一段讓人驚訝的訊息：「海軍陸戰隊已經衝進實里達軍港並佔領之！」

事實真相是，山下軍司令官為了讓海軍也能夠分享榮耀，所以透過永井參謀提議，要聚集一些身穿海軍軍服的人員，跟陸軍一起進入實里達軍港，結果卻變成了這樣。要說海軍能夠獨立拿下實里達軍港，不要說永井參謀了，就連前線的海軍官兵，也沒有半個人會相信。因此聽到大本營海軍部突然這樣發表，他們每個人都有種想挖個洞鑽到地底去的羞愧感。

一部分本軍幕僚對於這種搶功式的發表也頗感憤慨，但軍司令官卻說「這也沒什麼大不了的嘛」，於是事情就這樣不了了之。

當新加坡攻略的善後工作告一段落後，山下將軍對小澤司令官表示，對於後者在作戰期間的協助深感謝意，並誠摯邀請他找個時間前來新加坡造訪。

面對前來造訪的小澤中將等南遣艦隊高層，山下將軍親自帶著他們從皇家高地遍覽到武吉知馬一帶，並說明戰鬥經過，最後又對海軍的協助表達滿腔謝意：「海軍有什麼想要我們提供的嗎？不用客氣，請儘管說吧！」

於是，前線海軍提出了他們的要求：

實里達軍港的一切設施、機場一座、房屋數棟、大約五百輛汽車。

當聯絡參謀有點不好意思地提出這些要求時，我們反過來敦促他說：「只要這樣一點點，沒問題嗎？特別是汽車，你們要多少都沒關係喔！」

不過對方只是謙虛地說：「這樣就夠了。」

於是我們要求後方課，盡量挑選出最好的汽車與房屋給海軍。

不管在馬尼拉還是蘭印，陸海軍總是站在敵對立場相互抗爭，特別是在戰利品的爭奪上更是激烈。然而，在馬來亞戰場這裡，從作戰開始前到佔領之後，我們就連一次衝突也沒有發生過。

在小澤中將的發想下，第二十五軍與南遣艦隊的高層組織了「昭南會」。

這個敦睦組織在這之後一直到終戰為止，每年二月十五日都會舉行紀念集會，彼此間一直保持著溫暖的友誼。

如果全體陸海軍都能像「昭南會」這樣，戰爭的結果恐怕就將會是大不相同了吧！說到底，這都是人與人之間的問題。

有山下和小澤兩位將軍高尚的人格，以及相互尊敬的態度，又怎能不結出良好的善果呢！

命運的轉捩點

「馬來半島的歷史，就是弱肉強食的歷史。」

當半島上既無文化、也無組織的原住民——塞芒人（Semang）、塞諾伊人（Senoi）等，還在跟猿猴一起啃食叢林裡的水果，成天做著太平美夢的時候，巴鄰旁王國從蘇門答臘興起，渡過海峽，在十三世紀將狼牙脩（Langkasuka）、登嘉樓、彭亨以及吉蘭丹納入支配下，並將新加坡變成了他們的一塊殖民地。

經過一世紀後，巴鄰旁王國對馬來半島的支配，遭到新崛起的爪哇王國所滅亡，新加坡化為一片血海。當時殺戮的慘烈，讓馬來人直到數世紀後，都遲疑著不敢踏入這座島。

葡萄牙稱霸海上，在發現好望角後展開遠征，企圖侵略東洋。他們首先在印度建立據點，接著於一五一一年，在阿爾布克爾克（Afonso de Albuquerque）總督的率領下，動員葡領印度的所有陸海軍進逼馬六甲港。十九艘戰艦、八〇〇名歐洲士兵，以及六〇〇名印度兵，這些兵力擊潰了馬來人激烈的反擊，取代爪哇成為馬六甲的支配者。此後一個世紀，他們成為馬來半島以及馬六甲海峽的第四任主人。

十七世紀初荷蘭崛起，他們以柔佛為根據地，結合馬來人一同侵襲馬六甲。隨著馬德里夫（Matelief de Jonge）率領的艦隊擊滅葡萄牙海軍，他們也確立了自己身為馬來半島第五代支配者的地位。

不久之後，新興的英國勢力取代了荷蘭，漸漸控制了整個世界的海域。

一七八八年，萊特上校（Francis Light）以永久年金為代價，從吉打蘇丹手上佔領了檳榔嶼。以此為根據地，英國開始與馬六甲的荷蘭勢力相抗衡。接著在一八一九年十一月，新到來的萊佛士，僅率領一些親兵便登陸新加坡島。靠著對柔佛蘇丹威迫利誘，他用些許金幣換取到這裡的永久租借權，並以此為根據地，確立了英國取代荷蘭，成為第六代馬來半島主人的支配地位。

英國長達百年對馬來半島的支配，僅僅七十天便在我軍的閃電戰下宣告覆滅。聳立在新加坡島上的萊佛士銅像，正象徵著十三世紀以降馬來亞弱肉強食的歷史。

歸納這段興亡流轉的歷史，我們可以說，它正是一段「以力得之，亦因力亡之」的支配史。

—— · ——

在香港和馬尼拉，我軍都舉行了盛大的入城儀式以慶祝勝利。但在新加坡這裡，卻只有抱著戰友遺骨的代表部隊，肅穆地通過街頭。

戒絕戰勝的驕氣，是本軍佔領地施政的首要之務。為此，我們從第五師團中選拔出少數警備部隊，在河村旅團長的指揮下維持市內秩序，以期端正軍紀，並保護良民。

除了警備隊以外人員，就算是軍官，也不允許隨意踏足新加坡市內。即使因為公務所需外出，也必須攜帶本軍核准的許可證才行。

另一方面，我們也會讓部隊長率領隊伍，以端正嚴肅的姿態，按照一定路線繞行市內參觀。這時我們也會嚴加留意，務必保持秋毫無犯。可是，要根絕潛藏的弊端，依然不是那麼簡單的事。

某天，我獨自一人前往市區巡查，結果有位馬來人向我投訴。他是一家大型鐘錶店的經理。在他的引領下，我前往他的店鋪。當時整家店面大門深鎖、處於歇業狀態，因此我們從後門走上二樓，結果赫然看到有大概十名包含少尉和准尉等級的軍官，正在那裡把手錶一字排開，東挑西揀。他們對經理的制止充耳不聞，硬要用五圓、十圓的價格，強買高貴的瑞士手錶。這根本就是明目張膽的掠奪。已經不用多說了，這種行為就該明正典刑，以求除惡務盡。

「混帳東西！」

我二話不說，掄拳就朝著這十名將士的臉頰揮了過去。調查他們的所屬部隊後，發現是跟飛行集團有關的人員。我把他們的姓名寫在筆記本上後，便接著往商店街的繁華地段巡視，結果在照相館裡，又發現了同樣的鼠賊。在這裡，我照樣修理了這些人一頓，但在回到司令部的路上，我發現一名曹長，手裡提著一個大大的布包袱。那名曹長手上雖然掛著公務臂章，但行動卻十分可疑。

我立刻走過去，要他打開包袱。結果一看，發現裡面有兩個漂亮的鱷魚皮包包，還有其他很多高級的奢侈品。看樣子，這恐怕也是透過半掠奪手段得來的吧！

訊問之後得知，他是某師團某少將的部下，奉命為少將的妻女出來買點紀念品的。

打仗的時候表現軟弱，對這種事情卻熟門熟路。作為部隊在戰場表現不佳，而在違反軍紀方面卻特別在行。

除此之外，我還親眼目睹了其他好幾件違反軍紀的事件。除了當場予以鐵拳制裁外，我也在第二天的全軍匯報上，將全體軍官聚集到大熱天的軍司令部操場上，由山下將軍親自出馬，針對端正軍紀進行一番痛責和訓誡。

我將昨天寫在筆記本上的種種違紀行為，在全軍面前朗讀出來。只見某少將汗如雨下，頂著一張蒼白的臉孔佇立在原地，感覺好像比遇到了敵軍的子彈還可怕。

—・—

我深深體察到，陛下之所以將新加坡改名為「昭南」[1]，就是要我們以太陽般無私的公正之心，作

1 譯註：日本佔領後改稱新加坡為昭南島。

為當地施政的根本。勝利也好、失敗也好、支配也好、從支配中獲得解放也好，一切都沒有區別。正就是正、邪就是邪，讓一切攤在普照的陽光下，這就是「昭南」的意義。

攻克新加坡之後不久，我們便提議建立昭南神社。這並不是為了驕示勝利，而是為了彰顯道義的實踐，從而為歷史的嶄新起點留下足跡。神社的地點，決定設置在整場爭奪戰的中心點——水庫高地的一塊未開發的森林裡。而共同做出這個決定的，是日軍將士與揮舞著鋤頭的一群戰俘。

這正是跨越恩仇，侍奉神明的姿態啊！當我們在武吉知馬高地上，著手建立祀奉三千五百餘位我軍戰死者的忠靈塔之際，此戰中陣亡英軍將士的供養塔，也在我們這些小小勝過對方一籌的日軍手上建立了起來。這正是取代被拆除的萊佛士銅像，豎立起來的新象徵啊！

——・——

當我踏進新加坡市的時候，有一件令人驚訝的事，那就是不管機場、港灣、市街，幾乎都不曾受到敵軍的刻意破壞。我找來一位英軍的低階軍官，和他展開了這樣的問答。

「你們為什麼不破壞新加坡呢？」

「因為我們還會回來。」

「你認為英國會贏得這場戰爭嗎？」

「大概會輸上九十九次吧！但是只要最後一次獲勝，那就夠了。」

這名俘虜軍官的話語，正象徵了全體盎格魯撒克遜民族的心聲與信念。

—・—

日軍作為馬來亞第七代主人的支配權力，僅僅持續了三年半便畫下句點。昭南神社在一陣狂風中化為青煙，武吉知馬高地染滿了自盡青年軍官的鮮血。

萊佛士的銅像再次登場，卻顯得有些莫名地褪了光采；那副表情，看起來彷彿是失去了以力服人的自信一般……

—・—

我們在戰役上取得了漂亮的勝利，但在整場戰爭卻是打得一敗塗地。然而，相當不可思議的是，印度、巴基斯坦、錫蘭、緬甸、印尼、菲律賓，都陸續獲得獨立，而中南半島與馬來亞，也已經處在獨立前夕。

這場新加坡爭奪戰，對亞洲民族而言，也是一場「命運的轉捩點」吧！

附　錄

《只要讀了就能戰勝》

これだけ読めば戦は勝てる
辻政信、朝枝繁春合著

編註：本小冊子是引用自日本大本營，在馬來亞作戰期間發布的作戰注意事項用的小冊子。《只要讀了就能戰勝》內容包羅萬象，其中包括衛生等事項。因為年代久遠，觀念也因此有所改變與進步。本附錄旨在重現當時的準則與內容，相關衛生或緊急狀況的處置，要以現代的準則為依據。

部外秘
これだけ讀めば戰は勝てる
臺灣
フィリッピン（米）
マニラ
印度（英）
ビルマ（英）
佛印（佛）
泰
馬來（英）
シンガポール
スマトラ
ボルネオ
ボルネオ
セレベス
バタビヤ
ジャワ
濠洲（英）

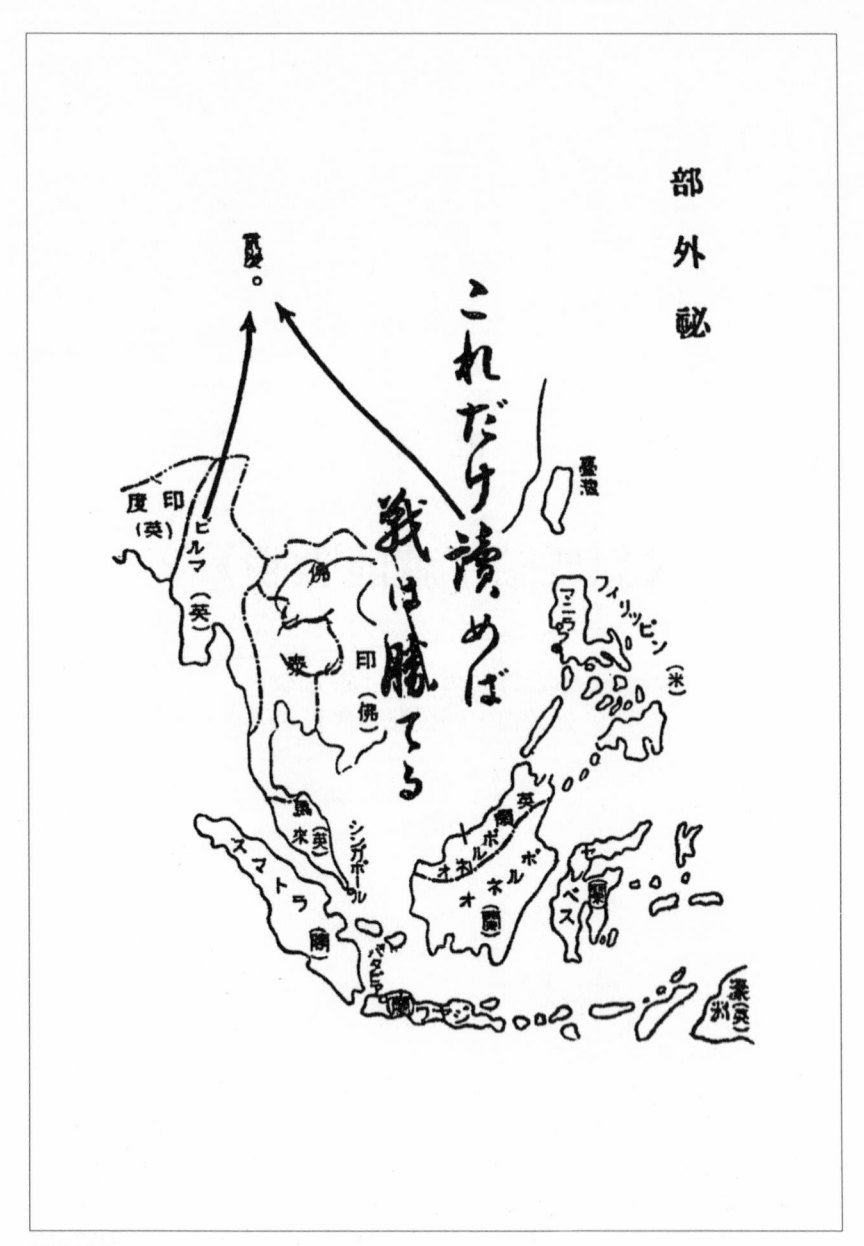

原書封面

一、本冊子乃是為了讓作戰軍全體將士能夠徹底理解南方作戰之目的及特質而編纂之作品，其特地留意之重點如下：

1. 對武力戰、思想戰、經濟戰的內容加以歸納彙整；
2. 對作戰要務以及命令在原則上加以省略，只針對熱帶作戰特質加以摘記；
3. 抽出「熱帶作戰之參考」當中，與士兵直接相關之必要事項；
4. 讓將士即使身處狹窄酷熱的船艙中，也能在短時間內輕鬆閱讀；
5. 用士官和士兵也能充分理解的平易文筆寫成。

二、本冊子乃是綜合過往各種資料、廣徵各方意見，並收錄研究演習成果所得之結論。它的起草用意，是要在登船之後，立刻配發給所有將士閱讀。

大本營陸軍部

目錄

一、南方戰區是怎樣的一個地方？

1. 飽受英、美、法、荷等白人侵略的東洋寶庫

自山田長政渡海前往暹羅（今泰國）、並在當地大顯身手以來，至今已過了大約三百年。在他之後，德川幕府採取鎖國政策，直到明治維新為止，一直阻撓日本人到海外發展。而在這段期間，英、法、美、荷、葡等國陸續踏足東洋，擺出一副自視為主人的模樣，對文化落後的當地居民大加脅迫驅逐，從而將東洋諸國化為自己的殖民地。印度和馬來半島落入英國手中；安南轉到法國手上；爪哇和蘇門答臘由荷蘭佔據；菲律賓則被美國奪取。東洋物資最豐富的這些國家，就這樣遭到寥寥可數的白色人種侵略，數億東洋民族也在數百年間，遭到長期的凌虐剝削直至今日。

我們有幸生在日本這個國家，拜天皇陛下的赫赫神威所賜，直至今日為止，從不曾遭受外國的侵略。因此，東洋的其他民族對我們日本都非常羨慕，不只信賴、尊敬日本人，也打從心底期盼能夠依賴日本人，獲得民族的獨立與幸福。

2. 一億東洋民族受到三十萬白人凌虐之所在

三億五千萬印度人，受到僅僅五十萬的英國人支配。六千萬的蘭印人[1]，受到二十萬荷蘭人所支配，兩千三百萬的法屬印度支那人，遭到兩萬多法國人控制。人口六百萬的英屬馬來亞，在上面控制的只有幾萬英國人。一千三百萬人的菲律賓，也被幾萬美國人騎在頭上。故此總計起來，這些地方的東洋民族

大約有四億五千萬人，卻要被八十萬不到的白人所掌控。就算扣掉印度不提，單看法屬印度支那、馬來亞、蘭印、菲律賓，這裡一億多東洋民族，也是受到三十萬不到的白人所凌虐掌控。只要一踏上敵人的土地，就能清楚明瞭白人是怎樣壓迫當地居民的。他們在山丘上建立起雄偉的建築物，居高臨下俯瞰當地居民生活的小小茅草屋；榨取東洋民族的膏血，用來供養少數白人奢華的生活，或是將它們掠奪回殖民母國。

故此，我們可以說，每當一個白人呱呱墜地，就會有幾十個東洋民族的奴隸在後面侍奉。這樣的狀況，真的符合上天的公理正義之心嗎？

佔絕對多數的東洋民族，之所以遭到少數白人征服至此，其根本原因就在於同族間手足相殘、實力消耗殆盡，以及欠缺「東洋乃是東洋人之地」的自覺概念所致。

3. 石油、橡膠、錫礦的世界級產地

沒有石油，不管飛機、軍艦還是汽車，全都會動彈不得。英美佔領了世界上大半的石油，花都花不完。但同時，他們卻對石油最匱乏的我們日本實施禁運，還阻礙我們從南洋取得石油資源。

橡膠和錫礦也是軍事上不可或缺的資源。而這些貴重物資放眼整個東洋，也是以南洋各國的蘊含量最為豐富。英美等國惡意阻撓我國用正當方法獲得這些資源，正是這場戰爭會爆發的主要原因之一。蘭

1 編註：今日的印度尼西亞。

印與法屬印度支那不可能單獨反抗日本，這是再清楚不過的事實。故此，在他們對日本展現出敵意的背後，其實是英美的支援與脅迫。日本的弱點是石油和鐵礦不足，但美國的最大弱點則是橡膠、錫和鎢無法自給，這些資源大多得仰賴南洋以及支那南部供給他們才行。若是能掐住這些地方的話，不只能補齊日本不足的鐵和石油，還能夠擊中美國最大的要害。美國之所以極端厭惡我日本踏足南方且不斷阻擾，關鍵的原因就在這裡。

4. 終年盛夏的國度

南方戰區是一個沒有四季之分，一年到頭都和日本的盛夏季節一樣酷熱的地區，簡單說就是個「終年盛夏的國度」。清晨太陽升起後不久，氣溫就開始轉熱，到中午前後最為酷熱，然後一直熱到傍晚。季風雖然依地點而有所不同，不過大抵來說，從五月到九月是吹西南風，十一月到三月則是吹東北風。從午後開始到晚上，會出現轟雷和豪雨。那種雨勢的強烈程度，遠超過日本的午後雷陣雨，一般稱之為「暴風雨」（squall）。這種暴風雨雖然對於消暑解熱大有助益，但也經常會造成道路崩壞、橋梁斷裂，從而阻滯軍隊的行動。

不只如此，因為濕氣重的關係，火藥常會潮濕、槍砲彈藥容易生鏽、眼鏡容易起霧，還有電池也容易放電。

雖然一年到頭都有充沛的香蕉、鳳梨等水果可以採食，但令人棘手的瘧蚊也總是不懷好意，虎視眈眈地存在著。爪哇、新加坡一帶，因為已經多有開發，所以公路四通八達，但是除此之外仍有許多未開拓的土地，甚至是人馬都不得通行的密林與濕地。

如上所述，雖然這邊的溫度很高，但絕非那種讓人難以居住的不舒適之地，特別是在靠近海邊會有海風吹拂，因此有許多白人移居此地。

二、我們為何非戰不可，又應如何作戰？

1. 體會陛下深盼東洋和平的心意

明治維新廢藩置縣，將日本回歸到天皇陛下親政的過往狀態，從而邀天之幸，讓我們日本得以度過遭到抵達浦賀、長崎的黑船併吞的重大國難與危機。但是，昭和維新則不一樣。在這裡，我們必須體會陛下深盼東洋和平的心意，將亞洲從白人的侵略中拯救出來，還一個亞洲人自己的亞洲；首先確立亞洲的和平，接著更進一步，樹立起世界的和平，這就是我們所必為之事。

資助蔣介石和日本作戰的黑幕就是英美。他們視日本的興隆為眼中釘、肉中刺，不惜使用一切手段來妨礙日本的發展，所以才唆使重慶政權、法屬印度支那、蘭印等和日本相互敵對。他們所樂見的，是亞洲民族的相剋消耗。而他們所害怕的，則是亞洲民族藉著日本的力量爭取獨立。對數百年間吸取亞洲人膏血自肥的英、美、法、荷人來說，佔世界人口大半的亞洲民族團結起來，將會是對他們最沉重的打擊。

日本作為東洋的先覺者，將滿洲從蘇聯的野心拯救出來，將支那從英美的剝削中加以解放後，接下來被賦予的重大使命，就是協助泰國、安南人、菲律賓人等獨立，並給予南洋居民和印度人幸福——這就是八紘一宇的精神。

這次戰爭的目的，首先就是讓陛下的偉大胸懷，也就是「讓世界各民族各得其所」的理想在東亞得以實現。為此，我們必須和東洋各國建立軍事同盟，秉持共存互惠的原則，在經濟上互通有無，並相互尊重彼此的政治獨立，以求東亞的大同團結，從而發揮出整合的力量，將東亞從白人的壓迫侵略中解放出來。

這次事變的意義，正如上述極其重大，而作為中心領導者的日本所承受之國難，乃是建國以來所僅見。南洋各民族都打從心底對我們日本人尊敬又期待，因此我們絕不能背叛這種尊敬與期待，這是比什麼都重要的事。

以下將說明為此必須特別注意的事項。

2. 要疼惜當地居民，但不能對他們抱持過大期待

遭到僅僅三十萬不到白人奴役的一億南洋居民，他們不論在眼睛的顏色或膚色上都和我們十分相似。想到這些獲得神明恩賜、得以在世界級寶庫生養長大的居民，卻因為某種因果而遭到白人壓迫，任誰都會忍不住對他們感到憐惜吧！

不論從地理或是歷史來看，對南洋居民而言，英、美、法、荷人都是強盜，而我們日本人則是兄弟，或者也可以說是血親。然而在他們當中，也有不少甘為白人鷹犬，奔走告密、出賣同胞、背叛整個亞洲的人物；特別是在高級官員和軍人當中，更是多不可數。這樣一想，對這些貽害我等無窮的人物，就會

有種非將之剷除不可的衝動。但若對方投降來歸的話，我們也必須有平心靜氣接納他們的雅量才行。

另一方面，當地居民大多十分懶散，平常不穿衣服、四體不勤、只會享用大自然賜予的恩惠；還不只如此，在過去三百年間，他們受到西洋人壓抑、又被支那人剝削，已經堪稱是遭到閹割的狀態，因此就算是將他們納入旗下，也不能對他們產生過大的期待，這點是必須打從心底銘記之事。

3. 尊重當地居民的風俗習慣

南洋大部分居民都信奉回教。就像佛教徒拜佛、基督教徒拜耶穌一樣，回教徒也有朝著麥加（穆罕默德誕生的中亞古都）頂禮膜拜的強固習慣。又，回教徒是絕對不吃豬肉的；他們認為豬是骯髒的東西，非常厭惡牠。那些頭上戴著白色無邊帽子的人，是曾經參拜過麥加的信徒，在當地居民當中相當受到尊敬。在城鎮和村落中設有禮拜堂（清真寺），不管身份多高的人，進去都必須脫掉鞋子。因此，如果用沾滿泥巴的鞋子任意踐踏禮拜堂的話，會引起當地居民強烈的反感。他們在宗教上的休息日不是星期天，而是星期五。除此之外，他們還有每天向麥加朝拜數次、休息幾十分鐘的習慣。在每年年底，他們也會進行為期一個月的禁食（白天不吃飯，只有晚上吃少許食物）。

我們日本人的禮儀是進入室內必須脫帽，但當地人正好相反，戴著帽子才是禮儀。又，他們認為左手是不乾淨的事物，非常厭惡；即使大便的時候，他們也不用衛生紙，而是用左手擦拭屁股，然後再用水沖洗，因此在遞交物品、或是觸碰對方身體的時候，絕對不要使用左手。這些居民只顧眼前的小利，而無法判別將來的大利。因此在買東西的時候，千萬不能賒帳，這是必須注意的事情。

入境隨俗，遵循當地居民特有的風俗習慣才是最好的方式。倘若抱持日本人慣有的親切，給予過多關照的話，不僅不會獲得感激，反而會引發反彈。戒除過度親暱的行為，尊重當地居民的傳統習慣，從而避免產生無意義的衝突，這是最為重要之事。

4. 擊垮該對抗的仇敵同時，也要對無辜的人們保持慈愛之心

就我們日本的現況來說，不會英語就不能進入高等學校，一流的旅館、火車、輪船都要使用英語，因此我們在不知不覺中，總會認為西洋人很了不起，並且對支那人和南洋人抱持一份輕蔑之心。

然而，這簡直就是一種自取其辱的行為。我等必須銘記，我們日本人和支那人、印度人一樣，是長期受到白人歧視輕蔑、視為劣等民族的族群。正因如此，我們才必須在東洋這裡，痛擊白人這種傲慢無禮的態度。

這次的戰爭是民族與民族間的戰爭，因此對於德、義以外的西洋人，我們沒有任何寬貸的必要，而是必須貫徹我等正當之要求才行。然而，唯有掠奪或調戲婦女，乃至故意殺傷無抵抗的人員，這種事在講求道義的我們日本來說，是絕對不能發生，是有辱聲名之事。故此，全軍上下都應深切警戒，萬萬不可傷了陛下的軍人、陛下的軍隊所應抱持的高貴情操。特別是對老人、婦女和兒童，更應當抱持著寬大的態度加以處置。

5. 華僑是怎樣的一群人？

距今六五〇年前左右，蒙古的忽必烈派遣軍隊攻打日本，結果在博多海域遭遇神風，全軍覆沒。之後，他又派遣軍隊遠征爪哇。他派出三萬軍隊搭乘一千艘船隻，在爪哇的東北海岸登陸，目的是為了獲取南洋的珍寶，但最後因為敵軍詭計的緣故，並沒有得到太大的收穫。從這時候開始，支那人便積極渡海前往南洋。他們先是擔任學徒、僕從、苦力，之後漸漸富有起來。他們一邊玩弄懶散的土人於股掌間，一邊連結英、美、法、荷等白人，在經濟上強化力量，如今在整個南洋，已經繁衍出將近五百萬的人口。他們是重慶在軍資方面的提供者，大部分是遭到重慶政權的宣傳所迷惑，或是遭到對方以恐怖手段威脅，不得不獻出金錢。對於這些人，應該給予他們反省的機會，引領他們歸順我方。然而必須注意的是，他們與西洋政客合作，用高超的手段剝削當地居民，因此當地居民的仇恨心普遍指向華僑，而西洋人對此也樂得輕鬆。除此之外，他們大多數人也沒有民族意識和國家觀念，除了賺錢以外再無其他樂趣可言。故此，如果沒有伴隨利益的話，要促使他們產生身為東洋民族一員的觀念自覺、並獲得他們的協助，那是相當難以期待的事，這點必須要有心理準備才行。

6. 剛強、正直、堅忍

觀察從古到今所有戰場的狀況，我們會發現真正在戰鬥上強悍的軍隊，是不會發生掠奪、調戲女子、醉酒鬧事這些行為的。只有那種遇到子彈就四散奔逃、成天自吹自擂的弱小軍隊，才會做出欺凌弱者的行為。故此，我們必須嚴格律己，避免因為區區一人的行為不端而使全軍蒙羞。如果因為掠奪或強姦，而使身經百戰的勇士被送上軍事法庭，遭受好幾年徒刑的話，那就太遺憾了。想想在高呼萬歲的聲音中，從故鄉出征那天的感動吧，再想想朝夕膜拜神明、恭敬祭祀，祈求你武運昌隆的親人們吧！如果你在戰場因為做了壞事而遭到處刑，那還有臉凱旋返鄉嗎？又怎麼對得起死在槍彈下的戰友呢？不管是身處在激戰的漩渦中，或是在子彈打不到的後方服勤，若是不特別注意的話，就會招致一生難以彌補的失敗啊！

所有的功勳和辛勞，都會因為酒色上的失敗而化為烏有。故此，我們必須戒絕此類行為，奮勇作戰、端正身心。就算生活不自由、工作艱苦，我們也必須忍耐自制，如此方能對得起死去的戰友啊！

7. 愛惜確保資源與設施

由於英美惡意的緣故，我們日本在世界各地，都買不到國家存亡所必需的石油。故此，獲得南洋的石油，乃是國家生存絕對必要之事，但敵人也絕不會輕易將這些資源讓給我們，可以預期他們一定會採取各種破壞手段。正因如此，搶在敵人以轟炸或炸藥破壞設施之前，先一步佔領之並予以嚴密的警戒保護乃是當然之事。不只是石油，我們也應盡可能努力獲取其他物資，將之就地利用、或是轉送內地。油井、工廠、鐵路、通信設施等，只要損壞就很難恢復原狀，這點必須銘記在心。另外，擄獲的汽車或兵器，因為不知道如何使用而導致損壞的情況也很多。過往的戰爭中，常有人會認為將敵方物資徹底破壞或燒毀乃是最佳方案。也有人會以兵力不足為口實，將這些物資全部毀棄。然而，在這次戰爭中，我們必須特別注意，一定要在盡可能不破壞敵方資源的情況下攫取之，並加以最大限度的利用。就算是一發子彈、一片麵包、一滴汽油，只要能夠節省下來，都能有效減少國力的消耗。這點非得時時刻刻銘記不忘才行。

8. 敵人比支那軍強悍嗎？

這次的敵人和支那軍相比，軍官都是西洋人，但士官兵則大部分都是南洋當地人，因此整支軍隊在上下精神團結方面可說等於零。只有飛機、戰車、汽車、大砲的數量遠比支那軍多上許多，這點必須注意；但是他們的武器也大多是舊型，而且這些弱兵也沒辦法好好使用武器，所以完全派不上用場。又，他們最害怕的就是夜襲。

9. 寧願被子彈打死，也不要病死

地上有戰車、空中有飛機、海上有軍艦，就連水中也有潛艦橫行，這些自然不在話下。然而，這次戰爭最大的特色、也是更需要注意的地方，就是存在著某些潛伏的大敵——那就是肉眼看不見的各種惡疾以及瘧蚊。自古以來在熱帶地區的戰鬥當中，死於疾病的人數遠遠多於戰鬥陣亡者，這是在在的事實。儘管「病從口入」這點在日本和熱帶並沒有什麼差別。但在南洋，我們更須留心蚊子與毒蛇等事物。假使做好了死在槍彈下的覺悟，卻因為不注重身體健康，結果因疾病或事故而死，那就太不光榮了！又，還有一件必須注意的事。當地女人幾乎大部分都有花柳病，而且調戲當地女人，會導致和當地全體居民為敵，這點也是必須切記在心的。

三、戰爭的經過流程會是怎樣的？

1. 從遠洋航海到登陸戰鬥

這次作戰的地點是距離台灣一千數百海里的南洋，就算搭乘輪船，也必須花上一週到十天才能抵達。雖然是以數百艘軍艦和船隻，橫渡這麼遙遠的海域，但仔細想想，我們的祖先早在三百年前，就曾經乘著稱為「御朱印船」的木造帆船，征服驚濤駭浪、來到此地進行貿易，或是搭乘所謂的「八幡船」，以武力縱橫活躍於當地。而當連續數日擁擠悶熱的船舶運輸結束後，我們則必須在海岸上擊破抵抗的敵人，強行登陸。雖然從古到今，登陸作戰一直是件困難的任務，但我們精銳無比的日軍，在這方面還沒有失敗過任何一次。故此，只要抱持充分的自信、做好充足的準備，我們一定可以立下讓整個世界大吃一驚的戰果。

2. 攻克陣地和要塞

南洋各地的敵人是以少數白人軍隊為中堅，再配上強制徵召的當地居民臨時拼湊而成的粗製濫造軍隊，實力比支那兵還要弱。但因為他們擁有相當數量的大砲、戰車和飛機，所以雖是弱敵，卻也不可輕忽。因為他們大多盤踞在要地，佔據陣地或要塞進行抵抗，所以當我們在登陸海岸擊潰敵軍後，就應馬不停蹄地展開熱帶行軍，或是以汽車全速推進，攻擊敵軍陣地。

又，為了避開敵軍準備好的火力、達成出其不意之效果，我們也必須常常突破密林（叢林）地帶，或是在水田、濕地跋涉。

3. 確保資源、守護重要地點

排除敵人抵抗後，我們必須做好萬全準備，以確保石油資源，並對重要工廠、港灣及鐵路實行警護，絕不可給空中或海上的敵人可乘之機。這個時候，因為整體來說必須以少量的兵力來守備廣大的區域，所以我們必須製造障礙物、構築陣地，同時還要懷柔利用當地居民，用盡一切手段才行。

4. 奉命長期駐留、維護治安

我們必須覺悟到，這場戰爭恐怕會變得曠日費時。因此得做好長期對陣的各項準備。在這種情況下，最重要的事就是盡可能利用當地的物資，同時珍惜愛護兵器、被服等各種物料。因為要從日本穿過遙遠大海、千里迢迢運送物資，乃是一件負擔非常大的事。所以必須在最小限度下戰鬥和生活。不要被酷暑所擊敗，特別是不要因此罹患疾病，這是最需要注意的事項。

四、在船上要做些什麼？

1. 嚴守秘密

登陸作戰最重要的事項，就是隱匿我方的企圖。要是過早讓敵人知道我方將在哪裡登陸，那作戰就會變得相當艱難。一封書信上寫下的簡單事情，往往就會成為全軍敗戰的原因。又或者在出發前夕喝杯咖啡還是飲酒之際無心說出口，結果讓我軍的秘密被間諜察知，這樣的例子也屢見不鮮。

想想四十七浪士為了替主君報仇，費了多大苦心保守秘密。我們也應時時以此為借鏡，相互警戒才對。

在之前的事變中，曾經有一起真實發生的故事。有一名要在南支那方面登陸的士兵，將信件塞到空啤酒瓶裡，讓它順著海洋漂去。最後這個瓶子隨著潮流，一路漂到了朝鮮附近。假使它再往北漂、漂到浦鹽（海參崴）的話，那可怎麼得了！不只如此，敵方的飛機和潛艦經常會為了發現我方運輸船的行動，而從海上漂浮的紙屑等去掌握線索，因此穢物和垃圾的收拾等，都應當嚴格遵守規定才行。

2. 將個人隨身事物整理妥當

這次戰爭當中，有很多時候必須在海上展開行動。就算在登陸後，得以小部隊深入敵陣、冒死挺進的情況也不在少數。故此，我們都必須徹底做好魂斷異域、連屍骨都無法撿回的覺悟。

「海行兮，願為水中浮屍；山行兮，願為草下腐屍。大君身邊死，義無反顧！」我們每個人，都該擁有這種日本人從古早以來就已存在的覺悟才對。在踏上戰陣之前——至少在船上的時候，就該寫好必要的遺言、留好遺髮和指甲。做好隨時隨地都會戰死的準備，然後由部隊加以統整，用確實的方法將它們留在後方。像這樣將隨身事物整理完畢後妥善安置，是軍人該時時留心的要務。

另一方面，當船隻起火或是浸水之際，我們必須盡可能以輕裝之姿避難。這時候只要攜帶槍、水壺和麵包就好。記得務必穿上救生衣，按照順序整齊來到甲板上，同時做好相關的撤離準備。

3. 小心不要生病

船艙中相當狹窄擁擠且酷熱，因此容易發生暈船現象。就算沒有暈船，也很容易造成胃腸不適，從而導致生病。在大家擠成一團同居同寢的情況下，若是有人罹患了傳染病，那就相當麻煩了！這種情況造成的損失，甚至比遭遇潛艦和飛機還要嚴重。因此，為了不給他人添麻煩，切記絕對不要喝生水，在出發前夕的飲食也必須注意；如果在船中感覺不舒服，要盡速接受診斷並對症下藥。假使勉強隱匿傳染病，不只會讓全船的人造成嚴重困擾，甚至還會造成眾多戰友喪命。

4. 避免暈船的方法

為了避免暈船，應注意以下幾個重點：

（一）鼓起精神，自覺自己肩上所扛的是多麼重大的任務。
（二）當船隻縱搖的時候就橫躺，橫搖的時候就縱躺。
（三）眼睛盡量看遠處，不要在意船隻的搖晃。
（四）盡可能以遊戲等方式轉移注意力。
（五）如果屬於害怕暈船的體質，那就綁緊腹部採取特定的呼吸法，這樣不管在船上或是在舟艇上，都會相當有效果。這種呼吸法是，當船隻向上揚起的時候深深吸氣、往下沉的時候深深吐氣。

在船中主要採橫臥姿態，當來到舟艇上的時候，則是隨著舟艇上揚伸腿、下沉收腿，這樣會有更大的效果。

（六）盡量讓胃腸保持適度均衡，避免過飽或是空腹。又，在暈船的時候若是什麼都不吃，反而會讓症狀更加嚴重。因此就算勉強，也該多少吃點東西才行。

（七）保持充足的睡眠。

（八）喜歡酒的人，喝一點有助解暈船；但要注意，千萬不可暴飲。

（九）便秘是大忌，有便秘症狀的人，應該要服用通便劑，讓排便順暢。

（十）為了防止胃食道逆流，不要食用糖分與酸性較強的橘子等食物。

（十一）盡可能出來甲板上走走或做體操。

（十二）在預防暈船方面，有效的藥物包括小蘇打粉、健胃錠、安眠藥、益生菌、仁丹等。

雖然有以上種種注意事項，但最重要的關鍵還是在於告訴自己「我不會暈船」。如果未戰先怯，心存「我搞不好會暈船」、「能不暈就謝天謝地了」這種軟弱的念頭，那就一定會暈船。不懂事的孩子最耐得住海上航行就是最好的範例。

5. 用心照料馬匹

對於身處船隻最下方陰暗酷熱的室內，無法發出怨言，只能不斷忍耐的軍馬，我們也不能忘了牠們的存在。在熱帶海上航行中，最重要的事情就是換氣、給水以及掃除馬房。在長途航海下，不管是人還是馬都會感到疲憊不堪，但我們要想想，連人都如此疲憊了，那馬豈不是更辛苦嗎？所以要更加厚待牠們，才是正確的啊！

就跟人一樣，馬在熱帶海上航行，也需要有新鮮空氣和冰涼的飲水。然而，人可以在甲板上散步，馬卻無法這樣運動，所以更容易累垮。是故，要注意經常讓牠們在馬房內前進後退，會收到較好的效果。

6. 愛護兵器、用心照料兵器

海風和濕氣是兵器的大敵。因為船上濕氣較重，加上有海風不斷吹拂，所以只要一不小心，就會讓兵器生出紅鏽，從而導致在戰鬥中難以使用。要把兵器當成有生命的東西，好好去珍惜愛護。同時也要經常保養，如此才能使它在戰場上發揮出最好的效果。特別要仔細留神，不要讓它炸膛了。如果不注意這點的話，有可能會害戰友喪命。

7. 水是重要的資源

水是生命的根本。因為在運輸船上，只能在為數有限的水槽中裝載些許的水，所以千萬要小心，不能像在陸地上的時候那樣揮霍使用。熱帶作戰要是沒了水，那就完蛋了。因此如果只因為海上有無限多的水，就以為船上的水也是無窮盡的，那就糟糕了！幹部以下人員，都必須密切注意這點才行。

8. 小心船隻著火

在船上，沒有比發生火災更讓人恐懼的事情了。因為船上裝載了很多汽油，所以除了規定的地方以外，嚴禁吸菸；又，因為救生衣中塞了木棉（類似棉花的物質），相當易燃，因此也絕對禁止接近火源。

9. 遭受潛艦或飛機攻擊時，該怎麼應對？

為了避免遭到潛艦或飛機攻擊，即使夜晚忍受燠熱，也要嚴守燈火管制的規定。但是，在長途航行當中，我們還是得做好心理準備，難免會遭到一兩次敵潛艦或飛機的攻擊。這時候最重要的事，就是「切莫驚慌」。

炸彈並不容易命中船隻，就算命中導致船隻瀕臨沉沒時，船上也都準備了足供全員搭乘的救生艇。同時每個人也都配發有救生衣，因此最重要的就是冷靜下來，穿著輕便的服裝，在規定的地點集合，等待長官的指揮，嚴禁任意喧譁、四處奔走。因為絕對不可能只有一艘船隻單獨行動，所以萬一遇到沉船事故，一定會有其他船隻前來救助。這時候，為了不讓友船上的戰友們看笑話，我們非得銘記在心，千萬不能做出乖露醜的事情。特別必須注意的是，潛艦和飛機大多會選擇白天發動攻擊，所以更要保持冷靜，以免大出洋相。

10. 一點點的輕忽，就會造成嚴重的傷害

狹窄擁擠的船上，塞滿了救生艇、汽車、裝備和馬匹，其間還有負責操作起重機的工作人員與船員來回奔走，當波濤洶湧的時候，更會有大浪沖上甲板。在三更半夜的時候，坐在舷梯邊乘涼，結果一不小心落入海裡，又或是踏進船艙的時候，一不小心跌倒，結果撞到堆得滿滿的裝備，導致頭破血流，這樣的狀況不只屢見不鮮，而且相當丟臉。注意腳下、留神頭頂，絕對不要前往危險的場所，或是待在甲板上的救生艇當中。

11. 彈藥、糧食和水

登陸戰的一大特色就是，在登陸之後四、五天，甚至是一個星期到十天左右，都很難得到後方的運補。特別是這次，我們乃是渡過遙遠的海洋從事戰爭，補給的困難度可想而知；因此，在不妨礙行動自由的情況下，我們必須盡可能攜帶夠多的彈藥、口糧和水才行。攜帶的額度應遵循長官指示，但切記絕對不可因為酷熱，就把它們任意拋到海裡，或是遺忘。

12. 細心留意登陸的準備

因為登陸的時候必須在洋面下錨、然後換乘小艇，所以每一位士兵都得在極為有限的空間內，用盡可能精簡的動作，整理好兵器和隨身裝備，同時還必須仔細檢查登陸之後馬上要使用的兵器性能，並注

意不忘相關的配件等事項。

當第一波登陸部隊所需的機槍、火砲等兵器在母船上分配好後，就必須讓它們預先登上小艇，並加以綁縛妥當。至於第二波以後的兵器，就必須用繩索、吊網等，從母船的甲板上吊掛到水上的小艇。為此，我們必須準備好裝運砲（槍）身的袋子（可以用攜行帳篷代替）、三腳架、配件箱（隨軍攜帶）、彈藥箱的綁繩以及吊索等。

雖然裝束會因兵種而有差異，不過我們還是用以下的範例，來說明步兵的著裝狀況：

（一）腳穿足袋，將除了背包之外的水壺和雜囊等扛在肩上。
（二）將規定外的子彈、口糧或飯盒等裝到帳篷裡面，做成背袋扛在背後，或是繫在腰間。
（三）小圓鍬等器具插在背部的皮帶上，或是用繩索串起來掛在肩上。
（四）防毒面具保持在隨時可用狀態。
（五）破壞剪插在腰部皮帶上。
（六）在不妨礙射擊的情況下，將救生衣的穿脫部分放置在右肩上。
（七）手榴彈放置在雜囊中。

13. 為重兵器和彈藥箱製造臨時浮體

為了讓重機槍和步兵砲等重兵器及彈藥箱就算落入水中也不致沉沒，我們最好是用臨時製造的浮體將它們綁起來，這樣比較方便。

逼不得已的時候，我們也可以把它們裝在浮體上，然後由兩三個人牽引繩子，在水中拖著它們前進。

五、登陸戰鬥

1. 從母船轉移到小艇上

我們必須把裝在母船上的小艇先降到水面，然後再用繩梯換乘。這時候，將士們必須排成一列縱隊，按順序小心且不間斷地從母船往下移動。步槍和輕機槍應用寬皮帶掛在肩上，或是背在背後。若是把寬皮帶掛在脖子上，然後將槍械橫放在救生衣或背包的上端，也是一種相當方便的做法。軍刀用過去武士的方式，將它插在腰帶底下即可。彈藥箱和自行車應該用繩索綁好，由舷側吊放到小艇上，如果遇到風浪較大、難以換乘的時候，則應將它們和步槍、輕機槍等綁在一起，用帳篷包裹起來，以吊網或繩子將它們運到小艇上。攀梯而下的時候，記得確切抓穩中央的繩索，讓上半身靠近梯子，用雙臂支撐體重，然後盡速踏著繩梯的橫桿，交錯往下降到小艇上。為了不擋到後面的士兵，到達預定位置後應盤腿坐下。一旦小艇被波浪劇烈衝擊的時候，就跟著它一起搖擺，絕不可以四處蠢動張望。不論遭遇怎樣的大浪，都必須保持冷靜、堅守崗位，切記不可變換姿勢，特別是不要妨礙到舵手的工作。指揮官有必要在繩梯的頂端和底下，安置輔助人員。

2. 從小艇上進行射擊

小艇在靠近艇首部分，設有輕重機槍的射擊位置，因此在靠近敵岸、遭受敵火攻擊時，可以在指揮官的命令下，一邊射擊一邊前進。但是，因為船艇不斷在移動，瞄準相當困難，所以射手應當將目標附近的森林、房舍、山頂等定為輔助目標，然後在舟艇被大浪掀起的那一瞬間，瞄準目標射擊。當射擊輕武器之際，應配合舟艇的波動屈伸身體。發射擲彈筒的時候，則應將底板安置在舷側，等船隻達到水平的時候再行射擊。這時候，在底板下面應墊好沙包。射擊機槍時，應取下瞄準器（齒弧和螺桿），並隨著船艇的動作屈伸身體。

射擊火砲時，應將砲固定在小艇上，設好適當的標高，並準備好其他必要裝備。艇長應讓射擊方向與小艇的前進方向一致，砲手則應在小艇到達浪頭最高點時開火射擊。

3. 勇敢跳上岸

當冒著敵火、逐步逼近岸邊之後，小隊長會下達「跳船」的命令。這時候最重要的一件事，就是勇猛果斷地跳下去。就算浪再大、水再深，只要穿著救生衣，跳下去就絕對安全。就算是深到腳搆不著地的情況，也會被海浪自然沖到岸邊，所以大可安心，就不落人後地跳下去吧！若是遇到長滿海藻的岩礁海岸，則必須手持竹杖、探明腳下狀況，靜靜地步行。從小艇右側跳下去的時候，應當右手持槍、左手緊握舷邊，然後左腳踏住腳蹬，右腳踏住舷側，屈膝、放低重心，將槍舉高；然後張開雙腿，以兩腳同時著地的方式跳下去（若是從左側跳下去的話，則手腳位置相反）。

送輕機槍上岸的時候，應該要由一名機槍手先跳下去，接住機槍後再讓分隊長下水，最後才是射手。

送機槍上岸的時候，先讓兩名機槍手從小艇一側跳下去，然後艇上的兩人協力，將機槍搬到射擊位置的後方。裝好腳架後，將它交給先下艇的兩人，然後和他們一起搬運，分隊長則應在指導完上述動作後迅速跳下，和機槍一起登陸。海浪洶湧的時候，也可以四人一起搬運，或是分解搬運。

4. 只要登陸，我們就贏了

雖說「河童跑到陸地就派不上用場了」，但我們只要一登上陸地，就是如魚得水、戰無不勝。畢竟對方是比支那兵還弱的廢物，只會渾身打顫地躲在戰車和飛機的後面，所以一定能夠戰勝對方，關鍵只是怎麼贏得漂亮而已。雖然狀況依地點而有所不同，不過一定可以找到柏油路四通八達的地方，因此登陸之後，重要的就是盡速擄獲敵地的汽車，用敵人的汽油和糧食來戰鬥，同時應派遣少數勇士，趁夜深入敵陣；切記，一定要有氣吞敵軍的氣概才行。

5. 救生衣的重要性

在船上堪稱救命恩人的救生衣，如果到了岸上就把它當成礙手礙腳的東西，這也未免太薄情寡義了。最好的方式是在指揮官的命令下，將它們集結在海岸附近容易發現、且就算滿潮也不會被漂走的地方，以供後方部隊渡海之需。

登陸部隊把綁救生衣的繩子自顧自拿走，造成後續部隊大感困擾，這種丟臉的例子也不在少數。

6. 為泡濕的兵器做防鏽

花費一點時間關注遭到海水浸濕的兵器，並且立刻加以維護乃是必要之事。要是輕忽這種工作的話，那槍和刺刀都會生鏽難以使用，彈藥也會啞火。

六、熱帶行軍

1. 水是生命之源

在炎熱的地方必須注意水的問題。這句話雖然常被人當成是老生常談、輕蔑視之，但對沒有經驗的人來說，水真的是難以想像的珍貴且難得之物。除了水壺之外，若能用啤酒瓶等容器多裝一點水帶著走，則會相當有利。雖然每天的飲水量依酷熱程度而有所差異，但至少一個人應該要保持十公升、一匹馬則必須要保持六十公升才行。另一方面，因為水不是隨處可得，所以當找到可以飲用的好水時，應該要盡量補充，然後節約飲用。即使覺得渴，也不能一口氣暴飲，應該要不時喝上一口、一點一點慢慢喝才行。

又，甘蔗、鳳梨、椰子的果實（中間有一到兩合[2]的水）等，都有助於解渴。在山地的時候，切開藤蔓吸吮它的切口，也是一種方法。熱帶地方的藤蔓非常粗大，其中包含著相當多的水份；將它們蒐集起來，然後切開藤蔓的下部，在切口處放置容器，接著再從兩三尺的上方將它們斬斷，這樣就能從斬斷的部分中汲取水份。

總體來說，藤蔓類中蘊含的水份是無害的，可以安心飲用。

注意讓馬飲水時，必須加入食鹽。

2. 好好吃、好好睡

若是戰況允許的話，則行軍最好選在晚上到破曉這段比較涼爽的時間，然後白天酷熱的時候再來休息。但是連續夜間行軍會造成睡眠不足，反而會減弱戰力，因此有機會的時候，就應該盡可能多睡一點。中暑最主要的原因就是睡眠不足與空腹。酷熱常會讓人覺得食而無味、甚至食不下嚥，因此應該採取少量多餐的策略。除此之外，也應該盡量攜帶辣椒或是梅干之類的食物。就算再勉強，也一定不能空著肚子，這是最重要的事情。

行軍間進餐的情況，可以舉例如下：

（一）早餐在出發前吃掉一半，在出發兩小時後再吃掉剩下的一半。

（二）中餐分成十點和下午一點兩次食用。

（三）晚餐可以按照正常方式進食。但若要夜間行軍的話，則也是分成兩次以上為宜。

2 譯註：一合是〇．一〇八公升。

3. 行軍間的衣物穿著

當在白天太陽光強烈的情況下行軍時，若是穿著太薄的衣物，反而會讓光線容易透過去，從而造成不好的影響。頭部的保護最為重要，因此一定要戴著防暑帽。若在上面用綠蔭、樹枝遮蔽帽子，或是將之塞在帽子裡面、鋪在背包上，效果也會相當良好。服裝應盡可能保持寬鬆，穿著務必注重通風良好。如果可以的話，最好也能拿把扇子。

馬匹也應該在馬鞍插上樹枝，並在頭上披上防暑帽（或是其他代替品）來遮蔽日光。這點和人一樣，必須小心留意。

4. 休息時間

休息的次數應該要增加，每行軍三、四十分鐘就應休息二、三十分鐘。中午太陽最猛烈的時候，更應該盡可能進行兩三小時的長期休息。一旦休息，就應該立刻解開裝備，脫掉上衣和靴子透風，不過仍要小心毒蛇，這點是一定要的。在叢林裡，常常會有不小心踩到、碰到盤踞在草叢或是樹上的蛇結果被咬的情況發生，特別是在夜間休息的時候，更應密切留意。又，雖然麻煩，但一定要準備好防蚊器具，盡可能對雜草和樹枝進行煙燻，這是防範恐怖瘧蚊的不二法門。

5. 汽車與自行車輪胎因熱膨脹；引擎過熱時的處置

汽車與自行車的輪胎常會因為酷熱導致胎內空氣膨脹，從而破裂。因此，若要進行超過半天的行軍時，出發前就必須仔細檢查，將車胎的氣壓降低到標準的九成左右才行。又，車子的引擎也會因為內外過熱的緣故導致漏油，因此冷卻和檢查都不可輕忽大意。考慮到途中要補給用水相當困難，在出發前多攜帶一點冷卻水也是必要的。

七、熱帶宿營

1. 留意下半夜的氣溫驟降

熱帶地區到了下半夜，氣溫會急遽下降，若是穿著被汗水或暴雨濡濕的衣服睡覺的話，會導致感冒或腹瀉，因此必須盡可能換掉這些衣服。

2. 當地聚落是跳蚤、臭蟲和傳染病的溫床

南洋當地的聚落，其居民生活程度極端低劣，完全沒有衛生觀念，是跳蚤、蝨子、臭蟲和傳染病的溫床。因此在利用聚落的時候，必須盡可能選擇大型的公眾聚會場所，並避開一般的民居。實在不得已必須進駐的時候，也應該盡可能避免軍隊和當地居民間的直接接觸。最好是劃定一定區域，將當地居民遷移到別的地方，然後徹底掃除和消毒。如果怕麻煩的話，那還是選擇橡膠林或是椰子林較好。在這些地方露營，遠遠要來得方便許多。

3. 利用寺廟和教會的時候

如前所述，為了避免和當地迷信居民的信仰產生衝突，不管位階多高的人，進到寺廟都必須脫鞋。若是謹慎起見的話，特別不要使用回教的禮拜堂為宜。

4. 小心毒蚊、猛獸與毒蛇

對於蚊子，必須要細心使用防蚊器具、多用蚊香、除蟲菊粉燻蚊子，服用預防瘧疾的藥物，多擦防蚊膏，總之千萬不可輕忽。

對於猛獸，如果不必顧慮敵人的話，那就盡量使用燈火或是篝火。發現毒蛇的話，一定要宰掉牠，吃牠的肝烤牠的肉，沒有比這更好的強精健體藥物了。

5. 烹煮用的燃料

紅樹林可以直接用來燃燒，效果相當好。其他像是椰子果實的外皮、甘蔗皮、穀殼等，都可以當成燃料來使用。

6. 注意兵器不要被偷走

如果累過頭睡著、忘了戒備放置兵器的場所，結果導致兵器被當地居民給偷走的話，那會對全軍的威信造成影響，所以非得留神不可。

八、搜索警戒

1. 輕忽是大敵

當我們歷經酷暑肆虐、整個身體癱軟無力，忍著暑氣好不容易找到一個宿營的地方。心想終於可以休息的時候，擺在眼前仍有一項重大任務，那就是應立刻派出步哨巡視，並派遣斥候做搜索。畢竟，敵人是在熟悉的土地上嚴陣以待，只要我方露出一點可乘之機，就有可能遭到反擊或是伏擊。因此，為了讓全軍得以好好休整，我們必須驅策自己疲憊的身體，用比平常更敏銳、更耳聰目明的態勢來警戒、搜索，從而達成這項重大任務。

2. 站哨須知

必須精選站哨的地點，最好是通風良好，能避開直射日光的地方為佳。站哨的時候，應盡可能除去背包等事物，讓肩膀放輕鬆。不要忘了，你們擔負的是攸關全軍安危的重責大任。

3. 派遣斥候

斥候應盡可能利用自行車，保持輕裝，利用當地居民引路並探聽情報。但是，當地人往往會說謊，或是因為言語不通而產生誤解。又，如果輕信無聊的流言，很容易會陷入人云亦云的情況，因此要不斷留意當地的動向，小心謹慎方為上策。

九、戰鬥

1. 長期搭船、在酷暑下行軍，都是為了這一仗

登陸之後，我們所要想的就是擊破眼前的敵人，以報深仇大恨。漫長且艱苦的海上旅程，還有頂著酷暑的劇烈行軍，全都是為了擊破大敵所受的小小煎熬罷了。故此為了一雪心中鬱憤，不徹底殲滅敵人絕不善罷干休。特別是在開戰伊始，一定要抱持著這樣的心境。

2. 暴雨、霧氣、夜晚都是我軍之友

西洋人都是些講求時髦，卻軟弱又膽怯的傢伙。故此，他們非常討厭在下雨、起霧或是晚上的時候戰鬥。特別是夜晚，對他們來說是跳舞而非戰鬥的時間，因此正是我們可以利用的大好時機。

3. 酷熱下的戰鬥動作

（一）避免汗水流進眼睛

因為汗水會讓射擊時難以瞄準，所以最好是在鋼盔下綁上頭帶，可以吸收汗水，避免流入眼

睛。

（二）背對太陽

面向太陽戰鬥，不只會難以瞄準，還會讓敵軍得以將我方看得一清二楚，而我方卻難以發現敵軍。是故，從古到今的名將都會背對著太陽向敵人發起攻勢。對攻擊的時期與方向，都必須深思熟慮才行。

（三）子彈打得太遠，目標看起來太近

比起寒冷，酷熱的時候空氣更加稀薄，因此子彈容易打得太遠；又因為太陽光很強，會讓物體的顏色看起來更鮮明，因此也很容易把目標不小心看得太近。在射擊的時候，必須特別留意這點。

（四）注意保養兵器

火砲很容易因為內外過熱導致砲膛膨脹，從而使得駐退復進機能產生變化。故此，對其發射速度和射擊時間都應有適當的限制，同時也必須充分檢視保養；休息的時候應盡可能將它拖放到日陰處，要好好珍惜它才行。

4. 給予逃散的敵人致命一擊

在捕捉退卻的敵人之際，應當搶先對方一步，佔領水源地、水井、泉水等要點，這是必須密切著眼的事項之一。

5. 防守的要領

保護資源或是守備鐵路、港口的時候，因為必須以少量兵力來維持廣大區域，所以必須多費工夫建造障礙物、懷柔拉攏當地居民為己用。利用懸崖、密林、濕地等地形障礙，以使我方能夠以逸待勞面對敵軍。除此之外，在用水方面也必須充分準備，並花些工夫讓敵人得不到水。在夜間、霧雨的時候應特別留意警戒。敵人也有可能會在酷熱天氣下千里迢迢前來奔襲，所以在這方面也有必要小心警戒。

十、預防毒氣

1. 防毒面具不輕易離身

這次的敵人和支那兵不同，很有可能會使用毒氣。故此，如果因為覺得麻煩，而任意將面具捨棄，那到了萬一的時候，可就來不及了。

2. 戴上面具行動的時間

在炎熱下靜止時，要持續一個小時戴著防毒面具並不困難，但要戴著面具行動甚或戰鬥超過一個小時，那是絕無可能之事。

在完全防護下進行連續運動或作業，其限度應以十五分鐘為限，超過這個限度就會造成體力消耗，在恢復上必須特別留意。又，馬戴著防毒面具行動的話，其限度則是連續慢跑十五分鐘。

3. 戴上面具的注意事項

戴面具時，常會因為汗水而導致滑落，使得動作變得相當困難。故此，為了讓下巴能夠確實插入面具當中，必須托住面具，然後用兩手用力把綁面具的帶子往上後方拉，讓它能夠確實的密合起來。

4. 防毒面具的保養

使用後，切記必須用乾布充分擦去汗水，並讓它乾燥。

5. 不要讓過濾罐濡濕

因為熱帶地方濕氣非常重，所以要將防毒面具過濾罐的底栓部分小心用油紙包好，以防濕氣。又，為防登陸或渡河時水滲進去，所以要把連結管給夾緊，特別是不要忘了底栓。

6. 切莫直接穿著防毒衣

因為橡膠製的防毒衣相當燠熱，所以有人常會直接裸身穿上它。但是這樣不只會受直射日光所影響，也容易受到毒氣的危害。因此一定要先穿上內衣褲之類的衣物，然後才穿著防毒衣。若是要在完善防護之餘，也稍微緩和一下燠熱，那可以在穿上防毒衣後，不時在上面灑水降溫。

十一、通信兵守則

1. 接地棒要插在有水份的地方

在雨水稀少的季節中，接地棒的接地電阻會相當巨大。特別是在岩石地、海岸沙地等地區，應當在接地棒要插入的位置上灌入相當程度的水。若是沒有水的時候，可以將西瓜、木瓜等水份多的果實或是蔬菜等搗碎埋在地裡，再把接地棒用力插進去。或者也可以選擇有草木的地方，用老舊的電線拉個兩三百公尺長（愈長愈好）當作接地線，鋪在地上代替接地棒。

2. 無線通信要注意哪些事項？

（一）我們必須特別注意防範無線電遭到濕氣侵蝕，為此要

①為避免水晶片因為濕氣導致發信不良，乃至完全無法動彈，在不用的時候一定要用玻璃紙將它妥善包好。

②現在我們使用的短波無線電，在雨季很容易會局部發信不良，因此必須特別留意真空管以及乾電池。

③供軍通信隊使用、或者是固定的無線電發信機，因為電壓很高，所以在雨季必須特別留意濕氣、水滴。在它因為過度高壓而無法負荷前，必須使用電扇讓其乾燥；或者也可以將電

線的芯點火，藉它的熱度來達到乾燥。凡此種種皆需留意。

（二）用來連接各部分的絕緣套管，很有可能會因為酷熱導致塗料溶解，從而使得相鄰的電線黏在一起，導致電線間的絕緣變差。

（三）乾電池應盡可能保持乾爽，並放置在陰涼的場所。

（四）氣冷式發動機很容易因為酷熱而無法充分冷卻，因此在運轉時應注意器缸蓋的溫度，避免燒缸。

（五）因為大氣干擾的關係，使用中波段無線電會相當困難。

（六）留意因為汗水導致發信鍵短路，或是話筒因為頭、臉、耳的汗水而短路，從而導致收信困難。

3. 使用肉眼通訊的時候

因為強烈的光線會刺傷眼睛，所以通信兵應注意使用遮光眼鏡。

又，在日光直射下，反光通信以紅色最為有利。

4. 通信兵的輪班替換

因為通信容易疲憊，所以通信兵最好是兩個小時左右就輪換一班。

十二、汽車兵守則

1. 拿出氣魄讓車子開過去

人能走的地方，汽車就一定能走。

若是道路狹窄，就把路拓寬一點，若是遇到山崖擋路，就用四、五十人拉著車走過去。

拿出氣魄，就算用扛的也要讓車子突破難關。

2. 留心車輛的維修檢查

就算只有一個螺絲或螺帽鬆掉或脫落，都會讓汽車動彈不得。

因此，不管多疲累，都必須徹底做好維修、檢查和其他使用前的工作，不怕一萬只怕萬一。機油、水、氣都妥善嗎？火星塞的電力足夠嗎？

3. 一滴汽油等於一滴血

汽油就是汽車的血液，沒了汽油，車輛就無法動彈。

因為作戰地區的溫度甚高，汽油容易揮發，所以絕對不能把高速噴油嘴開過頭。

又，因為車輛容易自己起步，所以一停車，就要立刻停止引擎運轉。

4. 不要隨便提升引擎轉速

啟動的同時冒黑煙，這是絕對的大忌。

因為酷熱的關係，機油也會變熱變薄。

特別是在柏油路上行駛的時候，因為地面的輻射熱，這種情形會益發嚴重。這時候一不留神，隨意提高引擎轉速的話，就會讓機油隨著運轉燃燒起來。故此，至少在啟動的最初五分鐘，先用低速，然後慢慢再提升引擎轉速。

5. 車子泡濕的時候

曲軸箱要是跑進海水的話，就應該立刻換上新機油。如果放著不管，讓它被吸進氣缸中的話，就會造成活塞和氣缸壁生鏽，結果導致燒缸。

如果遭遇突然的暴雨，就算自己淋得渾身濕透，也要保證車上的各種電力裝置不被淋濕；要是淋濕，就要馬上擦乾。

6. 機油和水

因為酷熱的關係，機油會變熱變薄，從而失去黏性。在這種情況下，它會沖刷汽缸壁，讓活塞頭的煤煙流進曲軸箱。因此，就算按照規定的量加入機油，也沒辦法徹底安心。一定要讓機油能夠黏附在拇指和食指的指頭上，並且檢查它的顏色；要是發黑或是混雜著煤煙，那是絕對禁止的。

冷卻水在休息的時候，必須不斷檢查且注意補充，然而含有鹽份的水是不宜使用的，因此最好是在出發時，就盡可能攜帶好冷卻水。

十三、愛惜兵器

1. 生鏽、發霉、模糊

槍械跟人一樣討厭酷熱，所以當人休息的時候，也應當讓它們跟著一起休息。就像人必須常常飲水一樣，也應該注意多幫槍械上油。吸收了空氣和水之後，兵器的零件（比方說駐退機之類）常會膨脹，導致精密兵器類的精度顯著低落。

鐵會生鏽、皮革會發霉、玻璃會糊掉，因此這些東西都必須充分加以保養。

2. 調節器應調到最細密程度

因為高溫的緣故，自動武器的後部槍機在運轉上會變得很滑溜，因此調節器必須調到最細密的程度。另一方面，液壓油必須使用耐熱度高的液體，但多少還是會有所損耗，從而導致液量衰減，這點必須小心留意。

3. 瞄準鏡和觀瞄裝置濡濕的時候

瞄準鏡和觀瞄裝置之類的物品對酷熱的反應很大，所以防熱的處置相當重要。特別是當溫度急遽變化的時候，會讓精密度降低，或是鏡片產生水滴。因此，在夜間應該用毛毯之類的東西將它們包起來，減少和白天之間的溫差，這是必須注意的事項。

十四、補給

1. 給水和消毒

污水到處都有，但清水並不容易獲得。因為當地居民常常隨意在河川和湖沼中大小便，所以就算他們能把這些水當成飲用水，其中還是充滿了病菌。因此，喝用濾水機濾過的水，才是絕對正確的作法。又，絕對不要忘了常常飲用木餾油[3]。當發現良好水源的時候，應盡可能加以確保，避免汙染。若有必要的話，應派遣步哨監控。流汗嚴重的時候，應在熱水裡加上約百分之零點八的食鹽。若要消毒井水，應在啤酒瓶裡放入石灰粉，加水搖晃到清澈後，將它投入水井當中。反覆上述的動作，等到汲取上來的水微微可以聞到石灰粉的味道時，就可以安心使用了。

---

3 譯註：即我們現在常見的「正露丸」，有治腹痛腹瀉兼殺菌效果。

2. 讓易腐的飯變得不易腐壞的方法

（一）米飯比麥飯來得更好。

（二）將米徹底洗淨後炊煮。

（三）煮到飯變硬之後熄火，讓水氣充分蒸散，然後裝進容器當中。

（四）用飯盒煮飯比用飯鍋煮飯更好。

（五）每餐加進兩三粒梅干。

（六）煮飯的時候可以加進食鹽或梅干，最好再加一點醋。

（七）每一個飯盒放一粒防腐錠下去炊煮，效果會很好。

（八）飯盒、飯箱等，應盡可能用熱水洗淨，並充分乾燥。

（九）攜帶兩餐份量的時候，每一餐應分別盛裝。

（十）為了能夠輕鬆容納更多的飯食，在容器與蓋子之間，應該放進麻布之類的東西，以吸收水分。

（十一）飯盒或飯箱應該放在背包外面，用樹枝等物品妥善覆蓋，休息的時候也要避免曝曬在日光下。

（十二）副食品用乾貨或者罐頭皆可，但罐頭一定要等到吃飯之前才能打開。

（十三）攜帶口糧要放在不易潮濕的袋子當中。

（十四）玻璃紙筒在炊煮方面非常有效。

3. 怎樣的水果可以吃？

水果在保健方面是最好的食品，除了以下這些疑似有毒的類型外，其他大致都可以食用。

（一）色彩過於鮮明者。

（二）香味過於強烈者。

（三）甜味過強，感覺起來像糖精者。

（四）花朵過於美麗者。

（五）樹叢低矮，葉子上有美麗色澤或斑紋者。

（六）食用芒果時，切記不要和牛乳（山羊乳）或酒一起飲用。

十五、衛生

如前所述，熱帶作戰同時也是和各種疾病之間的戰爭，特別必須注意的是瘧疾、中暑、腳氣病和毒蛇。其他像是霍亂、斑疹傷寒、鼠疫、天花、肺結核、痲瘋等，也是一年到頭隨處可見。又，敵人在被逼急的情況下，也有可能會散布這類恐怖的細菌，這點務必留心再留心。敵人放棄的水井或糧食，絕不可以未經思索就隨意利用。

酷熱容易讓狗變得凶狠，而當地的狂犬病又很多，因此一旦被咬，應迅速接受診斷。

1. 為什麼會罹患瘧疾？

瘧疾是最需要注意的事項。從古早時候開始，在熱帶作戰中是否能夠防止瘧疾肆虐，就已經是決定成功與否的關鍵。一名罹患瘧疾的友軍，是比當地瘧疾患者更加有力的傳染源。故此，不只為了自己也為了全軍，應該盡早接受診斷，並做相關處置。

瘧疾是由蚊子所傳染的。瘧蚊在內地幾乎看不見，但在熱帶各地卻相當地多。雖然牠的種類相當之多，不過最好辨明的特徵，就是在靜止不動的時候，尾端會高高翹起。一般常見的蚊子都是聚集在污濁水附近，所以我們往往會認為瘧蚊也是如此。但事實上，瘧蚊反而喜歡清潔乾淨的靜水。因此，在山間的清流、或是海岸淡水和鹽水匯流的地方，常可看見牠們的蹤影。

因為內地的蚊子多半出現在草叢當中，所以我們往往也會認為瘧蚊應該大多出現在叢林地區。但事實相反，在山地的叢林間，幾乎看不到瘧蚊的蹤影。在爪哇和馬來亞地區，為了預防瘧蚊都有設下法令，對開闢叢林多所限制。瘧蚊在黃昏到上半夜之間最為活躍，到了午夜以後反而會減少。然而除了瘧蚊之外，還有居住在草叢間的一般蚊子，這些蚊子多半在白天活動，被牠們咬到也會罹患熱病。因此就算白天，對蚊子也不能輕忽大意。睡覺的時候一定要拉好蚊帳，醒著的時候也要下好工夫，以防蚊子叮咬。按照指示吞服預防藥劑，使用防蚊器具或塗抹防蚊膏，這些都是不可輕忽的要務。

2. 中暑是什麼？

中暑是因日射而引起的狀況。狀況出現後不久，身體會變得衰弱、食慾不振、睡眠不足，還特別容易罹患瘧疾，因此必須密切留意。中暑的人首先會大量出汗、身體燥熱、臉色發紅，接著會漸漸減少出汗、氣力衰竭、呼吸困難、心跳加速、臉色蒼白、腳步不穩，甚至頹倒在地。這時候若是立刻到陰涼處休息，不久便會自然恢復，但若是置之不理，則會有昏厥倒下的危險。

3. 怎樣提防中暑？

充分飲水、提防睡眠不足或空腹，比什麼藥物都有效。

4. 不幸中暑的話，該如何處置？

首先卸下背包、脫下衣服讓患者通風，接著讓他安臥在陰涼處，抬高頭部，用扇子之類的物品送風，並讓他飲水，或是用冷水潑灑他的全身。若是呼吸困難的話，則應進行人工呼吸。即使身體靜養恢復後，也不宜過早重新行動。

5. 防蛇咬的方法（※編註：僅供閱讀的歷史文獻，不建議參考。）

熱帶地區的毒蛇種類很多，其中大半都有劇毒；若被咬之後不立刻處理，常會導致死亡。

蛇類最常盤踞的地方，是山地的叢林和水邊，不過在平地和樹上，也可以看見牠們的蹤影。因為牠們看見人的時候通常會逃竄，所以隊伍前頭的士兵應拿著竹竿，一邊打草驚蛇一邊前進，這樣就可以避免受害。一般被咬，通常是因為不小心踏到牠們，或是和樹枝一起把牠們給抓下來所導致。若是被咬的話，應該立刻在傷口與心臟之間，找兩個地方用力綁起來，以免毒液流入心臟。然後用小刀等劃開傷口，將血用嘴巴盡量吸出來，並盡速接受衛生員的救治。依據蛇的種類不同，救治用的藥品也各有不同，因此被咬的時候，務必看清楚咬人的是哪一種蛇。

6. 防腳氣病的方法

腳氣病主要是因為缺乏維生素所導致，在熱帶地方特別容易罹患。因此不能偏食，要盡可能攝取新鮮的蔬果。

十六、馬匹衛生

馬只要習慣了酷熱，其他就沒有什麼重大問題。但是牠很容易衰弱，要是一開始不留神的話，很容易就會得到日射病、熱射病和蹄葉炎。同時和人感染瘧疾一樣，牠的血液也常有寄生蟲，從而導致錐蟲病。因此，預防這些東西，對於維持熱帶的馬匹衛生來說特別重要。

1. 愛護馬匹

馬不用說，是位即使面臨酷熱、喉嚨多麼乾渴、又有多麼疲累，都只會任勞任怨，效盡死命工作的戰友，因此一定要重視牠們、疼愛牠們才行。

最不能忘記的就是餵飽牠們，特別是要給予充分的青草和乾草。若是沒有穀類的話，只提供稻米或稻草也是可以的，只要馬能入口的東西，不管何者都能充作馬糧。另外，每天都要讓牠們喝上幾次水，特別是不能忘記讓牠們舔舔食鹽。在白天行動的時候，應該要為牠們戴上防暑帽，或是用草和樹枝遮掩日光。這點在預防日射病上很有效，但若是可以的話，還是希望盡量白天休息，到了晚上再行動。

2. 日射病與熱射病

對馬來說，最危險的病就跟人的中暑是一樣的。中暑的馬會呼吸非常急促、全身大汗。這時候牠會一下子喪失氣力，即使讓牠休息，也還是會低著頭、毫無精神與食慾。

要預防這點，就必須用防暑帽或樹枝保護牠的頭部，同時給予充分的飲水和馬糧；又，為了牠的胃腸消化，千萬別忘了提供食鹽。

3. 蹄葉炎

當在酷熱下劇烈運動，或是歷經長途的汽車和船舶運送後，馬蹄很容易會生病，從而導致跛腳。這和日射病、熱射病基本上是同樣的原因。它的特徵是，走的時候不容易發現跛腳，停下來的時候反而相當明顯。應急的處理方式是先讓馬蹄冷卻，然後多餵青草與乾草，不要餵食穀類。

4. 錐蟲病

這是一種以蚊蠅為媒介，在熱帶地方才會出現的傳染病。除了馬之外，牛、水牛也會染病。患病時會跟人染上瘧疾一樣，發高燒、無精打采，最後因為貧血而死亡。

預防法是盡可能花費點工夫，驅散群聚的虻蠅。

5. 水牛、黃牛的使用方式

水牛雖然身體龐大，但性情相對溫和，很擅長在濕地行動，力量也很強。當用牠乘載物品時，應當放在牠的腰上，然後務必記得每小時在牠的身體上灑水、或是塗上泥巴。如果忘記這件事的話，牠會載著貨物，衝到水裡面去泡澡。牠的飼料應該以乾草、青草和少量穀類為主，注意餵食後應給予兩小時反芻的時間。黃牛的使用方式和日本沒有多大差異。要注意牛普遍討厭紅色，因此不要在牠們面前使用紅色物品。

十七、在特種地形的行動

熱帶地區有很多竹林、叢林、甘蔗田之類的地形，在這些地方除了和一般行動一樣，須注意警戒毒氣、預防火災之外，還必須用布包好臉、戴好手套以防止荊棘。

以下就必須特別注意的事項做說明。

1. 竹林內的行動

熱帶的竹林和內地不一樣，乃是從一棵、好幾棵乃至數十棵一起叢生，枝幹上長著刺，常常會變成難以越過的障礙。是故，通過竹林時，應從竹子較稀疏的間隙中通過，砍斷它較低矮的枝葉。同時也可以切斷竹幹，用它的白肉部分當成前進的路標。當要在竹林展開正面攻擊的時候，應盡可能從竹林的間隙發動衝鋒。運用竹林防禦時，把它當成障礙物或是用來掩蔽都很有利，但要注意的是，當敵人的子彈打中竹子時，會發出劇烈聲響，從而讓士兵感到不舒服，這是比較不利的事情。

2. 叢林內的行動

叢林是雜木、雜草、荊棘等重重纏繞、糾結不清的密林，也是猛獸、毒蛇、害蟲棲息的溫床。因為軍隊要通過這種地形堪稱極為困難，所以通過的時候，一定要派出特別的作業隊才行。然而，因為軟弱的西洋人很討厭這種地形，所以我們也必須出其不意，屢屢從這種地形展開突破。若是準備妥當的話，斷然突破是沒有問題的，最重要的只是維持方向，以及補給水份。

3. 甘蔗田內的行動

在甘蔗田內行動的時候，就跟穿越滿洲國的高粱地時一樣，特別要注意方向維持。為此，我們應當派出斥候標示前路，帶好梯子，或是從樹上觀察引路。使用磁鐵也是一個不錯的方法。

攻擊之際，利用甘蔗田對敵人進行局部包圍或是迂迴，也是好機會。

防禦的時候，因為甘蔗高達四十至八十公分，綿延縱橫不絕，所以用鐵絲和繩子結合，就能當成很好的障礙物來加以利用。

4. 濕地及水田內的行動

法屬印度支那和泰國是僅次於日本的產米國度，因此境內到處都是水田，也有大片的濕地。通過這些地方的時候，每個人都必須穿上板鞋、手持手杖，重火器則必須用橇來拖運。或者也可以鋪設甘蔗皮、稻草乃至於棧板後再通過。

穿著板鞋前進的時候，要注意踩踏的時間，盡可能不要讓板鞋陷在泥裡。若是陷進泥濘中的話，就要用手杖支撐體重，然後一隻腳一隻腳慢慢地拔出來。盡可能選擇長草或是稻子的位置，以及乾燥的地方通過。野砲、山砲在濕地比較沒那麼廣大的地方，也可以在車輪上加上履帶，然後靠臂力讓它們通過。

十八、結論

這次的戰爭，乃是真正賭上皇國盛衰的一戰。美國就像是逐步收緊我們脖子上的絞索一般，一點一點地禁止石油和鐵的輸出。他們的盤算是，如果一口氣徹底禁止輸出的話，那日本或許會不顧一切地衝向南方。若是日本扼住了南方的橡膠與錫礦資源，則美國必然會陷於比苦於石油和鐵匱乏的日本更加痛苦的境地。所以美國直到今天為止，都是採取一邊削弱日本、一邊小心不要太過激怒我們的做法。

現在的時機說實話已經太遲了。再這樣忍耐下去的話，我們的飛機、軍艦和汽車都將動彈不得。自支那事變爆發已經五年，有超過十萬名戰友曝屍在大陸上，而殺死這些戰友的蔣介石，他的武器大部分都是英美販賣給他的。英美為了讓東洋成為永遠的殖民地，所以討厭東洋民族的團結。為此，他們把全部的政策，都集中在挑動日本與支那間的戰爭。盟邦德義正在歐洲，和英美蘇等國持續展開死鬥。美國在後面支撐英國，實質上已經等同參戰了。

日本為了自身的存亡，也為了三國同盟的道義，實在不能隱忍到最後一刻。我們現在面臨的重大使命，就是代表東洋民族，果敢對他們數百年的侵略，發動最後且致命的一擊。

我們無敵的海軍，已經做好了萬全的準備。雖然就數字上的比例來看是五：五：三，但考量到素質，就會變成五：五：七了。不只如此，英國海軍有一半已經被德國所擊潰。因此對海軍來說，現在正是天賜良機。重慶政權的臍帶乃是和英美緊緊相連，若不早點切斷的話，支那事變就永遠不能解決。

因此，這次的戰鬥，乃是整場聖戰的總決算。十幾萬的英靈正守護著我們。為了祭弔身亡的戰友，此戰非勝不可。對於征服萬里波濤，排除所有敵人妨礙，不眠不休護衛我們的海軍，我們由衷表示謝意，同時也必須以充分的戰果，來回報他們的辛勞。我們現在繼承了光輝的二千六百年歷史，在大元帥陛下的信任下，以亞洲民族的代表之姿奮起，並擔負起轉換世界歷史的光榮重任。

故此，全體將士必須團結一心，在環視世界的華麗舞台上，將大和男兒的真正價值發揮到淋漓盡致。體會陛下深切期盼東洋和平的心意，解放亞洲、完成昭和維新，這樣的任務正扛在我們的雙肩上啊！

海行兮，願為水中浮屍；山行兮，願為草下腐屍。

大君身邊死，義無反顧！

東方直布羅陀爭霸戰

日本如何完勝大英帝國

シンガポール——運命の転機

作者　辻政信（Masanobu Tsuji）
譯者　鄭天恩
主編　區肇威
封面設計　莊謹銘
內頁排版　宸遠彩藝

社長　郭重興
發行人兼出版總監　曾大福
出版發行　燎原出版／遠足文化事業股份有限公司
地址　新北市新店區民權路 108-2 號 9 樓
電話　02-2218-1417
傳真　02-8667-1065
客服專線　0800-221-029
信箱　sparkspub@gmail.com
Facebook　www.facebook.com/SparksPublishing/

法律顧問　華洋法律事務所／蘇文生律師
印刷　成陽印刷股份有限公司

出版日期　二〇二〇年三月／初版一刷

定價／四八〇元

《シンガポール——運命の転機》於 1952 年出版，作者辻政信 1961 年失蹤，於 1968 年 7 月 20 日認定死亡。

歡迎團體訂購，另有優惠，請洽業務部（02）2218-1417 分機 1124、1135

東方直布羅陀爭霸戰：日本如何完勝大英帝國 / 辻政信著；鄭天恩譯. -- 初版. -- 新北市：燎原出版, 2020.03
384 面；14.8×21 公分
譯自：シンガポール：運命の転機
ISBN 978-986-98382-2-1（平裝）

1. 第二次世界大戰　2. 報導文學

712.843　　109001746